权威·前沿·原创

皮书系列为
"十二五""十三五""十四五"时期国家重点出版物出版专项规划项目

B

BLUE BOOK

智库成果出版与传播平台

海南蓝皮书
BLUE BOOK OF HAINAN

海南自由贸易港发展报告（2023）
REPORT ON THE DEVELOPMENT OF HAINAN FREE TRADE PORT (2023)

主　　编／熊安静
执行主编／沈玉良

社会科学文献出版社
SOCIAL SCIENCES ACADEMIC PRESS (CHINA)

图书在版编目(CIP)数据

海南自由贸易港发展报告.2023/熊安静主编.--北京：社会科学文献出版社，2023.10
（海南蓝皮书）
ISBN 978-7-5228-2619-6

Ⅰ.①海… Ⅱ.①熊… Ⅲ.①自由贸易区-经济建设-研究报告-海南-2023. Ⅳ.①F752.866

中国国家版本馆CIP数据核字（2023）第192828号

海南蓝皮书
海南自由贸易港发展报告（2023）

主　　编／熊安静
执行主编／沈玉良

出 版 人／冀祥德
组稿编辑／周　丽
责任编辑／徐崇阳
责任印制／王京美

出　　版／社会科学文献出版社·城市和绿色发展分社（010）59367143
　　　　　地址：北京市北三环中路甲29号院华龙大厦　邮编：100029
　　　　　网址：www.ssap.com.cn

发　　行／社会科学文献出版社（010）59367028

印　　装／天津千鹤文化传播有限公司

规　　格／开　本：787mm×1092mm　1/16
　　　　　印　张：19　字　数：285千字

版　　次／2023年10月第1版　2023年10月第1次印刷

书　　号／ISBN 978-7-5228-2619-6

定　　价／128.00元

读者服务电话：4008918866

△ 版权所有 翻印必究

主要编撰者简介

熊安静 现任海南省社会科学院副院长、海南省社科联副主席、《南海学刊》主编,海南省委讲师团成员,曾任海南省政府研究室副主任、海南大学经济学院硕士生导师。牵头或参与出版10多部著作,30多篇报告获得省以上领导批示,5次获得全省社科成果奖,连续三年5门课程入选全省精品课。

沈玉良 上海社会科学院世界经济研究所国际贸易室主任、研究员,上海市自贸试验区决策咨询专家,海南自由贸易试验区(港)决策咨询专家。主要研究领域是国际贸易理论与政策。承担国家级项目3项,发表各类论文20余篇,出版《全球数字贸易规则研究》(复旦大学出版社,2018)等专著多部。获得上海市决策咨询研究成果奖、上海市哲学社会科学成果奖和安子介国际贸易奖等多项。

前　言

探索建设中国特色自由贸易港是习近平总书记亲自谋划、亲自部署、亲自推动的重大国家战略，是党中央从中华民族伟大复兴战略全局和当今世界百年未有之大变局出发做出的重大决策部署。

海南省社会科学界联合会（海南省社科院）联合上海社会科学院在2021年编撰出版第一部海南蓝皮书《海南自由贸易港发展报告（2021）》后，已经连续三年出版《海南自由贸易港发展报告》。

《海南自由贸易港发展报告（2023）》的基本思路是结合《海南自由贸易港建设总体方案》的任务要求，特别是重点围绕2025年前重点任务，分析2022年7月到2023年6月海南自由贸易港建设进程和推进成效，并以此为基础提出下一步海南自由贸易港建设的推进思路。

第一，2023年，海南自由贸易港聚焦封关运作政策制度设计、项目建设、压力测试等核心任务，高标准建设"二线口岸"，优化全岛封关运作信息化建设方案。截至2023年6月1日，完成全岛封关运作第一批项目清单的80%，首批31个项目将在2023年底主体完工。

第二，围绕《海南自由贸易港建设总体方案》，进一步推进制度创新。从2022年7月到2023年6月，中央和海南省相关部门共推出了28项涉及海南自由贸易港建设的法规和政策，截至2023年6月，中央和海南相关部门建设一共推出了216项法规和政策。

第三，海南自由贸易港制度释放效应持续显现。海南国际贸易（含货物贸易和服务贸易）占GDP的比重从2019年的21.1%上升到2022年的

34.7%，高新技术产品出口的复合增长率达到40.4%。在现代产业体系建设过程中，海南旅游业、现代服务业、高新技术产业和热带特色高效农业四大主导产业占全省GDP比重由2019年的53%提升至2022年的70%。

海南自由贸易港是中国全面开放的新高地，我们要以建设具有世界影响力的中国特色自由贸易港为目标，对海南自由贸易港建设过程中的重点和难点进行长期跟踪，深化对中国特色自由贸易港建设的理论和政策体系研究，为读者奉献高质量的研究成果。

《海南自由贸易港发展报告（2023）》编写组

2023年4月8日于海口

摘　要

　　2023年，海南自由贸易港聚焦封关运作政策制度设计、项目建设、压力测试等核心任务，强弱项、补短板、固底板，注意保持与内地联系的便利性，高标准建设"二线口岸"，打造多方联动、协同高效的一体化通关管理体系；加快推进封关软硬件项目建设，及时查漏补缺，优化全岛封关运作信息化建设方案。截至2023年6月1日，完成全岛封关运作第一批项目清单的80%，首批31个项目将在2023年底主体完工。

　　在营商环境建设方面，海南省成立了全国首个营商环境建设厅，为落实《海南自由贸易港优化营商环境条例》提供了制度保障。针对目前海南自由贸易港项目开工处于比较集中的阶段，海南省政府办公厅发布了《关于深化工程建设项目领域"极简审批"制度改革优化营商环境若干措施的通知》，进一步优化工程建设项目的营商环境。

　　海南自由贸易港的制度创新，使海南现代产业体系加快形成，提高了对外开放水平，促进了产业体系高度化，海南国际贸易（含货物贸易和服务贸易）占GDP的比重从2019年的21.1%上升到2022年的34.7%，高技术产品出口的复合增长率达到40.4%。在现代产业体系建设过程中，海南旅游业、现代服务业、高新技术产业和热带特色高效农业四大主导产业生产总值占全省GDP的比重由2019年的53%提升至2022年的70%，并且海南四大主导产业内部结构进一步优化：旅游业不断提升附加值，打造知名旅游品牌，中国国际消费品博览会已经成为在全球具有一定影响力的知名博览会。金融、现代航运、数字贸易、新型离岸贸易等现代服务业业态不断涌现。通

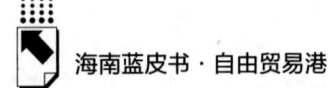

过充分利用国家科研平台开展原创性、引领性科技攻关，海南引进和培育各种类型的研发机构，建成种业、深海、航天科技创新高地，提升了产业迭代升级能力和根植性；热带特色高效农业迈向特色化、规模化、品牌化、产业生态化和生态产业化。

2024年，海南自由贸易港建设要以全岛封关运作为工作重点，以进一步落实海南自由贸易港制度安排为切入点，促进海南现代产业体系高质量发展，加快建设具有世界影响力的中国特色自由贸易港。在全岛封关运作方面，要高质量完成现代口岸基础设施建设，加快推进与全岛封关相关的制度落地，进一步加强口岸能力建设。要充分利用海南处于中国大陆和东南亚地区两个最活跃市场交汇点的区位优势、独具特色的开放政策优势，加快推进"两个基地""两个网络""两个枢纽"建设，在服务和融入新发展格局中推动海南现代产业体系高质量发展。

关键词： 海南自由贸易港　要素自由便利　现代产业体系　全岛封关

目　录

Ⅰ　总报告

B.1 2022~2023年海南自由贸易港发展报告 …………… 沈玉良 等 / 001
　　一　2022~2023年海南自由贸易港建设进展 ………………… / 002
　　二　2022~2023年海南自由贸易港建设成效 ………………… / 014
　　三　海南自由贸易港建设展望 ………………………………… / 022

Ⅱ　分报告

B.2 海南自由贸易港贸易自由便利推进报告 ………………… 彭　羽 / 057
B.3 海南自由贸易港投资自由便利推进报告 ………………… 刘　晨 / 073
B.4 海南自由贸易港跨境资金流动自由便利推进报告 ……… 吕文洁 / 100
B.5 海南自由贸易港运输来往自由便利推进报告 …………… 唐杰英 / 117
B.6 海南自由贸易港人才制度推进报告 ………… 张　娟　解丽文 / 140
B.7 海南自由贸易港数据安全有序流动推进报告 …………… 高　疆 / 162

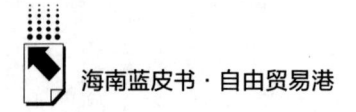

Ⅲ 专题报告

B.8 海南自由贸易港现代产业体系建设报告……… 沈玉良　邹家阳 / 182

B.9 海南自由贸易港税收制度推进报告……………………… 陈明艺 / 197

B.10 海南自由贸易港社会治理推进报告 …………………… 张虎祥 / 217

B.11 海南自由贸易港法治制度推进报告 …………………… 陈历幸 / 232

B.12 海南自由贸易港风险防控体系推进报告 ……………… 彭　羽 / 261

后　记 ……………………………………………………………………… / 274

Abstract …………………………………………………………………… / 275

Contents …………………………………………………………………… / 278

总 报 告
General Report

B.1
2022~2023年海南自由贸易港发展报告

沈玉良 等*

摘　要： 2023年，海南自由贸易港聚焦封关运作政策制度设计、项目建设、压力测试等核心任务，高标准建设"二线口岸"，打造多方联动、协同高效的一体化通关管理体系；加快推进封关软硬件项目建设，优化全岛封关运作信息化建设方案。通过2023年自由贸易港的制度创新，海南提高了对外开放水平，进一步加快了海南现代产业体系建设的进程。2024年，海南自由贸易港建设要高质量完成现代口岸基础设施建设，加快推进与全岛封关相关的制度落地，进一步加强口岸能力建设；以进一步落实海南自由贸易港制度安排为切入点，推进海南现代产业体系高质量发展，加快建设具有世界影响力的中国特色自由贸易港。

---

* 沈玉良，上海社会科学院世界经济研究所研究员，主要研究方向为国际贸易理论与政策。参与总报告写作的人员还包括彭羽、陈明艺、张娟、唐杰英、张虎祥、陈历幸、刘晨、高疆和吕文洁。

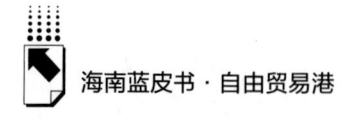

关键词： 海南自由贸易港　要素自由便利　现代产业体系　全岛封关

一 2022~2023年海南自由贸易港建设进展

海南自由贸易港在建设过程中，深入学习贯彻习近平总书记关于海南工作的系列重要讲话和重要指示批示精神，不折不扣抓好落实，并在实践中形成了指引海南长远发展的"一本、三基、四梁、八柱"战略框架。其中，"一本"是指坚持以习近平总书记关于海南工作的系列重要讲话和重要指示批示精神为根本遵循，"三基"是指以《中共中央国务院关于支持海南全面深化改革开放的指导意见》、《海南自由贸易港建设总体方案》（以下简称《总体方案》）、《中华人民共和国海南自由贸易港法》为制度基石，"四梁"是指以全面深化改革开放试验区、国家生态文明试验区、国际旅游消费中心、国家重大战略服务保障区为目标定位，"八柱"是指以政策环境、法治环境、营商环境、生态环境、经济发展体系、社会治理体系、风险防控体系、组织领导体系为稳固支撑。依照"一本、三基、四梁、八柱"的战略框架，海南自由贸易港建设稳步推进，2022~2023年的建设取得了重要进展，为2025年底实现全岛封关运作奠定了坚实的基础。

（一）总体建设进展

围绕《总体方案》，海南自由贸易港已经初步形成了制度体系，并加快推进全岛封关前的准备工作，打造具有世界影响力的中国特色自由贸易港。

1. 全岛封关运作准备工作

海南省围绕在2023年底前完成硬件条件准备工作、在2024年底前完成全岛封关各项准备工作，并确保在2025年底前实现全岛封关运作的基本目标，分阶段、有序推进全岛封关运作的各项准备工作。

2022年推进海南全面深化改革开放领导小组办公室出台了三张清单，即《海南自由贸易港全岛封关运作准备工作任务清单》《海南自由贸易港全岛封关运作项目建设方案及第一批项目清单》《海南自由贸易港全岛封关运作前压力测试实施方案及压力测试清单（第一批）》。2023年6月15日，海南省委决定开展"封关运作压力测试攻坚克难"专项行动，聚焦封关运作政策制度设计、项目建设、压力测试等核心任务的强弱项，补短板、固底板，力争取得突破性进展。海南省委要求相关责任单位全面把握专项行动的主要内容和基本要求，加强政策制度设计，注意保持与内地联系的便利性，高标准建设"二线口岸"，打造多方联动、协同高效的一体化通关管理体系；加快推进封关软硬件项目建设，及时查漏补缺，优化全岛封关运作信息化建设方案，抓紧启动建设一批口岸信息化项目；扎实开展压力测试，确保应测尽测、应测充分测，及时处置暴露出来的风险问题；以专项行动开展为契机，精准有力打击离岛免税"套代购"走私违法犯罪行为。要精心组织实施专项行动，加强统筹协调，细化任务安排，做好沟通协调，形成封关运作压力测试攻坚克难的"最大公约数"[1]。

截至2023年6月1日，海南自由贸易港全岛封关运作准备工作任务清单中的项目近八成已完成，第一批31个项目将在2023年底主体完工。海南将重点围绕全岛封关的重大问题，全面开展第一批27项压力测试，在推动洋浦压力测试区持续"扩围"之余，滚动制定第二批压力测试事项，通过充分压力测试的"稳"筑牢封关运作的"进"[2]。

2. 制度建设

《总体方案》要求到2025年，海南自由贸易港要形成贸易、投资、跨境资金流动、人员进出、运输来往五大要素自由便利和数据安全有序流动的制度和政策，同步推进与海南自由贸易港发展配套的税收、社会治理、法治和风险防控等制度体系建设工作。

从2022年7月到2023年6月，中央和海南相关部门就海南自由贸易港

---

[1] 《"封关运作压力测试攻坚克难"专项行动动员会召开》，海南省人民政府官网，https://www.hainan.gov.cn/hainan/c100649/202306/b0be804ce5c64d508ef8cd15183a3f31.shtml。

[2] 《以"大会战"的姿态积极担当作为，海南全面启动全岛封关运作准备》，海南省人民政府官网，https://www.hainan.gov.cn/hainan/5309/202306/aa9d07f668ff4c67879447197fbcbe05.shtml。

的发展一共推出了30项法规和政策，主要分布在税收和投资等领域。截至2023年6月，海南自由贸易港一共推出了216项制度，其中涉及税收制度的最多，为42项，占总制度数量的19.44%。

在2022~2023年出台的制度和政策中，第一类是根据海南自由贸易港建设需要，中央同意在海南省暂时调整实施有关行政法规规定，例如，为了优化海南离岛免税政策提货方式，中央同意在海南省暂时调整实施《中华人民共和国海关事务担保条例》的有关规定，自2023年4月1日起对符合规定的离岛免税品可提交担保后提前放行。第二类是促进贸易、投资、资金、运输、人员自由便利和数据安全有序流动方面的政策，例如出台《国家外汇管理局海南省分局关于开展优质企业贸易外汇收支便利化试点的指导意见（2022年版）》，其目的就是更好地促进贸易便利化。第三类是自由贸易港的保障措施，例如，海关总署、财政部和税务总局联合发布的《关于增加海南离岛免税购物"担保即提"和"即购即提"提货方式的公告》，就是为了促进离岛免税购物的便利性。

3. 营商环境建设

2022年12月13日，海南省成立了全国首个营商环境建设厅。海南省营商环境建设厅的重点任务一是贯彻执行党中央、国务院关于优化营商环境工作的方针政策和相关法律法规及省委、省政府决策部署，组织起草综合性和职责范围内营商环境地方性法规和省政府规章草案及规范性文件，组织贯彻落实《海南自由贸易港优化营商环境条例》，深入推动法治化营商环境建设，建立相应的制度和标准体系。二是制定全省营商环境建设规划计划和政策制度，构建与国际通行规则相衔接的营商环境制度体系，推动营商环境领域重点任务和改革措施落实落地，开展营商环境领域制度集成创新。[1]

在营商环境建设中，海南省各级政府围绕海南自由贸易港建设中的难点、痛点和堵点，进一步优化营商环境，针对目前海南自由贸易港项目开工比较集中的阶段，海南省人民政府办公厅印发了《关于深化工程建设项目

---

[1] 参见海南省营商环境建设厅官网，https://db.hainan.gov.cn/jgjs/。

领域"极简审批"制度改革优化营商环境若干措施的通知》（琼府办〔2023〕16号），其主要内容一是简化立项用地规划许可，优化项目前期服务，绘制"产业地图"，实行"标准地+用地清单制"。探索实施审批预制制度，加快推进项目落地。简化建设用地预审与选址意见书以及建设用地规划许可证办理。试行项目审批核准"多评合一"。二是整合工程建设和施工许可，再造项目审批流程。实施分类管理，简化项目审批流程。规划放线核验监管。三是完善联合竣工验收，提升办事效率和服务水平。简化办理竣工备案手续。深化公用设施接入服务改革。推广"验收即拿证"。[1]

在推进海南自由贸易港营商环境建设的具体实践中，海南省通过了《海南省优化营商环境工作专班形成优化营商环境示范案例》。2022年12月，推广第三批优化营商环境示范9个案例。其中通过数字化推进营商环境建设是重要内容。例如海南省工业和信息化厅推出的打造惠企政策兑现新模式实现政策红利便捷高效直通企业的典型案例。其重点内容是集中管理全省惠企政策，打造自由贸易港"政策超市"。梳理汇总全省惠企政策，以"海易兑"为统一入口进行发布管理。截至2022年11月底，国家级、省本级、市县级惠企政策共有1332项，通过对可申报兑现政策深度处理，海南梳理形成了可应用于兑现的惠企事项420余个。企业可通过"海易兑"智能搜索、政策推荐等功能便捷查找政策及在线申报政策事项，大幅压缩查询申报政策的人工成本、时间成本，提高了企业申报兑现便利度和获得感。对接"海易办""海政通"平台、财政预算管理一体化系统、政务服务数据中台等业务系统，海南建设了集政策发布、推送、申报、评审、兑现、评价、监督等全流程功能以及政策直播、语音播报等服务功能于一体的信息化平台，确保全流程服务闭环，政策服务"一网通办"。[2]

---

[1] 《关于深化工程建设项目领域"极简审批"制度改革优化营商环境若干措施的通知》（琼府办〔2023〕16号），海南省人民政府网，https://db.hainan.gov.cn/xxgk/zcwj/yshj/202305/t20230530_3425633.html。

[2] 《海南省优化营商环境工作专班关于推广第三批优化营商环境示范案例的通知》，海南省人民政府官网，https://db.hainan.gov.cn/xxgk/zcwj/yshj/202303/t20230326_3386893.html。

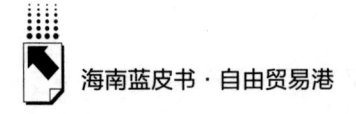

（二）要素自由便利推进

海南自由贸易港以贸易投资自由化便利化为重点，以各类生产要素跨境自由有序安全便捷流动为基础，正在加快构建海南自由贸易港制度体系。

1.贸易自由便利

根据《总体方案》在国际贸易自由便利领域的任务要求，2022年海南自由贸易港加快推动"一线"放开、"二线"管住在海关特殊监管区外试点，推进贸易便利化以及海南自由贸易港服务贸易负面清单制度落地走实。

第一，推动"一线"放开、"二线"管住在海关特殊监管区外试点。2022年12月，为进一步扩大压力测试的范围，加工增值免关税制度在海关特殊监管区域外的部分重点园区获批实施。2023年，洋浦保税港区探索形成的加工增值免关税等11项政策，扩大至洋浦经济开发区试点实施，试点范围从2.23平方公里扩大到114.7平方公里，在风险总体可控的前提下，形成更丰富的试点内容和压力测试场景，为2025年全岛封关运作奠定重要基础。

第二，通过地方立法提升药品进口通关便利化。2022年9月，《海南自由贸易港药品进口便利化若干规定》出台，规定部分药品在海南省药品进口口岸进口时，无须办理进口药品通关单，海关在办理报关验放手续时，无须核验进口药品通关单。该规定是国内药品进口通关便利化监管的重要突破，为未来全国范围内的药品进口监管制度创新，提供了压力测试场景和试点经验。

第三，增加离岛免税购物提货方式，扩大政策溢出效应。从2023年4月1日起，海南自由贸易港新增"担保即提"和"即购即提"两种提货方式。离岛旅客凭有效身份证件或旅行证件和离岛信息在海南离岛免税商店购买免税品时，可对单价超过5万元的免税品选择"担保即提"提货方式，可对单价不超过2万元且在《关于增加海南离岛免税购物"担保即提"和"即购即提"提货方式的公告》（海关总署 财政部 税务总局公告〔2023〕25号）附件清单内的免税品选择"即购即提"提货方式，进一步提升了离岛旅客购物体验，扩大了离岛免税政策的溢出效应。

第四，加快推动跨境服务贸易领域首张负面清单中的项目落地。随着《海南自由贸易港跨境服务贸易特别管理措施（负面清单）（2021年版）》的推进落实，截至2023年7月，已推动包括取消境外游艇进出海南需引航申请的限制措施等22项开放措施落地，首单落地项目10项，对推进海南自由贸易港服务贸易发展产生了重要示范作用，同时也为我国履行RCEP中的六年内由跨境服务正面清单转向负面清单的承诺，提供了重要的试点经验。

2. 投资自由便利

《总体方案》对投资自由便利化的要求主要包括四个方面：①实施市场准入承诺即入制，对外商投资实施极简负面清单和十周年安全评估；②创新完善投资自由化制度，实行以过程监管为重点的投资便利化制度；③建立健全公平竞争制度，强化竞争政策的基础性地位；④完善产权保护制度，在《海南自由贸易港征收征用条例》的基础上，探索适合自由贸易港发展的知识产权保护模式。

2022年以来，海南省政府围绕《总体方案》的战略部署，在投资便利化领域实施了多项政策措施。主要包括：①在2022年10月的《鼓励外商投资产业目录（2022年版）》中，海南省在全国版产业目录的基础上增加了72个细分行业，明确划分了海南自由贸易港的鼓励类外商投资产业范围；②2022年12月，海南自由贸易港实施《市场准入承诺即入制管理规定》，在具有强制性标准的领域建立健全备案制度，取消许可和审批制度，建立事中事后监管机制和信用约束机制；③2023年2月，教育部联合海南省政府研究制定了《境外高等教育机构在海南自由贸易港办学暂行规定》，系统设计了境外高等教育机构在海南自由贸易港办学的基本规则，明确鼓励境外高水平高校、职业院校在海南自由贸易港成立理工农医类学校或者校区；④2023年3月初，海南省政府出台了《海南省促进总部经济发展管理办法》，明确了可申请总部资格认定的企业条件，认定为总部的企业将获得财政和金融支持；⑤2022年11月，海南省政府与国家知识产权局共同颁布《全面深化改革开放知识产权强省实施方案》，提出以体制机制创新为重点，打造知识产权制度集成创新策源地，推进知识产权管理体制改革。

3.跨境资金流动自由便利

跨境资金流动自由便利是海南自由贸易港重要建设内容，也是海南自由贸易港推进贸易投资自由化和便利化的基础条件。海南自由贸易港已初步形成国家层面的《海南自由贸易港建设总体方案》、部委层面的《关于金融支持海南全面深化改革开放的意见》（"金融33条"）、省级层面的《关于贯彻落实金融支持海南全面深化改革开放意见的实施方案》（"89条"）"三位一体"的近中期金融政策框架，为海南自由贸易港建设提供强有力的金融支撑。在近中期金融政策框架中，涉及国际贸易、跨境投融资业务、国际金融资产交易以及其他相关国际化运营的业务都与跨境资金自由便利化管理密切相关。

2022年以来，在跨境贸易自由便利化方面，海南自由贸易港扩大优质企业贸易收支便利化试点范围并持续推进金融政策促进新型离岸国际贸易发展。在跨境投融资方面，海南自由贸易港持续推进QDLP和QFLP试点、一次性外债登记试点、跨国公司资金池试点、资本项目外汇收入支付便利化政策实施等，促进资本跨境双向流动，提高海南自由贸易港企业跨境资金运作效率和便利化程度，优化企业国际化运营环境。在金融市场开放方面，海南自由贸易港已设立海南国际能源交易中心、海南国际文化艺术品交易中心、海南国际商品交易中心等9家交易场所并成立海南国际清算所，为金融要素市场的国际化奠定基础。另外，境内信贷资产跨境转让试点和跨境资产管理业务试点也已落地海南并有序推进。依托于海南自由贸易账户体系，海南发布自由贸易账户相关操作指引，促进企业和金融机构"用好、用足"自由贸易账户体系所带来的跨境资金流动的便利性和自由度。

2022年，洋浦经济开发区启动跨境贸易投资高水平开放外汇管理改革试点，涵盖了9项资本项目改革措施、4项经常项目便利化措施以及2项加强风险防控和监管能力建设的相关要求（"9+4+2"组合）。截至2023年3月末，已有9项高水平开放试点政策业务落地实施，其中4项经常项目便利化措施已全部落地，9项资本项目措施已有5项落地。这些跨境投资贸易便利化措施叠加其他政策，有助于洋浦经济开发区发挥利用高水平贸易投资自由化便利化政策优势，推动各类国际化运营产业包括新型离岸贸易产业的集聚和发展。

4. 人员进出自由便利

《总体方案》提出为人员进出提供自由便利。海南自由贸易港根据发展需要，针对高端产业人才，实行更加开放的人才和停居留政策，打造人才集聚高地。

2022年以来，海南省相关部门进一步完善高端和紧缺人才税收制度和创新外籍人员就业制度，为海南自由贸易港建设提供制度保障。2022年9月，海南省印发《海南自由贸易港享受个人所得税优惠政策高端紧缺人才清单管理暂行办法》，2022年12月又印发《关于进一步明确落实海南自由贸易港高端紧缺人才所得税优惠政策有关事项的通知》，明确了来源于海南自由贸易港所得、减免税额计算等税收激励政策的要求和标准。在创新外籍人员就业制度方面，2022年7月，海南省商务厅印发《海南自由贸易港境外人员参加拍卖师职业资格考试指引（试行）》。至此外籍人才在海南参加税务师、全国注册验船师和拍卖师等职业资格考试的公告及指引均已发布，为外籍人才进行职业资格考试提供了依据，提高了政策透明度和可操作性。

5. 运输来往自由便利

《总体方案》明确，在2025年之前海南自由贸易港运输来往领域的重点任务是建立更加自由开放的运输制度，包括实施更加开放的船舶运输政策和航空运输政策。

2022年以来，海南自由贸易港在运输来往自由便利方面构建航运管理基本制度框架，创新国际船舶登记制度，并积极推进第七航权开放试点。一是构建航运管理基本制度框架。推进实施《海南自由贸易港国际船舶条例》，建立与海南自由贸易港匹配的现代航运服务管理体系。在市场准入方面，国际船舶登记主体外资股比不受限制，自然人也能成为国际船舶的登记主体，外国船舶检验机构可以在海南设立企业法人、分支机构或者常驻代表机构等。建立临时船舶登记制度，允许符合条件的船舶申请办理临时船舶登记。创新外籍人员船员培训制度，境外人员在海南自由贸易港参加国家规定的船员培训项目，经考试合格的，可以申请相应的船员适任证书和培训合格证书。二是创新国际船舶登记制度，实施"全岛一港"注册制。在海南自由贸易港依法设立的企业所有、融资租赁或者光船租赁的船舶，依照《海南自由贸易港国际船舶登记程序规定》登记的，船籍港为"中国洋浦港"，实施"全岛一港"注册制。注册在海南洋浦经济开发区以外市县的航运企业可以选择"中国洋浦港"作为船舶登记港，享受海南自由贸易港零关税、出口退税政策和加注保税油相关政策。三是推进第七航权开放试点，促进海南航空枢纽建设；允许进出海南岛国内航线的航班在岛内正式对外开放航空口岸加注保税航油，降低自由贸易港航空运输经营成本；支持江东新区建设临空经济区，重点发展保税航油、飞机租赁、飞机维修、飞机拆解、航空物流、临空商业商贸、临空高端制造等产业集群。

6. 跨境数据安全有序流动

《总体方案》要求到2025年前，海南自由贸易港的重点任务是在国家数据跨境传输安全管理制度框架下，开展数据跨境传输安全管理试点，探索形成既能便利数据流动又能保障安全的机制。

2022年以来，海南自由贸易港在跨境数据安全有序流动方面的推进创举，一是创新数据产品化交易模式，形成制度集成创新成果。由海南省大数据管理局规划上线的"数据产品超市"建立了公共数据流通和开发利用的交易制度，创设了全省统一的数据开发利用创新平台，确保了公共数据资源开发利用的安全性和合规性。二是通过获批国家区块链创新应用试点，开启卫星数据国际光纤直接传输试点，预先布局重点产业。三是探索建立数据流动"首席风险官"制度，完善风险防控体制机制。2022年9月，海南省印发《关于探索建立自由贸易港"首席风险官"制度及风险管控体系实施方案》，提出建立海南自由贸易港"首席风险官"制度，强化风险防控组织领导，控制化解风险。一方面，"首席风险官"制度将构建风险隐患评估指标体系，针对排查出的风险隐患开展科学评估，提高风险评估的可靠性；另一方面，海南自由贸易港将建立月度动态评估调整机制，根据最新风险情况对每一个风险点设定风险等级。四是进一步完善数据安全管理法律体系。2022年4月，海南省人民政府启动《海南自由贸易港网络与数据安全条例》的地方立法工作，将对海南自由贸易港域内网络和数据安全做出全面规定，积极探索"数据安全有序流动"，加快构建既涵盖网络安全、网络数据安全权责要求，同时结合海南省自由贸易港建设实际，体现自由贸易港特色的法规。

（三）制度保障体系建设进展

制度保障体系是海南自由贸易港建设的重要组成部分，围绕2025年的重点任务，海南自由贸易港初步形成了税收制度、治理体系和治理能力制度、法治体系和风险防控体系等四大制度保障体系。

1. 税收制度推进

《总体方案》在税收制度方面的建设目标是建立以零关税、低税率和简税制为特征的高水平自由贸易港税收制度，从目前的进度看，海南省基本形成了零关税和低税率的税收制度体系，简税制处于可行性研究阶段。

2022年以来，海南自由贸易港税收制度的总体推进举措，一是个人所得税制度持续优化。进一步完善了人才清单管理体系，"明确规定了于特殊职业，如航空、航运、海洋油气勘探等行业特定人员在一个纳税年度内在海南自由贸易港累计居住不满183天的个税处理方式"。科学的减免税额计算明确和强化了人力资源和社会保障、税务、公安、市场监管等部门之间的联合管理与协调范围和能力。二是企业所得税制度不断完善。2022~2023年海南颁布了三项关于完善15%企业所得税优惠税率的相关政策。主要包括：科学合理界定了"生产经营在自由贸易港""人员在自由贸易港""账务在自由贸易港"三种情况，推出了"实质性运营自评承诺表"，为解决企业实质性运营提供了途径，以及争议协调机制。逐步明确和细化的所得税政策，吸引了大量经营主体，促进了海南经济的快速发展。三是"零关税"政策逐步扩大实施范围。自2021年1月29日首单"零关税"帆船入港以来，"零关税"三张清单持续扩容增效。四是洋浦保税港区的引领示范效果突出。2021年7月8日，海关总署印发了《海关对洋浦保税港区加工增值货物内销税收征管暂行办法》（署税函〔2021〕131号）（以下简称《暂行办法》）。在特定区域（目前为洋浦保税港区、海口综合保税区、海口空港综合保税区）的鼓励类产业企业生产的不含进口料件或者含有进口料件且加工增值超过30%（含）的货物，出区内销的，免征进口关税。自海南加工增值免征关税政策扩围以来，多家企业已经享受到了加工增值免征关税政策的红利。

2. 治理体系和治理能力制度建设

《总体方案》提出要推动政府职能转变及治理体系和治理能力现代化，构建系统完备、科学规范、运行有效的自由贸易港治理体系。

从2022年海南自由贸易港推进治理体系和治理能力现代化的进程看，其重点举措一是不断强化党建引领社会治理的体制。海南通过优化党的建设体制机制，推动有效市场和有为政府更好结合，突出制度集成创新，激发基层创造活力，持续推动市域社会治理改革创新。二是不断完善和优化社会治理"四位一体"机制建设。近年来，海南各级政府积极探索以海南社会管理信息化平台为核心、以综治中心为枢纽、以网格化服务管理为重点、以矛盾纠纷多元化解为手段的"四位一体"机制建设。三是不断推动创新城乡社区治理模式，以德治促教化，积极推进家庭家教家风建设，挖掘传统文化资源的治理价值；以自治促自律，积极推进社区公约、村规民约建设，促进民众和社区自我管理、自我服务；以法治明规矩，着力推进法治村庄建设。四是积极培育社会力量，构建共建共治共享的社会治理格局，初步形成门类齐全、层次多样、覆盖广泛的社会组织体系，在促进社会建设、提升社会功能和疏解社会矛盾等方面发挥了重要作用。同时，探索"大社区"治理，整合资源提升社区公共服务能力；普遍实行"一核两委一会"新型乡村治理结构，创新乡村治理新模式；依托政策资源、政府购买、公私伙伴关系等机制创新，培育政府、企业、社会"伙伴关系"。

3. 法治体系建设

根据《总体方案》要求，海南自由贸易港的法治体系建设需要建立以

《海南自由贸易港法》为基础，以地方性法规和商事纠纷解决机制为重要组成的自由贸易港法治体系。到2025年，适应海南自由贸易港建设的法律法规逐步完善；研究简化调整现行法律或行政法规的工作程序，推动尽快落地。

2022年以来，涉及海南自由贸易港建设的多项法律法规出台，其中2022年1月1日施行的《海南自由贸易港免税购物失信惩戒若干规定》虽然只有短短10条，但对监管对象进行了分级分类监管，构筑了"一处失信、处处受限"的联合惩戒机制。全国首个药品进口便利化法规，即2022年12月1日起施行的《海南自由贸易港药品进口便利化若干规定》，对进口药品通关作出便利化规定，取消《进口药品通关单》，将药品进口申请备案提前至进口药品启运环节，免费为企业提供进口药品通关凭证。2022年1月1日起施行的《海南自由贸易港闲置土地处置若干规定》明确将"以出让方式取得国有建设用地使用权，超过出让合同约定的竣工日期一年未竣工的土地"认定为闲置土地，同时，创设阶梯比例征收土地闲置费制度，明确有偿收回闲置土地补偿标准。这些法规的出台，有力保障了海南自由贸易港在法治环境下顺利建设。

4. 风险防控体系建设

《海南自由贸易港建设总体方案》的制度设计中明确提出要建立风险防控体系，制定实施有效措施，有针对性地防范化解贸易、投资、金融、数据流动、生态和公共卫生等领域的重大风险。紧紧围绕《总体方案》的任务要求，海南自由贸易港分步骤、分阶段有效推进各领域的风控防控体系建设，坚决守住了不发生系统性风险的底线，并取得重要成效。

2022年以来，海南自由贸易港紧紧围绕全岛封关运作以及相关贸易投资自由便利化工作，将风险防控体系作为海南自由贸易港建设的重要组成部分。在贸易风险防控领域，2023年，海南自由贸易港进一步加快封关运作软硬件建设，启动25个封关运作项目建设，总投资约117亿元，涉及8个对外开放口岸、10个"二线口岸"和非设关地73个船管站、15个海警工作站的硬件设施建设，以及信息化监管平台建设。在投资风险防控领域，出台《海南自由贸易港外国人工作许可特别管理措施（负面清单）》等多个与投资（包括人员）准入相关的负面清单，并坚持将风险防控能力建设摆在首位，确保在安全监管的前提下，逐步提升投资自由化和投资便利化。在金融风险防控领域，加强金融消费者权益保护建设；在全国首创开展资金信息监测系统建设，建设首个实时采集银行资金交易数据平台；推动重大风险化解处置，金融高风险态势得到根本性扭转。在网络安全和数据安全领域，组织编制《海南自由贸易港网络与数据安全条例》等法律法规，搭建"海南省网络综合治理统一平台"，开展整治小程序违法违规收集使用个人信息专项行动。在公共卫生领域，加强国际卫生检疫合作和国际疫情信息收集，建立同周边国家和沿线国家疫情信息与卫生措施通报机制和联合应急处置机制。在生态领域，通过《海南自由贸易港生态环境保护考核评价和责任追究规定》，在全国率先以地方立法形式健全生态环境保护考核评价和责任追究制度，构建一套海南自由贸易港建设背景下全新的目标指标体系。

二 2022~2023年海南自由贸易港建设成效

海南自由贸易港建设不仅推进了制度体系建设，而且推动了国际贸易和国际投资等成长，促进了海南现代产业体系的高质量发展。

（一）要素自由便利对外向型经济的推动

2022年7月~2023年6月期间，随着海南自由贸易港建设的稳步推进，海南的外向型经济开放水平得到明显提升，特别在外资、外贸等核心经济指标上表现不俗。这表明，海南自由贸易港的制度创新和开放政策高地建设，带来的早期收获效应已显现。

1. 国际贸易增长

在货物贸易领域，进出口增长迅速，贸易对经济增长的拉动作用进一步提高。2022年6月至2023年5月，海南自由贸易港进出口贸易额达2225.3亿元，同比增长26.4%，是同期全国进出口贸易额增速的4.3倍；2022

海南进出口贸易额占GDP的比重上升到29.4%，比2021年的比重提高6.7个百分点，进出口贸易对经济增长的贡献显著提升。其中，出口额和进口额分别为822.3亿元和1403.0亿元，同比分别增长94.9%和4.9%，均大大超过同期全国出口额和进口额的平均增长水平。进出口商品贸易结构和贸易方式结构持续优化，推动贸易高质量发展。2022年6月至2023年5月，机电产品和高新技术产品两大类重点产品占全省出口的比重分别为33.4%和18.3%，分别比上一期的占比提升10.3个和5.8个百分点。进出口贸易方式结构继续改善，2022年6月至2023年5月，海南自由贸易港前三大进出口贸易方式分别为一般贸易、保税物流和加工贸易，占比分别为59.5%、23.0%和7.8%，与上年同期相比，一般贸易进出口额的占比提升6.3个百分点，进出口贸易方式持续改善。

在服务贸易领域，随着海南自由贸易港服务贸易高水平制度型开放措施的落地生效，政策红利逐步释放。从贸易总量上看，2022年，海南服务贸易进出口额达353.62亿元，同比增长22.88%，增速比全国平均水平高出近10个百分点，其中，出口181.81亿元，同比增长112.21%；进口171.81亿元，同比增长62.14%；2023年1~5月，海南实现服务贸易进出口额178.98亿元，同比增长43.38%，其中，出口78.1亿元，同比增长28.19%；进口100.88亿元，同比增长57.87%，在上一年快速增长的基础上继续保持了高增长的态势。从贸易结构上看，运输服务和商业服务是海南服务贸易进出口的主要类别，2023年1~5月，运输服务和商业服务进出口额分别达66.97亿元和53.98亿元，同比分别增长37.42%和30.16%，两个主要服务部门进出口的高速增长带动了海南整体服务贸易进出口的快速增长。此外，维护维修服务也成为服务贸易中增长较快的部门，2022年实现进出口13.62亿元，同比增长76%，占全部服务贸易进出口额的3.85%；2023年1~5月，实现进出口14.02亿元，同比增长38.2%，占比则进一步提升到7.83%，成为海南服务贸易发展的亮点之一。

2. 国际投资增长

2023年1~6月，海南新设立外商投资企业732家，实际利用外资金额

133.7亿元，同比增长23.3%。2023年前6个月现代服务业实际使用外资108.9亿元，同比增长9.4%，占全省实际使用外资总量的81.5%。其中，租赁和商务服务业，科学研究和技术服务业，信息传输、软件和信息技术服务业，批发和零售业实际使用外资增幅显著[1]。在外资项目方面，海南比勒费尔德应用科学大学是中国境内第一所境外高校独立办学项目，也是德国公办高校在中国设立的首个独立办学项目，2022年12月该校与海南省政府完成了首个独立办学项目的签约；在制造业方面，2022年澳斯卡粮油公司的产值达到25亿元，成为具有国际竞争力的多领域、国际性的大型综合企业；在零售业方面，2022年4月泰佩思琦集团设立中国旅游零售总部，2022年12月雅诗兰黛集团将集团旅游零售中国区总部落地海南自由贸易港；在数据服务方面，美国邓白氏集团于2022年3月在海南自由贸易港设立分公司，成为数字企业国际合作的标志性案例。

3. 跨境资金收支规模增加

海南自由贸易港涉外国际收支快速攀升。2022年，海南自由贸易港全年跨境收支规模达624.11亿美元，同比增长63.8%。人民币跨境收付金额合计1455.97亿元，创历史新高，同比增长160.65%[2]。

在跨境贸易自由便利领域，海南贸易外汇收支便利化试点举措有效推进。截至2023年6月末，海南自由贸易港试点银行已扩大至4家，试点企业扩大至30家，优质企业贸易外汇收支便利化工作再次扩容，累计办理贸易外汇收支便利化试点业务1145笔，金额合计3.15亿美元[3]。其中，2023年上半年，试点业务累计办理623笔，合计1.69亿美元，分别是2022年同期的8.3倍和14.4倍。

在跨境投融资自由便利领域，海南自由贸易港多方面推进跨境投融资自

---

[1] 《海南自贸港开创利用外资新局面》，新华网，http://www.news.cn/fortune/2023-08/06/c_1129789369.htm。

[2] 《海南跨境金融服务不断优化，多项便利化措施全面落地实施》，中国政府网，http://www.gov.cn/xinwen/2023-02/09/content_5740725.htm。

[3] 《上半年海南涉外收支规模316.77亿美元》，海南日报网，http://hnrb.hinews.cn/html/2022-07/28/content_58465_15096994.htm。

由化便利化政策落地以及扩大受益企业范围，包括QFLP基金和QDLP基金试点、资本项目收付便利化、外债一次性登记管理、跨国公司资金池试点以及跨境金融服务平台应用等。截至2023年3月末，海南自由贸易港共落地QFLP基金91只，注册资本共计88.4亿美元，累计跨境流入13.4亿美元。在QDLP基金试点方面，截至2023年6月，海南自由贸易港共批复了37家QDLP基金试点企业和49.92亿美元试点额度。海南资本项目外汇收入支付便利化政策试点的规模持续扩大，截至2023年3月末，海南自由贸易港共办理资本项目收入支付便利化试点业务883笔，境内支付使用金额达13.1亿美元[1]。

海南自由贸易账户功能和应用场景不断丰富，业务规模持续扩大。2022年，海南自由贸易账户收支折合人民币2561.97亿元，较2021年增长64%以上。2022年，企业通过自由贸易账户办理各项本外币融资折合人民币190.39亿元，同比增长81.7%[2]。2020年6月，海南首个依托于自由贸易账户的全功能跨境资金池业务落地。截至2022年末，海南已设立全功能型跨境资金池29个，2022年全年资金进出598.95亿元，同比增长10.96倍[3]，为跨国企业集团内部资金余缺调剂和归集带来极大便利。另外，2023年，中国银行香港分行成功发行首笔海南自由贸易港离岸人民币可持续发展债券，该离岸债券募集资金通过自由贸易账户归集。

4. 人才引进加速

根据海南省委人才发展局汇总数据，截至2022年底，海南省"百万人才进海南"目标完成过半，2018年以来引进人才近50万人，其中30岁以下的人才占比为58.31%，40岁以下的人才占比为98.2%。累计柔性引进130多名院士专家，联系服务高级职称或相应层次的"候鸟"人才1.3万余

---

[1] 方昕：《对标国际规则探索自贸港对外开放路径》，《中国金融》2023年第11期。
[2] 《海南自由贸易港跨境人民币使用场景不断拓展 2022年人民币跨境收付额同比增长160.6%》，南海网，http://www.hinews.cn/news/system/2023/02/22/032929548.shtml。
[3] 《海南自由贸易港跨境人民币使用场景不断拓展 2022年人民币跨境收付额同比增长160.6%》，南海网，http://www.hinews.cn/news/system/2023/02/22/032929548.shtml。

名。其具体成效一是吸引国内外人才集聚。从2020年6月1日至2021年5月底，省外落户海南人数超15万人，同比增长122%，引进人才数量超过9万人，同比增长243%。2018年4月13日至2021年5月底，外籍人员工作类和学习类许可签发超1万份，同比增长20%以上；获得在华永久居留权的外籍高层次人才较相关政策实施前增长了180%。二是创建"候鸟"人才工作站。为集聚"候鸟"人才，截至2022年底，海南省建立了"候鸟"人才工作站超100个，全省"候鸟"人才信息库自愿登记人数近1.6万人。一方面，"候鸟"人才工作站吸引人才前往海南抱团发展，如陵水南繁"候鸟"人才工作站汇集了湖南、湖北等15个省市及中科院、农科院等科研单位的南繁人才205人。另一方面，创新设立行业"候鸟"人才工作站，有针对性地发展当地重点行业。如设立海南省新能源汽车"候鸟"人才工作站。三是院士平台引才成效显著。自海南省大力推进开创"柔性引才"工作以来，截至2021年8月底，认定院士创新平台148家，其中，来自美、英、德、日等国的外籍院士工作站达到24家。为发挥好院士创新平台作用，海南首次设立院士创新平台科研专项，重点支持院士科技成果在海南转化应用和产业化的项目，促进重点产业学科建设的项目和带动创新型人才培育的项目。

5. 运输服务较快增长

一是货物运输较快增长。2022年海南省货物运输量和周转量均创历史新高，货物运输量比2021年增长7.1%，是2019年的1.6倍；货物运输周转量比2021年增长13.6%，是2019年的6倍。海南集装箱吞吐量在2020~2022年期间年增长率均超过10%，高于全国平均水平。二是洋浦港航运产业快速发展。2022年，洋浦港集装箱吞吐量达到177万TEU，比2021年增长34.1%。2022年300余家航运相关市场主体落户洋浦，其中5家为外资企业；新增海事登记船舶115艘，新增运力达346.27万载重吨。三是飞机维修产业快速发展。截至2023年5月，海南自由贸易港一站式飞机维修产业基地定检机库共完成600余单维修项目，喷漆机库共承接32架喷漆业务，附件维修厂房完成部件1.5万余个。

6. 数据有序安全流动推动成效显著

一是海南省数据产品超市取得明显成效。截至2023年6月底，海南省数据产品超市已接入数据资源12476个，引入企业数量662个，数据产品914个，实现营收超过10352万元。二是区块链创新应用试点，2022年1月，海南省海口市、海南省南海云控股股份有限公司、海南省洋浦经济开发区海南大学计算机科学与技术学院3个项目分别获批区块链综合试点、区块链+卫生健康、区块链+贸易金融创新应用试点。三是开启卫星数据国际光纤直接传输试点，2022年11月，海南卫星数据与应用研究中心落地运行，研究中心将充分利用海南信息网络优势，协调航天海外地面站网和数据资源，推进卫星遥感数据与应用国际合作，实现北京主节点、海南节点与海外节点的互联互通。目前，海南卫星数据与应用研究中心已开展卫星数据国际光纤直接传输试点工作，实现了海南卫星数据出口业务"零"的突破。

（二）治理制度成效

通过海南自由贸易港建设，海南在社会治理、法治制度和风险防控体系建设等方面的治理成效显著。

1. 社会治理成效

2022年，全省刑事立案数量为近14年来最少，命案发案数量为建省以来同期最低；2018年以来，海南共受理矛盾纠纷107226件，调解成功率96.5%。在政治社会安全稳定方面，海南社会安全稳定持续保持建省以来最好水平，有力服务保障海南全面深化改革开放和中国特色自由贸易港建设。在社会效益领域，近年来，随着平安海南建设的持续推进，居民的安全感持续提升，近五年，人民群众安全感综合指数从2018年的93.67%上升到2021年的98.24%，创历史新高。在政府主体能力建设上，近五年，在省级地方政府效率排名方面，海南始终保持在全国前八，仅次于北上广浙等发达地区，三亚等城市也在市级地方政府效率排名中位居全国前列。

社会治理效能也助力营商环境的优化与完善，海南营商环境在全国各省

（区、市）排名比2021年上升4个位次。海口、万宁等以改革创新举措亮点分别入选"2022城市营商环境创新城市"和"2022城市营商环境创新县（市）"。

2. 法治制度建设成效

2022年9月和2023年3月，国务院分别出台了两个暂时调整实施有关行政法规规定，前者同意自2022年9月21日起至2024年4月8日，在相关省市（即天津、上海、海南、重庆四省市）暂时调整实施《旅行社条例》《民办非企业单位登记管理暂行条例》的有关规定；后者是在海南省暂时调整实施《中华人民共和国海关事务担保条例》第四条第一款对符合规定的离岛免税品可提交担保后提前放行。这有利于海南自由贸易港国际消费中心建设。海南省人大常委会又出台了六项法规，其中《海南自由贸易港药品进口便利化若干规定》的施行，有利于进一步提升海南自由贸易港药品进口便利化水平，进一步缩短药品进口时间，让人民群众共享进口药品领域的海南自由贸易港制度红利；出台《海南自由贸易港闲置土地处置若干规定》，为解决"半拉子工程"提供了有力的法律依据，不仅有利于破解海南的闲置和低效土地处置难题，促进土地集约节约利用，而且回应了推进海南高质量发展、优化营商环境的现实需要；出台《海南自由贸易港促进种业发展若干规定》，凭借海南自由贸易港政策制度优势，针对畅通种质资源引进、交流、利用渠道和种业创新链、产业链、资金链融合等方面进行制度安排。《海南自由贸易港促进种业发展若干规定》共十九条，采取"小切口"立法形式，坚持问题导向，聚焦种质资源保护利用、育种创新、境外引种通关便利、生物安全风险防控等种业发展立法需求。

3. 风险防控体系建设成效

一是海南自由贸易港通过高标准建设开放口岸和"二线口岸"基础设施，依托全岛"人流、物流、资金流"信息管理系统、社会管理监管系统、口岸监管系统"三道防线"，推进海南社会管理信息化平台建设，加强反走私综合治理工作，确保全方位构筑近海、岸线、岛内三道防护圈。二是在全国率先成立海南自由贸易港金融消费权益保护协会，推进"一站式"金融纠纷多元化解机制建设，截至2023年3月，成功调解各类金融消费纠纷案件289件。三是经过三年来的建设，海南自由贸易港基本构建和形成了覆盖公共卫生预防、救治、保障和应急的公共卫生风控防控体系。四是建立健全生态环境安全风险防控工作机制，持续加强重大动植物疫情和外来入侵物种防控，重大动物疫病群体免疫密度均达到90%以上，全省设立77个植物检疫性病虫害疫情监测点，不断完善生物安全突发事件应急处置。

（三）海南现代产业体系建设

《总体方案》确定了海南自由贸易港现代产业体系建设的基本框架，并将旅游业、现代服务业、高新技术产业、热带特色高效农业作为海南现代产业体系中的四大主导产业。现代产业体系是海南自由贸易港建设的重要组成部分，也是各类生产要素跨境自由有序安全便捷流动的载体，而高质量的海南现代产业体系需要特殊的税收制度安排、高效的社会治理体系和完备的法治体系为保障。

海南现代产业体系建设过程中首先要摆脱长期将房地产作为产业发展主导的"依赖症"，2018~2022年海南产业投资年均增长率为12.4%，非房地产投资占比提高了18.2个百分点。非房地产投资的高增长带来了旅游业、现代服务业、高新技术产业和热带特色高效农业四大主导产业的快速增长，四大主导产业规模从2019年的2665.42亿元增加到2022年的4772.74亿元，年均增长21.43%，占全省GDP比重由2019年的53%提升至2022年的70%。同时，四大主导产业内部结构进一步优化，旅游业不断提升旅游服务附加值，打造知名旅游品牌，中国国际消费品博览会已经成为全球具有一定影响力的知名博览会。高端购物、医疗和教育三大境外消费回流逐渐成为海南自由贸易港发展的重要亮点。在现代服务业领域，海南金融、现代航运、数字贸易、新型离岸贸易等现代服务业业态不断涌现，海南现代服务业中的比重不断提升。在高新技术产业领域，围绕种业、深海和航天三大科技产业，充分利用国家科研平台开展原创性、引领性科技攻关，引进和培育各种类型的研发机构，建成种业、深海、航天科技创新高地，提升了产业迭代升级能力和根植性。热带特色高效农业，聚焦热带特色高效农业重点领域，促进产业规模化、标准化、品牌化和国际化发展。

海南现代产业体系建设具有鲜明的自由贸易港特征，一是专利技术高速发展带动现代产业体系的技术水平不断提高。海南专利申请量从2019年的9302件增加到2022年的17273件，其中发明专利增长尤为明显，年均复合增长率达到26.3%，特别体现在种业和热带特色高效农业的专利数据和质量不断提高。二是贸易带动现代产业体系的开放水平不断提高。海南国际贸易（含货物贸易和服务贸易）占GDP的比重从21.1%上升到2022年的34.7%，国际贸易出口和高技术产品出口明显加快，2019~2022年高技术产品出口的年均复合增长率达到40.4%。三是数字技术带动海南现代服务业的数字化转型。海南数字产业主体日益丰富，海南省数字企业市场主体数量不断增加。海南在区块链、物联网等方面形成了一定的产业和技术基础，海南生态软件园被授牌为全国首个区块链试验区，引入100多家区块链企业。海口复兴城互联网信息产业园凭借小米、紫光等龙头企业的带动，集聚了70多家物联网企业。[①]

三 海南自由贸易港建设展望

海南自由贸易港建设要按照《总体方案》到2025年的重点任务，特别是全岛封关建设任务，以制度系统集成创新推动要素集聚，加快海南现代产业体系高质量发展。

（一）扎实推进全岛封关运作

全岛封关运作是海南自由贸易港建设具有里程碑意义的系统工程，是全

---

① 尹丽波：《数字经济与实体经济融合，赋能海南产业高质量发展》，《今日海南》2022年第3期。

面实现"一线放开、二线管住、岛内自由"货物进出口管理制度的标志，也是全面建设自由贸易港的综合性项目，包括"一线"和"二线"口岸的基础设施、制度和口岸系统。

1. 高质量完成现代口岸基础设施建设

第一，要根据海关总署主编、住房和城乡建设部和国家发展和改革委员会批准的《国家口岸查验基础设施建设标准》（建标〔2017〕179号）。要将国家口岸查验基础设施建设标准作为海南自由贸易港基础设施建设的最基本标准，不折不扣高标准制定全岛封关前的各种类型基础设施口岸建设标准。并根据海关总署颁布的《口岸验收管理办法（暂行）》，完成所有口岸的验收。

第二，要在国家相关部门规定的标准基础上，结合海南自由贸易港口岸的基本特征以及全球口岸基础设施的发展趋势，建设具有更高标准的口岸基础设施。一是根据全球口岸贸易安全和风险控制的新特征，国际经贸性规则对口岸货物通行时间的要求以及不同口岸货物的特征，建设更高标准口岸建设需要的基础设施以及必要配备设施。二是根据海南自由贸易港"二线口岸"的特殊性，加快形成"二线口岸"基础设施标准体系。同时，根据现有"二级口岸"的运输体量和货物种类，对"二线口岸"在基本标准基础上分级分类，形成反映海南自由贸易港特色的"二线口岸"标准化体系。三是要将一线口岸和"二线口岸"标准有机衔接和协调，为海南自由贸易港口岸动态管理提供基础设施保障。

第三，将数字基础设施作为海南自由贸易港口岸基础设施建设的重要内容，全面提高各类港口的自动化水平，以提高港口的运作效率。一是将云计算、区块链技术广泛运用在口岸监管和便利化方面，配置相关与云计算、区块链技术相关的数字基础设施。二是建立口岸不同系统连接需要的基础设施，通过建设口岸公共服务平台，实现数据共享和协调监管，要进一步完善海南国际贸易"单一窗口"的基础设施。三是加强对假冒伪劣等货物的监管，通过增加设备提高对假冒伪劣产品的监管能力和处罚力度。

第四，积极推进口岸基础设施的拾遗补阙工作。要在《海南自由贸易港全岛封关运作项目建设方案及第一批项目清单》的基础上，根据目前全岛封关过程中出现的问题以及海南自由贸易港相关制度陆续落地而需要追加的基础设施，梳理出全岛封关的第二批项目清单，在充分认证的基础上，加快落实第二批清单的各项工作。

2. 加快推进与全岛封关相关的制度落地

《总体方案》明确了做好全岛封关运作准备工作的两个重点。一是制定出台海南自由贸易港进口征税商品目录、限制进口货物物品清单、禁止进口货物物品清单、限制出口货物物品清单、禁止出口货物物品清单、运输工具管理办法，以及与内地海关通关单证格式规范、与内地海关通关操作规程、出口通关操作规程等。二是在全岛封关运作的同时，依法将现行增值税、消费税、车辆购置税、城市维护建设税及教育费附加等税费进行简并，启动在货物和服务零售环节征收销售税相关工作。这两条与全岛封关密切相关，特别会是影响"二线口岸"的监管主体、监管流程和具体的监管办法。因此，中央和海南相关部门要紧密沟通，加快一线口岸货物进出境实施细则和海南自由贸易港税收制度实施细则的落地。

3. 进一步加强口岸能力建设

一是要对标国家对口岸管理的标准和规则要求，评估不同口岸运行主体的服务标准、服务能力以及安全保障制度，要把口岸安全保障作为口岸运作主体的首要标准。二是根据目前海南口岸运作主体的实际情况，结合全岛封关的各项要求，加快口岸运行主体在硬件、软件和管理等方面的能力提升。三是加强海南口岸与国内发达地区口岸和国际知名口岸运作主体合作，通过合作，形成战略联盟，从整体上加快口岸能力提升。

（二）海南自由贸易港国际市场网络建设和推进路径

确定海南自由贸易港的国际市场定位至关重要，只有根据市场需要才能更好为国内外市场主体服务。

1. 面临的国际经贸环境

海南自由贸易港在建设国际市场网络时，要分析经济全球化变化趋势，考虑在这种趋势下海南自由贸易港如何利用制度安排嵌入国际市场中。首先，尽管国际贸易流量相对于国内生产总值的增长正在放缓，但几乎没有发现系统性证据来表明世界经济已经进入去全球化时代。本轮经济全球化放缓是20世纪80年代末、90年代和21世纪初所经历的不可持续的全球化增长的自然结果①。其次，全球化未来的主要挑战来自制度和政治层面而不是技术层面。对于寻求降低劳动力成本的发达国家企业来说，自动化是离岸外包的一种替代方式。由于自动化与离岸外包互相替代，因此自动化技术发展可能推动"去全球化"②。工业机器人、3D打印和其他自动化生产形式很可能会导致补充生产投入的贸易增长，但同样明显的是，它们往往会减少发达经济体对工人的需求③。此外，虽然自动化可能对欠发达经济体的离岸外包产生积极影响④，且对外国劳动力需求的增加很可能会使发达经济体倾向于雇用那些欠发达经济体的技术工人⑤。然而，Pol Antàs指出无论是从概念上还是从最近的经验证据来看，这些技术的去全球化效应在实践中并不明显。最后，推动超全球化时代的政策和制度因素比技术因素更容易逆转。从2018年初开始，美国针对特定产品和国家实施了一系列关税上调措施，中国的12043种产品的进口关税税率从2.6%增加到16.6%，进口贸易额占美国年

---

① Antràs P., "De-Globalisation? Global Value Chains in the Post-COVID-19 Age," *National Bureau of Economic Research*, 2020.
② Rodrik, Dani, "New Technologies, Global Value Chains, and Developing Economies," *National Bureau of Economic Research Working Paper*, 2018, No. 25164.
③ Acemoglu, Daron, and Pascual Restrepo, "Robots and Jobs: Evidence from U.S. Labor Markets," *Journal of Political Economy*, 2020 (6), pp. 2188-2244; Acemoglu, Daron, Claire Lelarge, and Pascual Restrepo, "Competing with Robots: Firm-Level Evidence from France," *American Economic Review Papers and Proceedings*, 2020, pp. 383-88.
④ Artuc, Erhan, Paulo S. R. Bastos, and Bob Rijkers, "Robots, Tasks, and Trade," *Policy Research Working Paper*, 2018 (8674), World Bank, Washington, DC. Stapleton, Katherine and Michael Webb, "*Automation, Trade and Multinational activity: Micro Evidence from Spain*," Oxford University, 2020.
⑤ Verhoogen, Eric A., "Trade, Quality Upgrading, and Wage Inequality in the Mexican Manufacturing Sector," *Quarterly Journal of Economics*, 2020 (2), pp. 489-530.

度进口贸易总额的12.7%①，同时美国通过印太经济框架（IPEF），加速构建新的区域市场，大国主导的区域市场将成为新一轮经济全球化的推动者。与现代全球价值链相关的大规模经济和在实施全球采购战略时产生大量沉没成本（GVC黏性），可能让企业在面临短期冲击时不愿意重构生产网络。与组织全球价值链相关的许多固定成本在本质上是沉没的，这对于全球价值链应该如何应对世界经济的冲击具有非常重要的意义。

2.海南自由贸易港的国际市场定位

在全球国际经贸格局下，中国将加快主要主导区域贸易协定网络体系的建设，从目前看，随着RCEP的签署，中国与东南亚国家之间的国际经贸网络将更加紧密。与其他区域不同，东南亚市场本土的跨国公司在国际市场的竞争力不强，北美、欧盟和日韩都有本土强大的跨国公司。东南亚地区尽管是全球主要国际市场，但由于其本土跨国公司缺乏技术和经营能力，因而成为全球跨国公司主要争夺的焦点市场，中国国内企业包括民营企业和国有企业都已经或者即将深度布局东南亚市场。海南将充分利用处于中国大陆和东南亚地区两个最活跃市场交汇点的区位优势、独具特色的开放政策优势，加快打造"两个基地""两个网络""两个枢纽"，即成为中国企业走向国际市场的总部基地和境外企业进入中国市场的总部基地，空海国际交通网络和国际经贸合作网络，西部陆海新通道国际航运枢纽和面向太平洋、印度洋的航空区域门户枢纽。在服务和融入新发展格局中展现更大作为。②

3.实现战略定位的制度创新

打造"两个基地"、"两个网络"和"两个枢纽"需要高水平的规则、规制、管理、标准等制度型开放。海南应该在《总体方案》的基础上，紧密结合市场主体对制度型开放的需要，加快制度型开放先行先试的落地工作。

首先，加快推进国务院近期出台自贸试验区（港）制度型开放的相关

---

① Fajgelbaum, Pablo D., Pinelopi K. Goldberg, Patrick J. Kennedy, and Amit K. Khandelwal, "The Return to Protectionism," *Quarterly Journal of Economics*, 2020 (1), pp.1-55.

② 冯飞：《加快建设具有世界影响力的中国特色自由贸易港》，《人民日报》2023年6月23日，第13版。

举措。2023年6月1日，国务院印发的《关于在有条件的自由贸易试验区和自由贸易港试点对接国际高标准推进制度型开放若干措施的通知》（国发〔2023〕9号）推出了33项试点举措，其中两条只针对海南自由贸易港。这些举措有三个明显的特点，一是限制了试点范围，在26个自贸区（港）中选择了6个试点区域，海南自由贸易港是6个试点区域之一。二是试点内容聚焦在某个具体领域，例如自境外暂时进入海南自由贸易港的货物、维修和再制造业务等领域，而且在某个具体领域增加了许多前提条件，例如自境外暂时进入海南自由贸易港的货物被规定了具体的业务种类。三是每项内容需要的监管制度创新方向得以明确。海南自由贸易港要做好方案，抓紧落实和细化。

其次，要结合海南自由贸易港国际贸易新业态，提出在市场主体新业态基础上的制度型开放举措，而不是简单地对标《全面与进步跨太平洋伙伴关系协定》（CPTPP）、《数字经济伙伴关系协定》（DEPA）等国际高标准经贸规则。例如率先在电子发票、电子支付和数字身份等条款方面取得突破，再如与海南自由贸易港税收制度对应的电子发票条款试点选择，就需要考察电子发票建设和应用现状，根据电子发票现有的标准及相关法律法规，明确电子发票的定义、核心要素和法律效力，完善电子发票开具、报销、入账和归档全流程无纸化闭环运转，进而明确税务部门、技术服务提供商、开票企业和消费者的权利和义务。[①]

最后，要借鉴新加坡港和德国汉堡港建设数字化港口的经验，将海南自由贸易港建设成为智慧港口。通过自动化、客户访问数字化、连接性技术和数字化数据来建设智慧港口，是当前域外较为通行的相关做法。如SmartPORT Hamburg（智慧汉堡港）包含 SmartPORT 能源（SmartPORT energy）中的15个子项目和SmartPORT物流（SmartPORT logistics）中的20个子项目，该项目旨在创建一个智能的港口，该港口由一个智能的流程、人

---

① 国家税务总局税收科学研究所课题组：《欧盟 Peppol 电子发票应用现状与趋势》，《国际税收》2022年第11期，第43~44页。

和物的网络组成,以达到卓越的运营效果,但对环境的影响更小。[①] 以这些项目为基础,将云计算、区块链等充分应用于海南自由贸易港的港口建设中,并形成相关的法规体系。

(三)进一步推进要素自由便利

要在目前海南自由贸易港已经形成要素自由便利制度体系的基础上,重点围绕全岛封关运作准备工作,以建设高质量海南现代产业体系为抓手,细化要素自由便利的制度和政策体系。

1. 贸易自由便利

第一,加快制定"二线口岸"监管体系的顶层制度设计。建议由国家发改委牵头,海关、海事、边检、税务等涉及"二线口岸"管理的国家相关部门共同参与,加快出台"二线口岸"监管体系的指导文件。一是明确海南自由贸易港不同类型"二线口岸"的具体参与部门和监管流程,以及一线口岸和"二线口岸"管理的监管衔接。二是根据海南不同类型"二线口岸"的定位,加大对口岸监管场所硬件和软件建设,为"单一窗口"纳入二线管理功能模块奠定基础。三是为与"二线口岸"功能定位相匹配的软硬件基础建设、人员编制等提供必要的资源保障。

第二,进一步发挥"单一窗口"在贸易精准监管中的作用。争取中央部门的支持,协调解决海南自由贸易港国际贸易"单一窗口"建设的数据留存和数据共享问题。加快海南自由贸易港国际贸易"单一窗口"建设的立法工作,为"单一窗口"的运行提供法规保障,同时,借鉴新加坡国际贸易"单一窗口"建设的经验,加快制定海南自由贸易港国际贸易"单一窗口"的数据标准和数据使用规范法规。

第三,进一步优化完善现有加工增值免关税制度。建议借鉴CEPA、RCEP的做法提高区域成分价值计算的灵活性,进一步发挥海南自由贸易港

[①] Matthias Thulesius, Claudia Brumberg, "Digital Transformation of Ports: A Status of the Port of Hamburg and the Port of Singapore," https://reposit.haw-hamburg.de/bitstream/20.500.12738/7906/1/2016_H%c3%a4rtel_schw.pdf, pp. 16–46.

加工增值关税制度和RCEP原产地区域累积规则的共振效应。建议在全岛封关后，继续保留选择性征税和加工增值关税制度的叠加，进一步增强国内外企业在海南布局加工增值业务的灵活性，继续提升加工增值制度设计的优势和吸引力。

第四，落实《关于在有条件的自由贸易试验区和自由贸易港试点对接国际高标准推进制度型开放若干措施的通知》中涉及货物贸易的12条措施。以再制造进口和全球维修作为制度型开放的重点，试点再制造市场准入后的事中事后监管体系和全球维修监管制度。以该通知中涉及的海关与贸易便利化领域作为降低贸易制度成本、促进通关效率的试点，以该通知中涉及的葡萄酒和信息技术设备产品为对象，探索扩大进口市场的路径。

第五，落实《关于在有条件的自由贸易试验区和自由贸易港试点对接国际高标准推进制度型开放若干措施的通知》中涉及服务贸易的3条措施。一是在金融服务贸易领域，要对允许海南自由贸易港中资金融机构开展的新金融服务进行梳理，明确涉及哪些具体领域的新金融业务。在海南自由贸易港金融外资机构中调研开展新金融业务的可能性和市场需求，形成具体试点新金融业务，在此基础上形成从业务准入到监管的政策体系。二是试点在海南自由贸易港注册的企业、在试点地区工作或生活的个人依法跨境购买境外金融服务。三是对境外专业人员资质和能力进行评价。海南自由贸易港要对港内企业进行调研，分析境外专业人员为片区企业和居民提供专业服务的具体领域，在此基础上提出具体领域境外专业人员的资质和能力评价，并建立具体的评估体系。

2. 投资自由便利

第一，对标国际高标准负面清单范本，改变自贸试验区负面清单的列举模式，提高负面清单的透明度；重点包括要按照国际高水平国际投资规则扩充负面清单的架构，规范不符措施的内容，特别管理措施要列明与相关义务不符的具体管理措施，健全外商投资准入前国民待遇。

第二，扩大与东盟国家的投资合作，引进大型企业和发展总部经济，依靠"双15%"的税收政策，吸引外资标志性企业在海南建设生产和科技研发基地。

第三，围绕海南自由贸易港的重点产业，促进外商投资产业多样化，包括高新技术产业、旅游业、教育服务业等特色领域，提升海南自由贸易港的产业集聚优势。

第四，改善营商环境，提升市场公平性，维护有利于公平竞争的市场秩序，包括对标国际高标准经贸规则，加强知识产权保护力度和执法监管力度和国际合作，完善侵犯知识产权的跨国审查机制；完善竞争中立原则，规范国有企业的监督和管理机制，提高对国有企业的监督和管理的效率。

第五，落实《关于在有条件的自由贸易试验区和自由贸易港试点对接国际高标准推进制度型开放若干措施的通知》中关于国际投资领域的试点举措。一是指导经营者纠正不正当竞争行为并从轻处罚。需要结合海南自由贸易港现有执法实践，提出落实该项措施的具体举措。二是支持建立提高环境绩效的自愿性机制，包括设立企业社会责任原则。目前欧美两大经济体建立了ESG（环境、社会和治理）体系，欧盟建立了全球最为完善的ESG监管框架，《欧盟分类目录》（EU Taxonomy Regulation）、《企业可持续发展报告指令》（CSRD）和《可持续财务披露规例》（SFDR）是欧盟在ESG领域内的监管框架，这一框架将适用于在欧盟单一市场内运营的大多数金融机构。海南自由贸易港在借鉴欧美ESG监管框架基础上通过试点形成符合海南自由贸易港特色的ESG规则。三是试点地区劳动人事争议仲裁机构提供仲裁裁决，并向市场公布，海南自由贸易港可以根据目前劳动人事争议方面的实践，提出试点方案。

3. 跨境资金自由便利

第一，研究完善海南自由贸易港多功能自由贸易账户体系，包括自由贸易账户系统优化改造、优化服务流程和提高自由贸易账户使用率。

第二，研究制定与海南自由贸易港建设相适应的跨境资金流动管理办法，进一步扩大各类跨境资金流动自由便利化的试点范围以及提高自由便利化水平，同时出台跨境资金流动管理条例，为货物贸易、服务贸易、直接投资、跨境融资自由便利化提供法律支撑。落实《关于在有条件的自由贸易试验区和自由贸易港试点对接国际高标准推进制度型开放若干措施的通知》第21条，在真实性前提下，与外国投资相关的所有专业可以自由汇入、汇出且无延迟。在实践中此项措施最关键的环节是真实性审核，海南自由贸易港需要在现有措施的基础上进一步优化真实性审核程序，为商业银行提出指导性文件和实际案例。

第三，创新跨境金融服务的内容和形式，推动与海南自由贸易港产业发展相适应的离岸金融发展。

第四，针对跨境资金流动风险防控，探索构建本外币合一的跨境金融监管体系，探索完善海南自由贸易港跨境资金流动监管平台。

4. 交通运输往来自由便利

第一，提高对外联通效率，降低海南对外联通的运输成本。扩大航线、航道，提高运输容量，同时利用大数据对航空运输、水路运输与陆路运输等的匹配、联结以及人流、物流等的高峰低峰潮汐等进行最优规划，提升运输效率。

第二，提高岛内运输能级及一体化程度。以多层次一体化的交通网络为目的，从整体上完善岛内交通线路的层级与布局。提高国道、省道干线二级以上公路所占的比重，以提升运输干线的运输容量及通行效率。提升交通干线与机场、港口交通枢纽及工业园区等交通、人流密集区域的联通效率，改善重要交通连接点的拥堵情况，畅通"最后一公里"。

第三，完善交通运输便利化机制。借鉴新加坡的做法，构建数字化交通信息平台，将交通供给、需求、监管等不同主体、要素纳入信息平台，利用平台在信息共享、沟通协同等方面的优势，既提高跨方式、跨部门、跨区域的协调效率，也提高交通主管部门的治理能力及治理效率，以信息共享及高效协同加快拓展海空联运、陆海联运以及旅客联程运输的路线、航线。

第四，促进配套产业的发展。借鉴中国香港、新加坡的经验，支持船舶管理，船务经纪，船务融资，船舶、飞机融资保险，气象通信服务等配套产业的发展，为航运、航空运输提供全流程的服务。同时以建立国际航运、航空运输枢纽为目的，加快发展港口服务，航空服务，船舶、飞机融资保险及物流服务等，提升通关便利化程度，降低通关成本与时间。

第五，探索建立海事海商法律规则。根据海南自由贸易港建设的目标及需求，尽可能地吸纳国际社会普遍认可的海商海事国际公约的原则及内容。探索建立多元化海事纠纷解决机制、独立海事司法管辖机制的可行性。为了避免产生异地司法程序解决争端的成本，探索在海南设立国际仲裁中心的可行性。

5.人员进出自由便利

第一，加快与国际高标准经贸规则对接，先行先试探索适合我国自然人流动的规则。在人才引进国际规则对接方面，可实施更为灵活的自然人临时移动管理，扩增自然人临时移动人员类型。同时，取消对公司内部流动人员临时入境的次数限制，不进行劳动力市场测试或其他类似程序。此外，进一步探索境外人员临时和短期执业许可制度，探索境外人员临时执业许可制度、境外人才专业资格单向认可、允许符合条件的境外律师提供民商事服务、实施商务人士短期入境制度等。

第二，优化人才引进环境，在人才引进环境方面，建议尽快制定海南自由贸易港推动人才发展条例，人才立法可从促进人才发展立法的主要定位、各类人才发展的主体职责等角度入手。完善人才引入机制，有针对性地加大人才引进和选拔力度。优化人才培育机制，逐步加大对高层次人才投入和培养力度。

第三，设置国际人才引进机构，引才与服务并举。在人才引进服务方面，效仿"联系新加坡"办事处的运行模式，成立国际人才引进专职机构或委托有经验的国际猎头公司收集、积累国外人才资料，建立有效的国际人才数据库。以海南"3+1"现代产业体系为导向，打造产业人才官方数据库，向省内高等教育及中高等职业院校发布未来产业发展所需的人才计划，形成"订单式"人才培养。

第四，把握技术变革对人才发展未来趋势的影响。在人才引进趋势方面，把握新兴产业发展对新兴人才的需求。加强对与人工智能相关的高素质创新人才的培养，积极建设人工智能相关专业或与人工智能相关的新型交叉学科。创新人才评价体系，以职业属性和岗位要求为基础，根据各类人才不同特点和职责，分类建立不同类型的人才评价标准。

第五，落实《关于在有条件的自由贸易试验区和自由贸易港试点对接国际高标准推进制度型开放若干措施的通知》中涉及便利商务人员临时入境的两项措施。海南自由贸易港要对这两项措施落实的情况进行评估，以掌握具体落实情况。要结合海南自由贸易港企业的实际需要，在具体执行的基础上提出相关业务流程和实施细则。

6. 数据安全有序流动

第一，丰富数据应用场景，推动数据安全有序流动。例如，在游戏数据方面，可以"游戏出海"数据服务为试点，申请将网络游戏试点审批权下放至海南自由贸易港，依托海南国际互联网数据专用通道，探索设立国际数据交易中心，搭建数字产品国际交易平台。在卫星数据方面，依托文昌国际航天城，协调航天海外地面站网和数据资源，打造卫星遥感数据应用产业，实现北京、海南与海外数据的互联互通。

第二，提高国际互联网专用通道使用率。简化备案审核流程，提高对私国际互联网专用通道接入人数和使用率。重点提高九大工业园区内企业的覆盖度和使用率，探索对境外访问站点实施"负面清单"制，减少禁止访问的海外站点，为特定园区的特定对象提供"定制化"服务，定向解决企业的跨境数据流动需求，从而提高园区企业对海南自由贸易港国际互联网专用通道的使用率。

第三，持续探索并深化工业领域的数据出境安全管理。推动《工业数据分类分级指南（试行）》在海南率先落地，从企业实际需求出发，细化并制定地方版工业数据分类分级指引。此外，可引入相关技术模型，依托专业技术手段监管数据出境行为，确保数据流动监管口径的一致性和客观性，同时可建立工业领域数据安全管理机制，制定并完善工业数据安全管理标准。

第四，落实《关于在有条件的自由贸易试验区和自由贸易港试点对接国际高标准推进制度型开放若干措施的通知》中涉及大众软件的源代码保护措施和在线消费者权益保护措施。海南自由贸易港要在梳理现有企业使用大众软件基本情况的基础上，特别要对外资金融机构在使用相关软件时的监管，提出具体要求举措。对于在线消费者权益保护领域，该通知主要涉及在线货物和服务等领域的消费者权益保护。有关这方面的保护措施，国内已经形成了比较多的政策文件，海南自由贸易港要对这些法规文件进行梳理，并提出与跨境电子商务和服务电子商务有关的在线消费者权益保护措施，包括进口和出口监管措施。

（四）进一步推进现代产业体系建设

海南应充分发挥自由贸易港制度安排优势，把更高开放水平作为现代产业体系的主要特征，把生态、绿色、低碳作为现代产业体系的鲜明底色，把科技创新驱动作为现代产业体系的根本动力，加快构建开放型生态型创新型现代产业体系，筑牢高质量发展的实体经济根基。[①]

第一，进一步聚焦四大主导产业中的优势产业。从目前四大主导产业看，特别是从现代服务业体系看，产业分类还是太粗。在联合国产品总分类（CPC）1.0版涉及的服务体系中，初级420个，次级946个，而在CPC 2.1版中，两者分别增加到475个和1254个。[②] 因此，海南自由贸易港要对照CPC 2.1版中的细分服务业，打造具体产业的竞争优势以及需要的产业生态，提出海南具体细分产业的发展策略。目前四大主导产业增加值总和尚未超过5000亿元，因此要对2019年以来发展迅速的四大主导产业中的具体产业进行分析，提出进一步发展的策略。一是根据四大主导产业的不同特征以及竞争态势，提出具体的行动方案。二是结合"两个基地""两个网络""两个枢纽"建设，寻找具有海南自由贸易港制度安排优势的国际贸易形态，例如离岸贸易形态。三是鉴于数字技术在产业中的应用越来越广泛，四大主导产业的数字化是重要的发展趋势，重点园区要结合自身的产业定位和数字基础设施情况，从细分产业角度提出从市场准入（资质）到跨境数据流动的一揽子政策，包括用地政策。在数字技术赋能下，服务业和制造业之间的界限更加模糊，越来越多的制造业部门利用云计算技术、区块链技术和

[①] 曹远新：《构建开放型生态型创新型现代产业体系》，《海南日报》2023年6月7日。
[②] United Nations, Central Product Classification (CPC). Version 2.1 [DB/OL]. https://digitallibrary.un.org/record/3900378.

人工智能技术建造新型智能工厂，并且这些新型智能工厂往往与基础学术研究、数字技术实验室和数字平台等紧密联系，这些特点要求土地空间利用更加灵活。建议政府相关部门在区内一定程度上实行灵活的土地使用政策，根据动态的市场需要快速改变土地空间用途。

第二，继续围绕三大科技领域，形成基础科学和应用科学的突破性进展。在种业科技方面，海南要抓住新一轮种业科技革命，使海南种业科技成为全球种业科技体系的重要组成部分。现代种业已进入"常规育种+现代生物技术育种+信息化育种"的"4.0时代"，以全基因组选择、基因编辑、合成生物及人工智能等技术融合发展为标志的新一轮种业科技革命正在迅速发展，海南要吸收更多国内外育种科技企业的成功经验，融入新一轮种业科技创新体系之中。要进一步推动动植物种质资源中转基地进出境制度集成创新，促进动植物种质资源进出境便利化。探索在南繁科技城建立引进国外优质种质资源的绿色通道，建立拥有自主知识产权的生物育种材料与商品种子进出口的"白名单"制度。

在推动深海科技方面，要加快深海科技创新公共平台、国家海洋深海综合试验场、南海地质科技创新基地等一批重大功能平台建设。依托深海化合物资源中心，重点建设深海生物样本采集、深海样品生产改造、生物活性筛选鉴定等专业平台。持续优化深海科技创新创业生态。

在航天科技领域，以海南商业航天发射场项目为契机，加快推进航天城发射区、高新区、旅游区"三区"联动发展，加快培育火箭链、卫星链、数据链"三链"产业同构，探索发展"航天+"产业。通过航天科技生态的构建，加快突破火箭链、卫星链和数据链中的核心科技。

第三，充分利用海南自由贸易港的制度优势以及先行先试，推进海南现代产业体系低碳化、国际化和高质量发展。一是要充分利用海南自由贸易港加工增值制度，加快推进海南高端制造业发展，促进海南制造业融入全球价值链分工体系之中。二是充分利用贸易和投资自由便利化的制度安排，推动以总部经济为载体的商贸服务业发展。三是对标《全面与进步跨太平洋伙伴关系协定》（CPTPP）、《数字经济伙伴关系协定》（DEPA）等国际高标

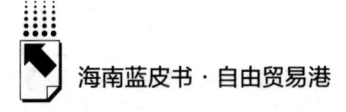

准经贸规则，选择现代产业体系中的重点领域作为"小切口"，推动海南自由贸易港制度系统集成，加快建设具有世界影响力的中国特色自由贸易港。

（五）进一步推进保障措施

从税收制度、社会治理、法治制度和风险防控体系同步推进海南自由贸易港制度建设，形成高质量的保障措施。

1. 税收制度

特殊的税收制度是海南自由贸易港建设的一大关键，其中一大目标是海南在2025年前将现行增值税、消费税、车辆购置税、城市维护建设税及教育费附加等税费进行简并，启动在货物和服务零售环节征收销售税相关工作，这是海南自由贸易港初步实现自由便利化一大基础。明确三大原则："简税制"以逐步完善制度保障、"低税率"凸显自由贸易港优势、"严征管"推进税收征管现代化。

具体推进思路是，第一，聚焦优势产业，完善自由贸易港税收制度。构建现代化税收制度是建立自由贸易港、创新制度的关键措施。聚焦优势产业，优化和完善自由贸易港税收制度，是提高海南自由贸易港高质量发展的关键路径。第二，进一步简税制、降税负，提升税收征管效能。为经营主体减负，优化营商环境，是顺利实现"五税合一"的基础。第三，继续优化离岛免税政策。进一步完善相关政策，加大旅游消费力度，打造世界一流的离岛免税政策和环境。

2. 社会治理

第一，要充分发挥党领导社会治理的制度优势和组织优势，打通政府、市场以及社会等各主体的联通网络，构建深度连接社会、快速响应社会变动的敏捷组织体系；着力打造韧性治理协同链，形成权责明晰、高效联动、上下贯通、运转灵活的社会治理的韧性体系。

第二，要进一步优化完善数字化治理的路径与方式，要以信息技术和智能技术为基础，持续优化完善"四位一体"新机制，推进"智能治理的综合"，即将各种科学原理和技术方法综合运用于治理活动中，精确地把握治理对象的即时信息并加以有效应对。

第三，要进一步推动社会组织建设和民众参与发展，进一步加大培育和发展社会组织，在强化规范化建设的同时，不断提升社会组织的专业化能力和社会化影响；同时，在日常生活层面有效引导公众参与社区公共事务，使社会力量在海南自由贸易港的社会治理共同体建设中发挥重要的作用。

第四，要加大对自媒体及"三微一端"、网络社群的积极引导和干预力度，要建立政府、社会组织、心理学工作者等多元主体参与的社会心态治理工作格局，统筹线上线下、网络与实体空间的社会心态治理，推动构建覆盖全民的心态服务网格。

第五，探索形成非常态社会体系常态化运作的实践机制，包括常态治理向应急治理转向衔接时的党建引领方式、组织整合动员机制、资源调配机制等，以及"信息获取—分析研判—反馈处置"等联动机制。

3. 法治制度

第一，在立法内容方面，要紧紧围绕海南自由贸易港建设中的制度问题，聚焦全岛封关建设以及货物、投资、资金、运输和人才自由流动便利，以及数字安全有序流动等重点领域，紧密结合市场主体需求，形成高质量的海南自由贸易港法规体系。

第二，在关于运用自贸港立法权方面，统筹用好一般地方性法规、经济特区法规和自由贸易港法规制定权，聚焦"五自由一流动"、生态环境保护、产业发展、社会治理、风险防控等重点领域，科学安排立法任务，加快构建自贸港法规体系。

第三，在多元化纠纷解决机制的法治建设方面，未来海南自由贸易港应细化纠纷解决便利化的规则，加强涉外民商事审判机构与国际商事仲裁、调解机构的有效衔接，建设国际商事争端解决中心，进一步向境外商事调解机构开放，允许境外调解员参与商事调解工作，完善国际商事审判、国际商事仲裁和国际商事调解等方面的海南自由贸易港法治制度。

以上关于海南自由贸易港法治制度建设不断推进的过程，也是以贸易自由便利和投资自由便利为重点的自由贸易港政策制度体系逐步确立、适应自

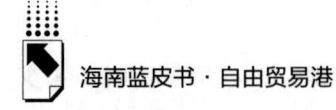

由贸易港建设的法律法规逐步完善的过程。海南自由贸易港法治制度建设所涉及的规范是综合、立体的,各项法律法规形成的特定体系将协调推进改革决策与法治建设,实现重大改革举措与法治制度实践的相互促进,形成海南自由贸易港法治新格局。

4. 风险防控体系

第一,构建覆盖进出口全流程链条的风险防控体系。以海南自由贸易港进口为例,风险的防控会贯穿于从货物在到达海南进口港之前,一直到货物正式接收入境到海南自由贸易港一段时间之后,风险评估和基于风险的执法可能在进出口过程中的多个不同时点发生,因此应强调全流程覆盖的风险防控体系构建。

第二,基于海南社会管理信息化平台构建跨部门的风险防控体系。进一步发挥海南社会管理信息化平台汇聚融合各类数据资源的优势,通过综合风险管理机制进行风险筛选和风险防控,还应在相关国家部门的支持下,与相关地区进行自由贸易港执法信息交流、指导与协作,共同防范自由贸易港运行中的风险。

第三,构建基于企业主体和业务属性的风险防控体系。应借鉴新加坡等先进自由贸易港的经验,构建企业分级管理制度,执法机构通过提前获取货主、进口商和货物的信息,评估潜在的进口货物安全和贸易执法风险,并重点将执法工作集中于被确定为较高风险的货主和货物。

第四,加强港口网络安全等新兴风险领域的防控体系建设。应进行港口网络安全评估,并制订网络安全计划,以及实施港口网络安全管理办法,包括指定专门负责识别港口和港口设施网络安全的个人为网络安全官,以及制定管理港口网络安全事件或违规行为处罚的具体实施办法。

参考文献

[1] Acemoglu, Daron, and Pascual Restrepo, "Robots and Jobs: Evidence from U. S. Labor

Markets," *Journal of Political Economy*, 2020 (6).

［2］Acemoglu, Daron, Claire Lelarge, and Pascual Restrepo, "Competing with Robots: Firm-Level Evidence from France," *American Economic Review Papers and Proceedings*, 2020.

［3］Antràs P. , "De-Globalisation? Global Value Chains in the Post-COVID-19 Age," *National Bureau of Economic Research*, 2020.

［4］Artuc, Erhan, Paulo S. R. Bastos, and Bob Rijkers, "Robots, Tasks, and Trade," *Policy Research Working Paper*, 2018 (8674), World Bank, Washington, DC. Stapleton, Katherine and Michael Webb, "Automation, Trade and Multinational activity: Micro Evidence from Spain," Oxford University, 2020.

［5］Fajgelbaum, Pablo D. , Pinelopi K. Goldberg, Patrick J. Kennedy, and Amit K. Khandelwal, "The Return to Protectionism," Quarterly Journal of Economics, 2020 (1).

［6］Matthias Thulesius, Claudia Brumberg, "Digital Transformation of Ports: A Status of the Port of Hamburg and the Port of Singapore," https://reposit.haw-hamburg.de/bitstream/20.500.12738/7906/1/2016_H%c3%a4rtel_schw.pdf.

［7］Rodrik, Dani, "New Technologies, Global Value Chains, and Developing Economies," *National Bureau of Economic Research Working Paper*, 2018, No. 25164.

［8］United Nations, *Central Product Classification (CPC). Version 2.1* [DB/OL]. https://digitallibrary.un.org/record/3900378.

［9］Verhoogen, Eric A. , "Trade, Quality Upgrading, and Wage Inequality in the Mexican Manufacturing Sector," Quarterly Journal of Economics 2008 (2).

［10］曹远新:《构建开放型生态型创新型现代产业体系》,《海南日报》2023年6月7日。

［11］方昕:《对标国际规则探索自贸港对外开放路径》,《中国金融》2023年第11期。

［12］冯飞:《加快建设具有世界影响力的中国特色自由贸易港》,《人民日报》2023年6月23日,第13版。

［13］国家税务总局税收科学研究所课题组:《欧盟Peppol电子发票应用现状与趋势》《国际税收》2022年第11期。

附件一

2018年4月至2023年6月海南自由贸易港制度（政策）类型统计

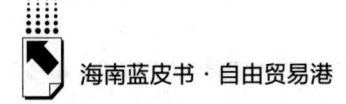

单位：项

时间段	2018年4月–2021年6月					2021年7月–2022年6月					2022年7月–2023年6月					汇总统计		
类别	制度		配套制度		合计	制度		配套制度		合计	制度		配套制度		合计	制度合计	配套制度合计	总计
	中央	海南	中央	海南		中央	海南	中央	海南		中央	海南	中央	海南				
顶层设计	4	0	0	0	4	0	0	0	0	0	0	0	0	0	0	4	0	4
税收政策	10	0	10	8	28	2	0	2	4	8	0	0	1	5	6	12	30	42
人才政策	0	6	0	3	9	2	1	0	0	3	0	2	0	0	2	9	5	14
贸易政策	3	0	1	0	4	2	0	0	1	3	0	0	0	0	0	5	2	7
投资政策	3	3	0	3	9	1	0	0	0	1	2	2	0	0	4	10	4	14
金融政策	5	5	0	1	11	1	0	0	1	2	1	0	0	0	1	12	2	14
运输政策	4	1	0	0	5	0	4	0	1	5	1	0	0	0	1	11	0	11
产业政策	1	10	0	1	12	0	12	0	4	16	0	1	0	0	1	24	5	29
园区政策	0	7	0	3	10	0	4	0	2	6	0	2	1	0	3	11	8	19
优化营商环境	0	4	0	0	4	0	0	0	0	0	0	2	0	0	2	6	0	6
法律法规规章	3	7	0	1	11	1	13	0	0	13	2	5	0	0	7	30	1	31
保障措施	1	8	0	0	9	0	12	0	1	14	0	2	0	0	2	24	1	25
合计	34	51	11	20	116	7	46	2	15	70	6	14	2	8	30	158	58	216

附件二
2018年4月到2023年6月中央和海南推出的重大制度（政策）

序号	政策名称	部门	时间	政策类型
1	习近平总书记在庆祝海南建省办经济特区30周年大会上的讲话	——	2018年4月13日	顶层设计
2	关于支持海南全面深化改革开放的指导意见	中共中央 国务院	2018年4月11日	顶层设计
3	海南自由贸易港建设总体方案	中共中央 国务院	2020年6月1日	顶层设计
4	中华人民共和国海南自由贸易港法	全国人大常委会	2021年6月10日	顶层设计
5	关于海南自由贸易港高端紧缺人才个人所得税政策的通知	财政部、税务总局	2020年6月23日	税收政策
6	海南自由贸易港享受个人所得税优惠政策高端紧缺人才清单管理暂行办法	海南省政府	2020年8月26日	税收政策
7	关于落实海南自由贸易港高端紧缺人才个人所得税优惠政策有关问题的通知	海南省财政厅等部门	2020年12月15日	税收政策
8	海南自由贸易港享受个人所得税优惠政策高端紧缺人才清单管理暂行办法	海南省政府	2022年9月15日	税收政策
9	关于进一步明确落实海南自由贸易港高端紧缺人才个人所得税优惠政策有关事项的通知	海南省财政厅等部门	2022年12月23日	税收政策
10	关于海南自由贸易港企业所得税优惠政策的通知	财政部、税务总局	2020年6月23日	税收政策
11	关于海南自由贸易港企业所得税优惠政策有关问题的公告	海南省税务局	2020年7月31日	税收政策
12	关于海南自由贸易港鼓励类产业企业实质性运营有关问题的公告	海南省税务局等部门	2021年3月5日	税收政策
13	海南自由贸易港旅游业、现代服务业、高新技术产业企业所得税优惠目录	财政部、税务总局	2021年3月18日	税收政策
14	关于海南自由贸易港鼓励类产业企业实质性运营有关问题的补充公告	海南省税务局等部门	2022年9月27日	税收政策
15	海南自由贸易港鼓励类产业目录（2020年版）界定指引	海南省发展改革委	2022年11月7日	税收政策

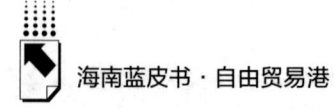

续表

序号	政策名称	部门	时间	政策类型
16	关于做好海南自由贸易港鼓励类产业企业实质性运营管理服务工作的通知	海南省税务局	2022年12月7日	税收政策
17	关于海南离岛旅客免税购物政策的公告	财政部、海关总署、税务总局	2020年6月29日	税收政策
18	关于增加海南离岛旅客免税购物提货方式的公告	财政部、海关总署、税务总局	2021年2月2日	税收政策
19	关于发布海南离岛旅客免税购物邮寄送达和返岛提取提货方式监管要求的公告	海关总署	2021年2月3日	税收政策
20	关于增加海南离岛免税购物"担保即提"和"即购即提"提货方式的公告	海关总署、财政部、税务总局	2023年3月21日	税收政策
21	中华人民共和国海关对海南离岛旅客免税购物监管办法	海关总署	2020年7月6日	税收政策
22	关于海南离岛免税购物经营主体有关问题的公告	海南省财政厅等部门	2020年7月10日	税收政策
23	海南离岛免税店销售离岛免税商品免征增值税和消费税管理办法	国家税务总局	2020年9月29日	税收政策
24	关于对海南离岛免税进口食品化妆品实施特定附条件放行监管创新模式的公告	海口海关	2020年10月9日	税收政策
25	关于印发《海南自由贸易港免税商品溯源管理暂行办法》的通知	海南省政府	2021年7月31日	税收政策
26	关于海南自由贸易港国际运输船舶有关增值税政策的通知	财政部、交通运输部、税务总局	2020年9月3日	税收政策
27	国际运输船舶增值税退税管理办法	税务总局	2020年12月2日	税收政策
28	关于海南自由贸易港原辅料"零关税"政策的通知	财政部、海关总署、税务总局	2020年11月11日	税收政策
29	海南自由贸易港进口"零关税"原辅料海关监管办法(试行)	海关总署	2020年11月30日	税收政策
30	关于调整海南自由贸易港原辅料"零关税"政策的通知	财政部、海关总署、税务总局	2021年12月24日	税收政策
31	关于海南自由贸易港交通工具及游艇"零关税"政策的通知	财政部、海关总署、税务总局	2020年12月25日	税收政策
32	海南自由贸易港交通工具及游艇"零关税"政策海关实施办法(试行)	海关总署	2021年1月5日	税收政策

续表

序号	政策名称	部门	时间	政策类型
33	关于印发海南自由贸易港"零关税"进口交通工具及游艇管理办法(试行)的通知	海南省政府	2020年12月30日	税收政策
34	关于海南自由贸易港"零关税"交通工具及游艇进口企业资格认定有关事宜的公告	海南省交通运输厅	2021年2月8日	税收政策
35	关于印发《海南自由贸易港"零关税"营运车辆管理实施细则(试行)》的通知	海南省交通运输厅	2021年7月26日	税收政策
36	关于海南自由贸易港试行启运港退税政策的通知	财政部、海关总署、税务总局	2021年1月5日	税收政策
37	关于海南自由贸易港内外贸同船运输境内船舶加注保税油和本地生产燃料油政策的通知	财政部、海关总署、税务总局	2021年2月26日	税收政策
38	关于印发《海南自由贸易港船舶保税油经营管理暂行办法》的通知	海南省政府	2021年12月14日	税收政策
39	关于海南自由贸易港自用生产设备"零关税"政策的通知	财政部、海关总署、税务总局	2021年3月4日	税收政策
40	关于明确海南自由贸易港"零关税"自用生产设备相关产品范围的通知	财政部、海关总署	2021年3月10日	税收政策
41	海南自由贸易港自用生产设备"零关税"政策海关实施办法(试行)	海关总署	2021年3月4日	税收政策
42	关于调整海南自由贸易港自用生产设备"零关税"政策的通知	财政部、海关总署、税务总局	2022年2月14日	税收政策
43	关于中国国际消费品博览会展期内销售的进口展品税收优惠政策的通知	财政部、海关总署、税务总局	2021年4月26日	税收政策
44	关于印发《海关对洋浦保税港区加工增值货物内销税收征管暂行办法》的通知	海关总署	2021年7月8日	税收政策
45	洋浦保税港区加工增值货物内销税收征管海关实施暂行办法	海口海关	2021年7月13日	税收政策
46	关于海南自由贸易港进出岛航班加注保税航油政策的通知	财政部、海关总署、税务总局、民航局	2021年7月8日	税收政策
47	海南自由贸易港外籍"高精尖缺"人才认定标准(2020-2024年试行)	海南省政府	2020年9月16日	人才政策

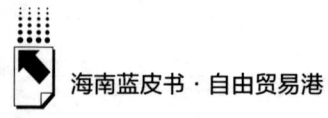

续表

序号	政策名称	部门	时间	政策类型
48	海南自由贸易港境外人员参加职业资格考试管理办法(试行);海南自由贸易港境外人员执业管理办法(试行)	海南省政府	2020年9月21日	人才政策
49	海南自由贸易港对境外人员开放职业资格考试目录清单(2020);海南自由贸易港认可境外职业资格目录清单(2020)	海南省委人才发展局等部门	2020年9月22日	人才政策
50	关于印发《海南自由贸易港境外人员参加税务师职业资格考试实施办法》的通知	海南省税务局、海南省委人才发展局	2021年8月10日	人才政策
51	关于允许外籍人员参加全国注册验船师职业资格考试的公告	海南海事局	2021年9月26日	人才政策
52	海南自由贸易港高层次人才认定办法	海南省委办公厅、海南省政府办公厅	2020年9月23日	人才政策
53	海南自由贸易港高层次人才分类标准(2020)	海南省委人才办	2020年9月23日	人才政策
54	关于持永久居留身份证外籍高层次人才创办科技型企业试行办法	海南省市场监督管理局	2020年9月27日	人才政策
55	海南自由贸易港聘任境外人员担任法定机构、事业单位、国有企业领导职务管理规定(试行)	海南省委办公厅、海南省政府办公厅	2021年2月27日	人才政策
56	吸引留住高校毕业生建设海南自由贸易港的若干政策措施	海南省委人才发展局等部门	2020年6月19日	人才政策
57	关于开展海南自由贸易港国际人才服务管理改革试点工作的实施方案	海南省委人才发展局	2020年9月21日	人才政策
58	关于做好海南省现代物流业创业创新人才落户工作的通知	海南省发展改革委、海南省交通运输厅、海南省邮政管理局	2021年7月5日	人才政策
59	海南自由贸易港境外人员参加拍卖师职业资格考试指引(试行)	海南省商务厅	2022年7月18日	人才政策
60	支持港澳青年来琼就业创业实施细则	海南省委统战部、海南省委人才发展局	2022年12月28日	人才政策

续表

序号	政策名称	部门	时间	政策类型
61	关于同意在全面深化服务贸易创新发展试点地区暂时调整实施有关行政法规和国务院文件规定的批复	国务院	2021年9月15日	贸易政策
62	中华人民共和国海关对洋浦保税港区监管办法	海关总署	2020年6月3日	贸易政策
63	关于洋浦保税港区统计办法的公告	海关总署	2020年9月20日	贸易政策
64	关于推进海南自由贸易港贸易自由化便利化若干措施的通知	商务部等20部门	2021年4月19日	贸易政策
65	海南省服务业扩大开放综合试点总体方案	商务部	2021年4月21日	贸易政策
66	海南自由贸易港跨境服务贸易特别管理措施(负面清单)(2021年版)	商务部	2021年7月23日	贸易政策
67	海南自由贸易港跨境服务贸易负面清单管理办法(试行)	海南省政府	2021年8月25日	贸易政策
68	海南自由贸易港外商投资准入特别管理措施(负面清单)(2020年版)	国家发展改革委、商务部	2020年12月31日	投资政策
69	重大区域发展战略建设(推进海南全面深化改革开放方向)中央预算内投资专项管理办法	国家发展改革委	2021年1月27日	投资政策
70	关于支持海南自由贸易港建设放宽市场准入若干特别措施的意见	国家发展改革委、商务部	2021年4月7日	投资政策
71	海南自由贸易港实施市场准入承诺即入制管理规定	海南省政府	2022年11月30日	投资政策
72	鼓励外商投资产业目录(2022年版)	国家发展改革委、商务部	2022年10月26日	投资政策
73	境外高等教育机构在海南自由贸易港办学暂行规定	教育部、海南省政府	2023年3月22日	投资政策
74	海南省促进知识产权发展的若干规定(修订)	海南省政府	2020年4月10日	投资政策
75	关于强化知识产权保护的实施意见	海南省委办公厅、海南省政府办公厅	2020年8月11日	投资政策

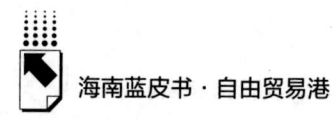

续表

序号	政策名称	部门	时间	政策类型
76	关于完善产权保护制度依法保护产权的实施意见	海南省委办公厅、海南省政府办公厅	2020年8月28日	投资政策
77	关于构建海南自由贸易港以信用监管为基础的过程监管体系的实施意见	海南省政府办公厅	2021年1月30日	投资政策
78	企业信用风险分类监管暂行办法	海南省市场监督管理局	2020年7月23日	投资政策
79	海南自由贸易港投资新政三年行动方案（2021-2023年）	海南省政府办公厅	2021年5月10日	投资政策
80	海南省人民政府国家知识产权局共建全面深化改革开放知识产权强省实施方案	海南省政府、国家知识产权局	2022年11月25日	投资政策
81	海南省促进总部经济发展管理办法	海南省商务厅	2023年3月15日	投资政策
82	关于金融支持海南全面深化改革开放的意见	中国人民银行等部门	2021年3月30日	金融政策
83	关于印发提高上市公司质量促进资本市场发展的若干意见的通知	海南省政府	2021年4月8日	金融政策
84	关于贯彻落实金融支持海南全面深化改革开放意见的实施方案	人行海口中心支行等部门	2021年8月30日	金融政策
85	关于支持海南自由贸易港建设外汇创新业务政策的通知	国家外汇管理局海南省分局	2020年2月18日	金融政策
86	关于开展贸易外汇收支便利化试点工作的通知	国家外汇管理局海南省分局	2020年6月19日	金融政策
87	海南自由贸易港内公司境外上市登记试点管理办法	国家外汇管理局海南省分局	2020年11月26日	金融政策
88	海南省关于开展合格境外有限合伙人（QFLP）境内股权投资暂行办法	海南省地方金融监管局等部门	2020年10月10日	金融政策
89	关于支持海南开展新型离岸国际贸易外汇管理的通知	国家外汇管理局海南省分局	2020年12月1日	金融政策
90	非居民参与海南自由贸易港交易场所特定品种交易管理试行规定	海南省地方金融监管局	2021年1月4日	金融政策
91	海南省关于支持洋浦保税区开展新型离岸国际贸易的工作措施	海南省地方金融监管局等部门	2021年1月18日	金融政策
92	洋浦经济开发区开展跨境贸易投资高水平开放外汇管理改革试点实施细则	国家外汇管理局海南省分局	2022年1月27日	金融政策

续表

序号	政策名称	部门	时间	政策类型
93	海南省开展合格境内有限合伙人（QDLP）境外投资试点工作暂行办法	海南省地方金融监管局等部门	2021年4月8日	金融政策
94	关于金融支持海南自贸港重点园区的指导意见的通知	中国人民银行海口中心支行等部门	2021年6月	金融政策
95	关于开展优质企业贸易外汇收支便利化试点的指导意见（2022年版）	国家外汇管理局海南省分局	2022年7月8日	金融政策
96	关于同意在海南自由贸易港暂时调整实施《中华人民共和国船舶登记条例》有关规定的批复	国务院	2022年5月5日	运输政策
97	海南自由贸易港试点开放第七航权实施方案	中国民用航空局	2020年6月3日	运输政策
98	关于调整海南进出境游艇有关管理事项的公告	海关总署	2020年7月9日	运输政策
99	海南现代综合交通运输体系规划	国家发展改革委	2020年9月10日	运输政策
100	关于海南省开展环岛旅游公路创新发展等交通强国建设试点工作的意见	交通运输部	2021年6月7日	运输政策
101	推进海南邮轮港口海上游航线试点落地实施	交通运输部、商务部、海关总署	2023年2月6日	运输政策
102	关于印发《海南自由贸易港国际客船、国际散装液体危险品船经营管理办法》的通知	海南省政府	2021年9月17日	运输政策
103	关于印发《海南邮轮港口中资方便旗邮轮海上游航线试点管理办法（试行）》的通知	海南省政府办公厅	2021年7月12日	运输政策
104	关于印发《外籍邮轮在海南自由贸易港开展多点挂靠业务管理办法》的通知	海南省政府办公厅	2021年9月11日	运输政策
105	关于印发《海南自由贸易港外国船舶检验机构入级检验监督管理办法》的通知	海南省政府办公厅	2021年9月28日	运输政策
106	海南自由贸易港国际船舶登记程序规定	海南海事局	2020年11月3日	运输政策
107	智慧海南总体方案（2020-2025年）	推进海南全面深化改革开放领导小组办公室	2020年8月14日	产业政策

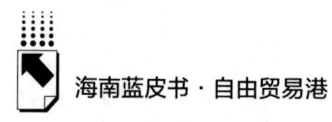

续表

序号	政策名称	部门	时间	政策类型
108	海南能源综合改革方案	推进海南全面深化改革开放领导小组办公室	2020年8月14日	产业政策
109	关于印发《海南自由贸易港鼓励类产业目录(2020年版)》的通知	国家发展改革委、财政部、国家税务总局	2021年1月27日	产业政策
110	关于促进中医药在海南自由贸易港传承创新发展的实施意见	海南省委、海南省政府	2020年11月2日	产业政策
111	海南省支持高新技术企业发展若干政策（试行）	海南省政府	2020年10月24日	产业政策
112	海南省高新技术企业培育库管理办法	海南省科技厅	2021年6月29日	产业政策
113	海南省整体迁入高新技术企业奖励细则	海南省科技厅	2021年8月12日	产业政策
114	海南省高新技术企业研发经费增量奖励细则	海南省科技厅	2021年8月12日	产业政策
115	关于印发《海南省高新技术企业"精英行动"实施方案》的通知	海南省科技厅	2021年9月3日	产业政策
116	海南省创新型省份建设实施方案	海南省政府	2022年2月26日	产业政策
117	中国(三亚)跨境电子商务综合试验区实施方案	海南省政府办公厅	2020年7月31日	产业政策
118	海南省加快医学教育创新发展实施方案	海南省政府办公厅	2021年3月26日	产业政策
119	关于印发《海南省以超常规手段打赢科技创新翻身仗三年行动方案(2021-2023年)》的通知	海南省政府办公厅	2021年6月16日	产业政策
120	关于印发《三亚崖州湾科技城知识产权特区建设方案(2021-2025)》的通知	海南省政府办公厅	2021年8月31日	产业政策
121	关于印发《海南自由贸易港种子进出口生产经营许可管理办法》的通知	海南省政府办公厅	2021年11月18日	产业政策
122	海南省加快推进数字疗法产业发展的若干措施	海南省政府办公厅	2022年9月29日	产业政策
123	海南省关于加快区块链产业发展的若干政策措施	海南省工信厅	2020年5月9日	产业政策

续表

序号	政策名称	部门	时间	政策类型
124	引进知名高校补助资金管理办法（暂行）	海南省教育厅	2020年6月9日	产业政策
125	海南省关于支持重大新药创制国家科技重大专项成果转移转化的若干意见	海南省科技厅等部门	2021年1月6日	产业政策
126	关于印发《海南省"十四五"期间享受进口税收政策社会研发机构名单核定实施办法》的通知	海南省科技厅等部门	2021年8月17日	产业政策
127	关于印发《海南省省级产业创新服务综合体认定管理办法（试行）》的通知	海南省科技厅	2021年9月3日	产业政策
128	海南省科技型中小企业认定管理暂行办法	海南省科技厅	2021年9月19日	产业政策
129	海南省企业研发机构认定和备案管理办法	海南省科技厅	2021年9月22日	产业政策
130	关于印发《海南省科技计划体系优化改革方案》的通知	海南省科技厅等部门	2021年9月24日	产业政策
131	海南国际设计岛示范基地管理办法（试行）	海南省工信厅	2021年9月27日	产业政策
132	海南国际设计岛产业发展规划	海南省工信厅	2022年6月10日	产业政策
133	海南省加快工业互联网创新发展三年行动计划（2021-2023年）	海南省信息化建设领导小组办公室	2021年9月30日	产业政策
134	关于促进海南跨境电商合规经营健康发展的指导意见	海南省市场监督管理局	2021年11月19日	产业政策
135	海南省先进装备制造首台套奖励资金管理实施细则	海南省工信厅等部门	2022年4月26日	产业政策
136	关于海南自由贸易港洋浦经济开发区等重点园区管理体制的决定	海南省人大常委会	2020年4月2日	园区政策
137	海南自由贸易港博鳌乐城国际医疗旅游先行区条例	海南省人大常委会	2020年6月16日	园区政策
138	海南自由贸易港博鳌乐城国际医疗旅游先行区医疗药品器械管理规定	海南省人大常委会	2022年11月30日	园区政策
139	海南自由贸易港博鳌乐城国际医疗旅游先行区临床急需进口药品医疗器械管理规定	海南省政府	2023年3月25日	园区政策

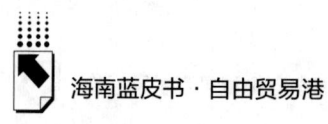

续表

序号	政策名称	部门	时间	政策类型
140	海南博鳌乐城国际医疗旅游先行区医疗器械临床真实世界数据应用前置沟通工作实施办法(试行)	国家药品监督管理局、海南省政府	2023年4月25日	园区政策
141	海南自由贸易港博鳌乐城国际医疗旅游先行区临床急需进口药品带离使用管理办法	海南省药品监督管理局、海南省卫生健康委员会	2022年6月24日	园区政策
142	关于进一步优化监管服务支持海南博鳌乐城国际医疗旅游先行区高质量发展若干措施的通知	海南省药品监督管理局等部门	2021年9月15日	园区政策
143	海南自由贸易港博鳌乐城国际医疗旅游先行区制度集成创新改革方案	海南省政府办公厅	2020年9月1日	园区政策
144	海南博鳌乐城国际医疗旅游先行区临床急需进口药品带离先行区使用管理暂行办法	海南省药品监督管理局	2020年3月27日	园区政策
145	海南博鳌乐城国际医疗旅游先行区临床急需进口药品带离先行区使用申报指南	海南省药品监督管理局	2020年4月27日	园区政策
146	关于批准在洋浦经济开发区等六个园区推广适用"三园"特别极简审批的决定	海南省人大常委会	2020年7月31日	园区政策
147	海南自由贸易港三亚崖州湾科技城条例	海南省人大常委会	2020年12月2日	园区政策
148	海南自由贸易港海口江东新区条例	海南省人大常委会	2020年12月30日	园区政策
149	海南陵水黎安国际教育创新试验区管理局设立和运行管理规定	海南省政府	2020年8月28日	园区政策
150	文昌国际航天城管理局设立和运行管理规定(修订)	海南省政府	2021年12月6日	园区政策
151	海南省产业园区管理暂行办法	海南省政府办公厅	2020年12月13日	园区政策
152	关于在园区实行"飞地经济"政策的实施意见(试行)	海南省省级园区发展建设联席会议办公室	2022年3月10日	园区政策
153	海南自由贸易港洋浦经济开发区条例	海南省人大常委会	2021年12月30日	园区政策

续表

序号	政策名称	部门	时间	政策类型
154	海南自由贸易港海口国家高新技术产业开发区条例	海南省人大常委会	2022年3月25日	园区政策
155	海南省政务服务事项目录管理办法；海南省一体化政务服务平台电子证照应用管理实施办法	海南省政府办公厅	2020年9月1日	优化营商环境
156	海南省全面推行证明事项告知承诺制实施方案；海南省全面推行涉企经营许可事项告知承诺制实施方案	海南省政府办公厅	2020年12月31日	优化营商环境
157	关于深化工程建设项目领域"极简审批"制度改革优化营商环境若干措施	海南省政府办公厅	2023年5月23日	优化营商环境
158	加强海南自由贸易港事中事后监管工作实施方案（试行）	海南省市场监督管理局	2020年6月8日	优化营商环境
159	关于推行包容审慎监管优化营商环境的指导意见	海南省市场监督管理局	2020年9月3日	优化营商环境
160	海南自由贸易港失信惩戒措施清单（2022年版）	海南省发展改革委	2022年9月29日	优化营商环境
161	关于设立海南自由贸易港知识产权法院的决定	全国人大常委会	2020年12月26日	法律法规规章
162	关于在中国（海南）自由贸易试验区暂时调整实施有关行政法规规定的通知	国务院	2020年6月28日	法律法规规章
163	关于同意在天津、上海、海南、重庆暂时调整实施有关行政法规规定的批复	国务院	2022年9月21日	法律法规规章
164	关于同意在海南省暂时调整实施有关行政法规规定的批复	国务院	2023年3月21日	法律法规规章
165	关于在中国（海南）自由贸易试验区深化改革开放调整实施有关规章规定的公告	交通运输部	2020年9月14日	法律法规规章
166	海南自由贸易港促进种业发展若干规定	海南省人大常委会	2023年4月16日	法律法规规章
167	海南自由贸易港土地管理条例	海南省人大常委会	2023年4月16日	法律法规规章
168	海南省反走私暂行条例	海南省人大常委会	2020年1月8日	法律法规规章
169	海南省多元化解纠纷条例	海南省人大常委会	2020年6月16日	法律法规规章

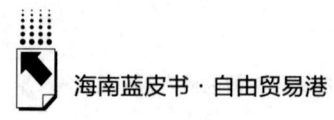

续表

序号	政策名称	部门	时间	政策类型
170	海南自由贸易港消防条例	海南省人大常委会	2020年7月31日	法律法规规章
171	海南热带雨林国家公园条例（试行）	海南省人大常委会	2020年9月3日	法律法规规章
172	海南热带雨林国家公园特许经营管理办法	海南省人大常委会	2020年12月2日	法律法规规章
173	海南省生态保护补偿条例	海南省人大常委会	2020年12月2日	法律法规规章
174	海南自由贸易港国际船舶条例	海南省人大常委会	2021年6月1日	法律法规规章
175	海南自由贸易港优化营商环境条例	海南省人大常委会	2021年9月30日	法律法规规章
176	海南自由贸易港公平竞争条例	海南省人大常委会	2021年9月30日	法律法规规章
177	海南自由贸易港社会信用条例	海南省人大常委会	2021年9月30日	法律法规规章
178	海南自由贸易港反消费欺诈规定	海南省人大常委会	2021年9月30日	法律法规规章
179	海南自由贸易港企业破产程序条例	海南省人大常委会	2021年12月1日	法律法规规章
180	海南自由贸易港市场主体注销条例	海南省人大常委会	2021年12月1日	法律法规规章
181	海南自由贸易港科技开放创新若干规定	海南省人大常委会	2021年12月1日	法律法规规章
182	海南自由贸易港知识产权保护条例	海南省人大常委会	2021年12月1日	法律法规规章
183	海南自由贸易港征收征用条例	海南省人大常委会	2021年12月1日	法律法规规章
184	海南自由贸易港闲置土地处置若干规定	海南省人大常委会	2021年12月1日	法律法规规章
185	海南自由贸易港免税购物失信惩戒若干规定	海南省人大常委会	2021年12月1日	法律法规规章
186	海南自由贸易港安居房建设和管理若干规定	海南省人大常委会	2021年12月1日	法律法规规章

续表

序号	政策名称	部门	时间	政策类型
187	海南自由贸易港游艇产业促进条例	海南省人大常委会	2022年3月25日	法律法规规章
188	海南自由贸易港药品进口便利化若干规定	海南省人大常委会	2022年9月29日	法律法规规章
189	海南自由贸易港生态环境保护考核评价和责任追究规定	海南省人大常委会	2022年11月30日	法律法规规章
190	关于在海南自由贸易港取消乙级水利工程质量检测单位资质认定等六项行政许可事项的决定	海南省人大常委会	2022年11月30日	法律法规规章
191	海南省实施国务院授权土地征收审批事项管理办法	海南省政府	2020年11月24日	法律法规规章
192	关于人民法院为海南自由贸易港建设提供司法服务和保障的意见	最高人民法院	2021年1月8日	保障措施
193	关于充分履行检察职能服务保障海南自由贸易港建设的意见	最高人民检察院	2021年11月19日	保障措施
194	海南自由贸易港公职人员容错纠错办法（试行）	海南省委	2020年11月24日	保障措施
195	关于将旅行社设立审批等省级管理权限调整由海南自由贸易港重点园区管理机构在重点园区范围内实施的决定	海南省人大常委会	2021年7月27日	保障措施
196	关于将林业植物检疫证书核发等省级管理权限调整由海南自由贸易港重点园区管理机构实施的决定	海南省人大常委会	2021年12月1日	保障措施
197	关于支持儋州洋浦一体化发展的若干意见	海南省委、海南省政府	2022年5月9日	保障措施
198	关于印发支持儋州洋浦一体化发展若干措施的通知	海南省工业和信息化厅	2022年5月8日	保障措施
199	关于委托实施部分省级用地行政审批事项的决定	海南省政府	2020年7月10日	保障措施
200	海南省省级土地储备运作机制	海南省政府	2021年2月3日	保障措施
201	关于将部分省级行政管理事项调整由市、县、自治县和洋浦经济开发区实施的决定	海南省政府	2021年3月6日	保障措施

续表

序号	政策名称	部门	时间	政策类型
202	关于将部分省级管理权限调整由重点园区管理机构实施的决定	海南省政府	2021年6月22日	保障措施
203	海南自由贸易港深化"证照分离"改革进一步激发市场主体发展活力实施方案	海南省政府	2021年9月16日	保障措施
204	海南省推进知识产权强省建设强化知识产权保护和运用的实施意见	海南省委办公厅、海南省政府办公厅	2022年2月22日	保障措施
205	关于调整省级权力清单的通知	海南省政府办公厅	2021年3月6日	保障措施
206	关于落实进一步优化营商环境更好服务市场主体实施意见的措施	海南省政府办公厅	2021年6月19日	保障措施
207	关于完善建设用地使用权转让、出租、抵押二级市场的实施意见(试行)	海南省政府办公厅	2021年9月10日	保障措施
208	海南省政务服务"零跑动"改革实施方案	海南省政府办公厅	2021年10月18日	保障措施
209	海南省农垦经营性建设用地入市试点办法	海南省政府办公厅	2021年11月30日	保障措施
210	关于做好省重点(重大)项目土地要素保障的通知	海南省政府办公厅	2022年1月28日	保障措施
211	关于完善海南自由贸易港住房保障体系的指导意见	海南省政府办公厅	2022年5月6日	保障措施
212	关于建立"土地超市"制度的实施意见	海南省政府办公厅	2022年5月16日	保障措施
213	海南省产业用地先租后让管理实施细则	海南省自然资源和规划厅	2020年11月30日	保障措施
214	海南自由贸易港个人诚信积分管理办法(试行)	海南省发展改革委等部门	2021年8月30日	保障措施
215	海南省人民政府关于印发海南省海域使用权审批出让管理办法的通知	——	2022年11月26日	保障措施
216	关于支持民营经济发展若干措施的通知	海南省政府办公厅	2023年4月1日	保障措施

附表1　海南自由贸易港与全国经济指标比较（2022年6月至2023年5月）

主要经济指标	海南省 当期	海南省 上一期	海南省 同比(%)	全国 当期	全国 上一期	全国 同比(%)
实际利用外资（亿美元）	—	42	—	—	1897	—
固定资产投资增速(%)	3.5	7.4	—	4	6.2	—
其中：制造业固定资产投资增速(%)	2.6	89.6	—	8.8	10.6	—
科学研究和技术服务业增速(%)	22.8	102.7	—	30.9	12.3	—
社会消费品零售总额（亿元）	2386	2424	-1.6	455680	438194	4.0
货物进出口总额（亿元）	2225.3	1760	26.4	427984.7	403192	6.1
其中：货物出口总额（亿元）	822.3	422	94.9	246667.6	226422	8.9
货物进口总额（亿元）	1403	1338	4.9	181317.1	176770	2.6

注：其中，上一期的统计范围为：2021年6月~2022年5月。海南数据来自海南省统计月报、海南海关，固定资产投资仅有固定资产投资增长率数据，当期按照2023年1~5月的累计同比增长率。全国实际利用外资数据来自商务部网站，货物进出口数据来自中国海关总署官网，固定资产投资和社会消费品零售总额数据来自中国国家统计局官网。

附表2　海南自由贸易港进出口重点商品变化（2022年6月~2023年5月）

单位：亿元，%

出口 重点商品	出口额	占比	上一期占比	进口 重点商品	进口额	占比	上一期占比
全部出口合计	822.3	100.0	100.0	全部进口合计	1403.0	100.0	100.0
机电产品	274.4	33.4	23.1	金属矿及矿砂	257.5	18.4	22.3
成品油	183.8	22.3	24.8	美容化妆品及洗护用品	221.2	15.8	21.7
高新技术产品	150.5	18.3	12.5	基本有机化学品	141.5	10.1	10.3
农产品	43.2	5.3	10.1	煤及褐煤	139.9	10.0	6.1
食品	35.6	4.3	9.4	农产品	125.6	9.0	6.3

资料来源：作者根据海口海关官网数据整理计算，其中，上一期统计范围为2021年6月~2022年5月。

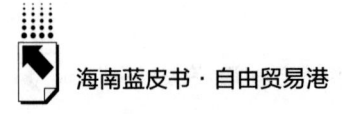

附表3　海南自由贸易港进出口贸易方式变化（2022年6月~2023年5月）

单位：亿元，%

贸易方式	进出口总额	进出口占比	上一期占比	出口额	出口占比	上一期占比	进口额	进口占比	上一期占比
全部贸易	2225	100.0	100.0	822	100.0	100.0	1403	100.0	100.0
一般贸易	1324	59.5	53.2	515	62.7	48.6	809	57.7	54.7
加工贸易	173	7.8	8.3	69	8.4	15.1	103	7.4	6.1
来料加工贸易	45	2.0	1.5	30	3.6	4.4	15	1.1	0.6
进料加工贸易	128	5.7	6.8	40	4.8	10.8	88	6.3	5.6
保税物流	513	23.0	23.8	228	27.7	32.9	285	20.3	20.9
海关保税监管场所进出境货物	337	15.1	11.8	223	27.1	30.4	114	8.1	5.9
海关特殊监管区域物流货物	176	7.9	12	5	0.6	2.4	171	12.2	15

资料来源：作者根据海口海关官网数据整理计算，其中，上一期的统计范围为2021年6月~2022年5月。

分 报 告
Topical Reports

B.2
海南自由贸易港贸易自由便利推进报告

彭 羽[*]

摘 要： 2022~2023年，根据《海南自由贸易港建设总体方案》在货物贸易自由便利领域的任务要求，海南在海关特殊监管区外开展了"一线放开、二线管住"试点工作，通过海南自由贸易港地方立法提升药品进口通关便利化水平，增加离岛免税购物提货方式，扩大政策溢出效应，加快推动跨境服务贸易领域首张负面清单中的项目落地。2022年6月至2023年5月，海南货物贸易规模保持快速增长，经济外向度进一步提升。海南服务贸易进出口在上一年同期高速增长的基础上继续保持了快速增长的态势，增速大幅超过全国平均水平。从下一步发展看，建议加快"二线口岸"监管体系的顶层制度设计，继续发挥"单一窗口"在贸易精准监管中的作用，进一步优化完善现有加工增值免关税制度。

---

[*] 彭羽，上海社会科学院世界经济研究所副研究员，主要研究方向为国际贸易理论与政策。

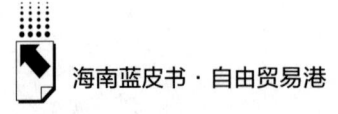

关键词： 贸易自由便利　"一线放开、二线管住"　海关特殊监管区域

本研究报告对 2022~2023 年，海南自由贸易港贸易自由便利领域的主要进展进行梳理分析，并结合官方统计数据对海南自由贸易港的货物贸易和服务贸易发展成效进行分析，最后提出进一步推进贸易自由便利，推动海南建设具有国际影响力的中国特色自由贸易港的政策建议。

一　海南自由贸易港贸易自由便利的主要进展

根据《海南自由贸易港建设总体方案》在货物贸易自由便利领域的任务要求，海南在海关特殊监管区外开展了"一线放开、二线管住"试点工作，通过海南自由贸易港地方立法提升药品进口通关便利化水平，增加离岛免税购物提货方式，扩大政策溢出效应，加快推动跨境服务贸易领域首张负面清单中的项目落地。

（一）推动"一线"放开、"二线"管住在海关特殊监管区外试点

《海南自由贸易港建设总体方案》指出，2025 年前，在洋浦保税港区等具备条件的海关特殊监管区域率先实行"一线放开、二线管住"的进出口管理制度。2020 年 6 月 3 日，海关总署发布《中华人民共和国海关对洋浦保税港区监管办法》，对进出洋浦保税港区的货物，实行"一线放开、二线管住"的货物进出境管理制度。2021 年 7 月 8 日，海关总署发布《海关对洋浦保税港区加工增值货物内销税收征管暂行办法》后，标志着海南自由贸易港加工增值免关税制度正式落地。海南加工增值免关税制度是国家层面赋予海南的一项特有的支持政策，同时也是我国推动开放和实现贸易自由便利化的一项重要举措。2021 年 11 月 8 日，海关总署印发《关于洋浦保税港区"一线放开、二线管住"进出口管理

政策制度扩大试点的函》（署贸函〔2021〕217号），将洋浦保税港区先行先试的8项政策制度试点扩大至海口综合保税区、海口空港综合保税区。

2022年12月，为进一步扩大压力测试的范围，为2025年全岛封关作准备，加工增值免关税制度进一步扩大到海关特殊监管区域外的重点园区试点实施，试点企业要属于海南自由贸易港鼓励类产业并满足海关管理要求，海关对试点企业生产的含境外保税进口料件在海南自由贸易港加工增值超过30%（含）的货物，内销时免征进口关税，照章征收进口环节增值税、消费税。

在以上试点的基础上，为进一步扩大洋浦保税港区"一线放开、二线管住"制度创新的溢出效应。2023年，海关总署与其他国家有关部门共同研究出台了《洋浦保税港区政策措施（第一批）扩大至洋浦经济开发区试点实施方案》，积极推动洋浦保税港区探索形成加工增值税收政策、简化企业申报、支持扩大国际中转集拼业务、试点企业自境外进口动植物产品的检验项目，实行"先入企、后检测"，扩大进出口商品第三方检验采信范围，支持开展"两头在外"保税维修，探索开展"两头在外"保税再制造，精简自动进口许可管理、简化机电产品进口许可管理等11项制度创新政策[①]，并扩大至洋浦经济开发区试点实施，试点范围从洋浦保税港区的2.23平方公里扩大到了洋浦经济开发区的114.7平方公里，该方案要求试点企业为注册在洋浦经济开发区内的海关非失信企业，若满足相关试点条件即可适用相应政策措施。

这种以企业为监管单元的做法，与国际高标准的自由贸易园区主分区制度的监管理念一致，在国内形成了首创性的制度型开放经验。以有实际业务需求的重点企业为载体，逐步向非海关特殊监管区域试点拓展，在风险总体可控的前提下，形成更丰富的试点内容和压力测试场景，并产生更

---

① 《洋浦保税港区首批政策措施扩区试点落地》，海南省人民政府官网，https://www.hainan.gov.cn/hainan/sxian/202304/acc27b5e8f9644a98f58fcc3f28ae9af.shtml。

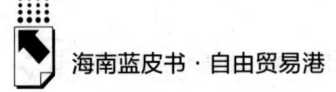

大的制度创新效应，为2025年海南自由贸易港的全岛封关运作奠定坚实基础。

（二）通过海南自由贸易港地方立法提升药品进口通关便利化

2021年12月23日，商务部、国家药监局、海关总署等6单位联合发布的《关于在海南自由贸易港试点放宽部分进出口货物管理措施的通知》中明确规定，部分药品在海南省进口通关时，无须办理《进口药品通关单》，海关在办理报关验放手续时，无须验核《进口药品通关单》。为进一步以法律法规形式明确该药品进口通关便利化措施，运用海南自由贸易港的法规制定权，2022年9月29日，海南省六届人大常委会第三十八次会议审议通过了《海南自由贸易港药品进口便利化若干规定》（以下简称《规定》），其核心内容是部分药品在海南省药品进口口岸通关时，无须办理《进口药品通关单》，海关在办理报关验放手续时，无须核验《进口药品通关单》（见表1）。该地方立法，是国内药品进口通关便利化监管的一次重要突破，不仅为海南自由贸易港药品进口通关便利化提供了明确的法规依据和可预见性政策，而且为未来全国范围内的药品进口监管制度创新和政策突破，提供压力测试场景和试点经验。

《规定》实施前，进口药品的企业需先向口岸所在地药品监管部门备案，并办理《进口药品通关单》，之后再前往海关办理报关验放手续，等到全部手续完成后，方可启运进口药品。《规定》实施后，澳美制药（海南）有限公司通过中国国际贸易"单一窗口"平台，提交进口药品备案所需材料。在收到材料并完成审查后，海口市药监局将备案电子信息交换至海关，同时告知企业备案结果，所有审批手续当天便全部完成，整个进口通关时间从原来的10天缩短为3天[1]。

---

[1] 《我省出台新规提升药品进口便利化水平，首单业务已落地》，海南省人民政府官网，https://www.hainan.gov.cn/hainan/5309/202212/e00af0ce14024cf1b60e6109dd0b396e.shtml。

表1 《海南自由贸易港药品进口便利化若干规定》的创新做法

领域	内容	创新做法
取消《进口药品通关单》	第二条 进口药品的企业从指定的海南自由贸易港药品进口口岸进口药品,应当依法向口岸所在地药品监督管理部门备案,无须办理《进口药品通关单》,海关在办理报关验放手续时,无须验核《进口药品通关单》	变通《中华人民共和国药品管理法》关于"海关凭药品监督管理部门出具的《进口药品通关单》办理通关手续。无《进口药品通关单》的,海关不得放行"的规定
进口通关手续简化	第三条 进口药品启运后,进口药品的企业即可通过中国国际贸易"单一窗口"提交进口药品备案所需材料 第四条 准予备案的进口药品企业应当依法向海关办理报关验放手续	变通《中华人民共和国药品管理法实施条例》相关规定,将药品进口申请备案时间由"进口药品到岸后"提前至"进口药品启运后"
	第五条 口岸所在地药品监督管理部门应当根据进口药品企业的需要,免费为企业提供进口药品通关凭证,以便利进口药品在境内其他地区流通销售	加强取消进口药品通关单后的配套服务措施
风险防控和事中事后监管	第六条 县级以上人民政府药品监督管理部门应当加强对进口药品流通、使用环节的监督管理,依法进行抽查检验,建立进口药品的企业信用档案,记录日常监督检查结果、违法行为查处等情况,依法向社会公布并及时更新;对有不良信用记录的进口药品企业,增加监督检查频次,与相关部门依法实施联合惩戒	加强对进口药品流通、使用环节的监督管理
	第七条 进口药品的企业应当建立并实施进口药品信息化追溯、药物警戒等管理制度,遵守药品经营质量管理规范要求,保证进口药品质量安全和可追溯	强调企业主体责任

资料来源:根据《海南自由贸易港药品进口便利化若干规定》整理。

(三)增加离岛免税购物提货方式,扩大政策溢出效应

为进一步提升离岛旅客购物体验,扩大海南自由贸易港离岛免税政策的溢出效应,海关总署、财政部、税务总局三部门联合发布了《关于增加海南

061

离岛免税购物"担保即提"和"即购即提"提货方式的公告》（海关总署财政部　税务总局公告〔2023〕25 号，以下简称《公告》），从 2023 年 4 月 1 日起新增"担保即提"和"即购即提"两种提货方式。离岛旅客凭有效身份证件或旅行证件和离岛信息在海南离岛免税商店购买免税品时，可对单价超过 5 万元（含）的免税品选择"担保即提"提货方式，可对单价不超过 2 万元且在《公告》附件清单内的免税品选择"即购即提"提货方式。

根据《公告》，离岛旅客每次离岛前购买单价超过 5 万元（含）的免税品，可选择"担保即提"方式提货，离岛旅客除支付购物货款外，在向海关提交相当于进境物品进口税的担保后可现场提货。此方式下所购免税品不得在岛内使用。而离岛旅客每次离岛前购买本《公告》附件清单所列免税品时，对于单价不超过 2 万元（不含）的免税品，可以按照每人每类免税品限购数量的要求，选择"即购即提"方式提货。离岛旅客支付货款后可现场提货，离岛环节海关不验核实物。允许"即购即提"方式提货的离岛免税商品包括化妆品、香水、太阳眼镜、服装服饰、丝巾、鞋帽、箱包、尿不湿、婴幼儿配方奶粉、糖果、剃须刀、转换插头、体育用品、玩具（含童车）、皮带等，不同商品也存在不同的购买数量限制。

从政策落地的市场反应来看，"即购即提"政策实施以来，不仅提高了旅客对离岛免税购物的便利性和体验感，而且降低了企业的物流配送和仓储成本，提升物流供应链体系的效率。"担保即提"方式，则有效解决了旅客购物时间不足的困境，进一步激发了旅客的购物热情。据海口海关统计，政策落地首月，海口海关共监管"即购即提"免税购物金额 3.48 亿元，购物件数 36.28 万件，购物人数 16.36 万人次；采用"担保即提"方式购买免税品 75 件、75 人、免税购物金额 599 万元，整体运行平稳有序①。

（四）加快推动跨境服务贸易领域首张负面清单中的项目落地

2021 年 7 月，商务部发布的《海南自由贸易港跨境服务贸易特别管理

---

① 《海南免税提货新政首月　购物额 3.48 亿元》，腾讯新闻，https://new.qq.com/rain/a/20230509A0551100。

措施（负面清单）（2021年版）》（以下简称《海南跨境服贸负面清单》），对于我国进一步扩大服务业开放以及落实《海南自由贸易港建设总体方案》具有重大意义。2021年8月正式实施后，海南加快推动跨境服务贸易领域首张负面清单下的项目落地。

截至2023年3月，已推动《海南跨境服贸负面清单》中的22项开放措施落地，包括：取消境外游艇进出海南需引航申请的限制措施，取消境外船舶检验机构未在中国设立验船公司不得派员或雇员开展船舶检验活动的限制措施，取消境外教育服务提供者两年工作经验的限制措施，取消外国服务提供者不得从事航空气象服务的限制措施，放宽申请开立证券账户或期货账户的限制措施，允许聘请外籍律师和港澳律师担任法律顾问和允许境外律师事务所驻海南代表机构从事部分涉海南商事非诉讼法律事务措施等。这些措施的落地，对推进海南自由贸易港服务贸易发展产生重要示范作用，同时也为我国履行在RCEP中的六年内由跨境服务正面清单转向负面清单的承诺，提供了重要的试点经验。

二 海南自由贸易港贸易自由便利发展成效

2022年6月至2023年5月，海南自由贸易港货物贸易规模保持快速增长，经济外向度进一步提升。机电产品和高新技术产品出口占比大幅提高，出口商品贸易结构明显优化；一般贸易进出口占比稳步提升，进出口贸易方式持续改善。2023年1~5月，海南自由贸易港服务贸易进出口在上一年高速增长的基础上继续保持了快速增长的态势，增幅大大超过全国平均水平；运输服务和商业服务作为主要的服务贸易进出口部门实现了高速增长，从而带动海南自由贸易港整体服务贸易进出口快速增长。维护维修服务进出口成为服务贸易进出口中增长最快的部门，成为海南自由贸易港服务贸易发展的重要亮点之一。

（一）货物贸易量质并进，对经济增长的拉动作用明显

货物贸易进出口迅速发展，对经济增长的拉动作用更加明显。2022年

6月至2023年5月,海南自由贸易港货物贸易进出口总额达2225.3亿元,同比增长26.4%,是同期全国货物贸易进出口总额增速的4.3倍;2022年海南自由贸易港货物贸易进出口总额占GDP的比重上升到29.4%,比2021年的比重提高6.7个百分点,货物贸易进出口对经济增长的贡献显著提升。其中,出口额和进口额分别为822.3亿元和1403.0亿元,同比分别增长94.9%和4.9%,均超过同期全国货物贸易出口额和进口额的平均增长水平(见表2)。

表2 海南自由贸易港与全国货物贸易额进出口比较(2022年6月至2023年5月)

单位:亿元,%

贸易指标	海南省			全国		
	当期	上一期	同比增速	当期	上一期	同比增速
货物进出口总额	2225.3	1760	26.4	427984.7	403192	6.1
其中:货物出口总额	822.3	422	94.9	246667.6	226422	8.9
货物进口总额	1403.0	1338	4.9	181317.1	176770	2.6

资料来源:海南省海口海关官网,其中,上一期统计范围为2021年6月~2022年5月。

进出口商品贸易结构和贸易方式结构持续优化,推动贸易高质量发展。2022年6月至2023年5月,海南自由贸易港重点出口产品包括:机电产品(274.4亿元)、成品油(183.8亿元)、高新技术产品(150.5亿元)、农产品(43.2亿元)、食品(35.6亿元);其中,机电产品和高新技术产品两大类重点产品的出口额当期占比分别为33.4%和18.3%,分别比上一期的占比提升10.3个和5.8个百分点。进口产品方面,金属矿及矿砂、美容化妆品及洗护用品、基本有机化学品、煤及褐煤和农产品的进口额当期占比分别为18.4%、15.8%、10.1%、10.0%和9.0%(见表3)。同时,进出口贸易方式结构继续改善,2022年6月至2023年5月,海南自由贸易港前三大进出口贸易方式分别为一般贸易、保税物流和加工贸易,进出口额依次为:1324.3亿元、512.5亿元和172.7亿元,占海南自由贸易港全部进出口贸易的比重分别为:59.5%、23.0%和7.8%,与上一期相比,一般贸易进出口额的占比提升6.3个百分点，加工贸易和保税物流贸易的占比基本保持稳定（见表4）。

表3 海南自由贸易港进出口重点商品变化（2022年6月~2023年5月）

单位：亿元，%

出口				进口			
重点商品	出口额	占比	上一期占比	重点商品	进口额	占比	上一期占比
全部出口合计	822.3	100.0	100.0	全部进口合计	1403.0	100.0	100.0
机电产品	274.4	33.4	23.1	金属矿及矿砂	257.5	18.4	22.3
成品油	183.8	22.3	24.8	美容化妆品及洗护用品	221.2	15.8	21.7
高新技术产品	150.5	18.3	12.5	基本有机化学品	141.5	10.1	10.3
农产品	43.2	5.3	10.1	煤及褐煤	139.9	10.0	6.1
食品	35.6	4.3	9.4	农产品	125.6	9.0	6.3

资料来源：作者根据海口海关官网数据整理计算，其中，上一期统计范围为2021年6月~2022年5月。

表4 海南自由贸易港进出口贸易方式变化（2022年6月~2023年5月）

单位：亿元，%

贸易方式	进出口			出口			进口		
	进出口总额	占比	上一期占比	出口额	占比	上一期占比	进口额	占比	上一期占比
全部贸易	2225.3	100.0	100.0	822.3	100.0	100.0	1403	100.0	100.0
一般贸易	1324.3	59.5	53.2	515.4	62.7	48.6	808.9	57.7	54.7
加工贸易	172.7	7.8	8.3	69.5	8.4	15.1	103.2	7.4	6.1
来料加工贸易	44.9	2.0	1.5	29.6	3.6	4.4	15.3	1.1	0.6
进料加工贸易	127.8	5.7	6.8	39.9	4.8	10.8	87.9	6.3	5.6
保税物流	512.5	23.0	23.8	227.9	27.7	32.9	284.6	20.3	20.9
海关保税监管场所进出境货物	336.9	15.1	11.8	223.1	27.1	30.4	113.9	8.1	5.9
海关特殊监管区域物流货物	175.6	7.9	12	4.8	0.6	2.4	170.7	12.2	15

资料来源：作者根据海口海关官网数据整理计算，其中，上一期统计范围为2021年6月~2022年5月。

（二）服务贸易总量快速增长，服务贸易结构优化

随着海南自由贸易港服务贸易高水平制度型开放措施的落地生效，政策红利逐步释放。从贸易总量上看，2022年，海南服务贸易进出口总额达353.62亿元，同比增长22.88%，增速比全国平均水平高出近10个百分点；其中，出口额为181.81亿元，同比增长112.21%；进口额为171.81亿元，同比增长62.14%；2023年1~5月，海南实现服务贸易进出口总额178.98亿元，同比增长43.38%；其中，出口额为78.1亿元，同比增长28.19%；进口额为100.88亿元，同比增长57.87%，在上一年快速增长的基础上继续保持了高增长的态势（见表5）。

从贸易结构上看，运输服务和商业服务是海南服务贸易进出口的主要部门，2022年两者实现服务贸易进出口额分别为128.57亿元和138.66亿元，占比分别为36.36%和39.21%，同比分别增长61.94%和251%。2023年1~5月，运输服务和商业服务进出口额分别达66.97亿元和53.98亿元，占比分别为37.42%和30.16%，两个主要服务部门进出口额的高速增长带动了海南自由贸易港整体服务贸易进出口额的快速增长。这主要因为，一方面，随着"中国洋浦港"船籍港等海南自由贸易港特有政策的落地实施，中远海运能源运输服务贸易增长迅速，带动了海南运输服务贸易的快速增长；另一方面，随着一批大宗商品贸易企业落户海南，离岸结算业务规模持续扩大，推动了商业服务贸易的快速增长，特别是新型离岸国际贸易先行示范区内已集聚了中石油、中石化、厦门建发、中国五矿集团等世界500强企业，2023年1~5月，儋州洋浦累计完成离岸结算业务达39.39亿美元①。

同时，维护维修服务贸易也成为服务贸易中增长较快的部门，2022年实现进出口额13.62亿元，同比增长76%，占全部服务贸易进出口总额的3.85%；2023年1~5月，实现进出口额14.02亿元，同比增长227.00%，占比则进一步提升到7.83%，成为海南服务贸易发展的亮点之一。维护维

---

① 参见 https://www.sohu.com/a/688176742_121106994。

修服务贸易依托于海南自由贸易港一站式飞机维修产业基地（以下简称"基地"）的发展，2022年11月，菲律宾皇家航空的空客A320飞机进驻基地，实现了基地投入运营以来承接的首单进境飞机发动机更换业务[①]。2023年5月，基地承接了投产以来的首单空客A350机型飞机整机喷涂业务，服务完成后该飞机将飞往西班牙首都马德里完成交付。2023年8月，基地首次迎来冰岛进境飞机维修服务，这也是首单注册地为百慕大的进境飞机维修业务，该项目可享受海南自贸港进境维修免保证金、加注保税航油、维修航材免税等优惠政策。政策红利的释放，为海南自由贸易港维护维修服务贸易的爆发式增长奠定了重要基础。此外，旅行服务贸易开始复苏，特别是2023年1～5月，海南自由贸易港实现旅行服务进出口14.64亿元，同比增长了38.2%，占比提升到8.18%。

表5 海南自由贸易港服务贸易进出口变化（2022年~2023年5月）

单位：亿元，%

贸易类型	2022年			2023年1~5月		
	进出口	同比	占比	进出口	同比	占比
运输服务	128.57	61.94	36.36	66.97	70.74	37.42
商业服务	138.66	251.00	39.21	53.98	11.45	30.16
旅行服务	23.55	6.00	6.66	14.64	38.20	8.18
维护维修服务	13.62	76.00	3.85	14.02	227.00	7.83
其他	49.22	—	13.92	29.37	—	16.41
总计	353.62	22.88	100.00	178.98	43.38	100.00

资料来源：作者根据公开文件整理。

三 进一步推进思路与建议

实现贸易自由便利是衡量自由贸易港建设成效的重要标准之一，也是全

[①] 参见https：//www.thepaper.cn/newsDetail_forward_20833755。

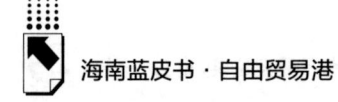

球高水平自由贸易港建设的共性体现。为推动海南加快建成具有重要国际影响力的中国特色自由贸易港，建议进一步加快制定"二线口岸"监管体系的顶层制度，进一步发挥"单一窗口"在国际贸易精准监管中的作用，进一步优化完善现有加工增值免关税制度。

（一）加快制定"二线口岸"监管体系的顶层制度

"二线口岸"是海南自由贸易港独特的政策设计，这在全球范围内也是绝无仅有的。"二线口岸"监管制度关乎海南自由贸易港的总体运行安全与效率。由于"二线口岸"监管制度是一个系统性的制度，不仅需要明确"二线口岸"的目标定位和具体功能，而且需要现有（即封关前）海南自由贸易港的边境管理部门分配或新增与"二线口岸"功能相匹配的人力和物力，这需要在国家层面制定一个统筹性的顶层制度，推动出台包括口岸软硬件基础设施、口岸功能协调以及相应人员匹配等内容的"二线口岸"监管实施方案。为此，建议由国家发改委牵头，海关、海事、边检、税务等涉及"二线口岸"管理的国家部门共同参与，加快出台"二线口岸"监管体系的指导文件。一是明确海南自由贸易港不同类型"二线口岸"的具体参与部门和监管流程，以及一线口岸和"二线口岸"管理的监管衔接。二是根据海南不同类型"二线口岸"的定位，加大对口岸监管场所硬件和软件设施的建设，为将海南自由贸易港国际贸易"单一窗口"纳入"二线口岸"管理功能模块奠定基础。三是为与"二线口岸"功能定位相匹配的软硬件基础设施建设、人员编制等提供必要的资源保障。

（二）进一步发挥"单一窗口"在国际贸易精准监管中的作用

《海南自由贸易港建设总体方案》中明确指出，实行便捷高效的海关监管，建设高标准国际贸易"单一窗口"，同时也指出，海关对海南自由贸易港内企业及机构实施低干预、高效能的精准监管，确保海南自由贸易港内企业自由生产经营。为此建议，应在借鉴国际经验的基础上，继续深化海南自由贸易港国际贸易"单一窗口"建设，进一步发挥"单一窗口"在国际贸易精准监管中的作用。

第一，支持海南自由贸易港国际贸易"单一窗口"建设的数据留存和数据共享。争取中央网信办的支持，由海南省大数据管理局和海南省网信办牵头，根据海南省口岸管理部门提出的国际贸易"单一窗口"建设的数据需求，与中央部门形成沟通机制，协调解决数据留存和数据共享问题。这些拟重点争取下放和共享的数据包括：海南自由贸易港企业通过全国各地国际贸易"单一窗口"申报的货物、舱单、运输工具三大业务全口径数据，以及离岛免税、加工贸易、跨境电商等海关侧数据。这些数据将构成为企业服务和智慧监管的基础，应全时量共享至海南大数据云平台上。对中央各部门系统内的其他数据，不要求下放到海南的，可允许海南省接入使用端口，开放一定的查询、比对权限，如获取贸易的外汇收付、商品征税和退税等数据信息的权限。

第二，加快海南自由贸易港国际贸易"单一窗口"建设的立法工作。争取以行政法规或部门规章的形式制定关于海南自由贸易港国际贸易"单一窗口"管理的专项性立法。建议在国务院口岸工作部际联席会议制度框架下，争取国务院层面的支持，协调海关总署、中央编办、外交部、国家发改委、工业和信息化部、公安部、财政部、环境保护部、交通运输部、农业农村部、商务部、人民银行、海关总署、税务总局、工商总局、林业局、港澳办、国家铁路总公司、民航局、外汇局等20个边境管理相关部门，共同拟定海南自由贸易港国际贸易"单一窗口"管理办法。在文件中明确，在海南自由贸易港申报的进出口数据，均可以留存在海南自由贸易港国际贸易"单一窗口"。

第三，建议借鉴新加坡国际贸易"单一窗口"建设的经验，加快制定海南自由贸易港国际贸易"单一窗口"的数据标准和数据使用规范法规，在国际贸易"单一窗口"平台拓展B2B功能服务方面采用国际标准，包括：实现系统间互操作性的技术标准（ISO/TC 307）；交换电子贸易文件的处理标准（UN/CEFACT）和信息技术、安全技术、信息安全管理系统要求（ISO/IEC 27001-2013）等。同时，应引入数字技术（人工智能、大数据、区块链）等整合"单一窗口"和第三方服务提供商的数据，通过对数据流和信息流的优化，降低贸易服务成本。此外，应制定和出台海南自由贸易港国际贸易"单一窗口"平台数字服务提供商的资质认可管理办法，并对外发布第三方数字服务提供商名单。

（三）进一步优化完善现有加工增值免关税制度

一是建议借鉴CEPA、RCEP中的相关做法，增强区域成分价值计算的灵活性。《内地与香港关于建立更紧密经贸关系的安排（货物贸易协议）》（CEPA）中，在区域价值成分的计算中同时采用了"累加法"和"扣减法"的计算方式，给予企业更多灵活的选择，可以降低企业在开展加工增值业务时为满足原产地规则产生的贸易成本。同样的，在《区域全面经济伙伴关系协定》（RCEP）的"原产地规则"章节中，也明确了对于产品特定原产地规则规定的货物区域价值成分计算可以采用间接/扣减公式和直接/累加公式中的一种进行。目前，海南自由贸易港加工增值关税制度，主要采用"扣减法"作为加工增值业务的区域价值成分计算方式，建议进一步探索在加工增值业务中同时纳入"累加法"计算方式，增加企业选择的灵活。此外，随着RCEP原产地区域累积规则的生效，需对企业加强原产地规则方面的宣传和培训，进一步发挥海南自由贸易港加工增值关税制度和RCEP原产地区域累积规则的叠加效应。

二是争取保留内销选择性征税和加工增值关税政策。2020年4月，财政部、海关总署、税务总局三部门联合发布《关于扩大内销选择性征收关税政策试点的公告》（财政部公告2020年第20号），将内销选择性征收关税试点扩大到全国所有综合保税区。其中，内销选择性征收关税政策是指对海关特殊监管区域内企业生产、加工并经"二线口岸"内销的货物，根据企业申请，按其对应进口料件或按实际报验状态征收关税，进口环节增值税、消费税照章征收。企业选择按进口料件缴纳关税时，应一并缴纳关税税款缓税利息。目前，洋浦保税港区、海口综合保税区、海口空港综合保税区既是综合保税区，又属于加工增值关税制度的试点区域，因此可以享受税收叠加政策，即对于加工增值超过30%的业务适用加工增值关税政策，不超过30%的加工增值业务则适用于内销选择性征收关税政策。全岛封关后，海南自由贸易港内的综合保税区形态将不复存在。为此，建议在全岛封关后，争取继续保留内销选择性征税政策和加工增值关税政策，并明确当企业选择以进口料件税率缴纳关税时，无须缴纳缓税利息，仅缴纳进口料件关税，并以成品完税价统一征收增值税和消费税，以进一步增强国内外企业在海南自由贸易港布局加工增值业务的灵活性，继续提升海南自由贸易港加工增值关税制度设计的优势和吸引力。

参考文献

［1］ Jonathan Koh Tat Tsen, "Ten years of Single Window Implementation: Lessons learned for the future," *Global Trade Facilitation Conference 2011 Connecting International Trade: Single Windows and Supply Chains in the Next Decade.*

［2］ UN/CEFACT, "Case Studies on Implementing a Single Window to enhance the efficient exchange of information between trade and government," https://www.unece.org/fileadmin/DAM/cefact/single_window/draft_160905.pdf.

［3］ Kari Suvila, "Single Window Implementation in Customs Environment," *National Board of Customs, Finland.*, 2017.

［4］ 黎伟雄、郑冬阳、王莹等：《CEPA原产地规则与标准解读》，中国海关出版社，2004。

［5］ 厉力：《内地与香港关于建立更紧密经贸关系的安排及其原产地规则的应用》，《国际商务研究》2011年第4期。

［6］ 欧阳耀斌、于志宏：《CEPA协议下货物贸易原产地规则的完善》，《海关与经贸研究》2017年第1期。

［7］ 彭羽、唐杰英、陈陶然：《自贸试验区货物贸易制度创新研究》，上海社会科学院出版社，2016。

［8］ 刘杜若：《自由贸易协定原产地规则的从价百分比标准设计的方法、比较和启示》，《对外经贸》2022年第2期。

［9］ U.S. Customs and Border Protection Office of Field Operations, *Foreign Trade Zones Manual*, 2014, https://www.cbp.gov/sites/default/files/documents/FTZmanual2011.pdf.

［10］Moise E. S., Sorescu, "Contribution of Trade Facilitation Measures to the Operation of Supply Chains," *OECD Working Paper*, 2020 (7).

［11］UN/ESCAP, Single Window Planning and Implementation Guide, 2013, http://www.unescap.org/resources/single-window-planning-and-implementation-guide.

［12］Bart W. Schermer, "Legal Issues of Single Window Facilities for International Trade," *Modern Law for Global Commerce*, 2007.

B.3
海南自由贸易港投资自由便利推进报告

刘 晨*

摘　要： 全面推进海南自由贸易港的投资自由便利化，促进产业结构的优化升级，是海南自由贸易港建设的重要任务。2022年以来，海南自由贸易港投资自由便利化取得了重要进展，包括更新鼓励外商投资产业指导目录、实施市场准入承诺即入制管理、系统设计境外高等教育机构在海南自由贸易港办学的基本规则、明确了总部经济发展措施、打造知识产权制度创新策源地等方面。上述措施不仅促进了外商投资数量的增长，同时外商投资结构的不断优化，也为优势产业集聚奠定了基础。在此基础上，政策建议包括：对标国际高标准负面清单范本，改变自贸试验区负面清单的列举模式；扩大与东盟国家的投资合作，引进大型企业并发展总部经济；围绕海南自由贸易港的重点产业，促进外商投资产业多样化；对标国际高标准经贸规则，完善侵犯知识产权的跨国审查机制；完善竞争中立原则，规范国有企业的监督和管理机制。

关键词： 海南自由贸易港　外商投资　投资便利化　负面清单

海南自由贸易港的开发开放正处于关键时期，提升引进外资的质量、改善投资结构、提升投资效益、促进优势产业的优化升级，成为海南自由贸易港建设的重要任务。近年来，海南省全面贯彻落实《海南自由贸易港建设

---

* 刘晨，上海社会科学院世界经济研究所副研究员，主要研究方向为国际政治经济学。

总体方案》，在市场准入、投资自由便利化、公平竞争、知识产权保护等制度领域均取得重要发展，外商直接投资规模和结构不断扩大优化，为海南自由贸易港的开发开放提供了重要动力，也为全国投资自由便利化提供了重要经验，同时为我国加入高标准国际经贸协定做足了有效的压力测试，成为融入国内国际双循环的关键节点。

一 《海南自由贸易港建设总体方案》的投资自由便利化要求

现代服务业是海南自由贸易港三大产业的重要组成部分，现代教育服务业是现代服务业的重要组成部分，需要为海南自由贸易港和国家教育开放提供探索实践。因此，建设海南国际教育创新岛既是海南自由贸易港开发开放的重要内容，也是把海南建设成为中国特色社会主义教育开放和创新范例建设的重要平台。

2020年，国务院颁布《海南自由贸易港建设总体方案》（以下简称《总体方案》），强调投资自由便利化主要包括放宽海南自由贸易港的市场准入、提升知识产权保护能力、促进企业的公平竞争，形成公开透明和可预期的投资环境，促进企业发展和提升市场活力。

第一，实施市场准入承诺即入制，对具有强制性标准的行业和领域，原则上撤销许可和审批，建立健全备案制度，市场主体承诺符合相关要求并提交相关材料进行备案，即可开展投资经营活动。备案受理机构从收到备案时起，即履行审查责任。对外商投资实施准入前国民待遇加负面清单管理制度，大幅减少禁止和限制条款。

第二，创新完善投资自由便利化制度，实行以过程监管为重点的投资便利化制度。这包括企业设立的电子证照制度、企业经营的有事必应措施、企业注销的公告承诺和优化程序、企业破产的禁止履责政策等方面，涵盖企业运营过程的各个方面。

第三，建立健全公平竞争制度，确保各类所有制市场主体在要素获取、标准制定、准入许可、经营运营、优惠政策等方面享受平等待遇。尤其在政府采购方面，对内外资企业均给予平等待遇；在反垄断领域强调打破行政性垄断，维护市场的公平竞争秩序。

第四，完善产权保护制度，包括保护企业和个人的财产权，落实公司法等法律法规，加强对中小投资者的保护。同时，加大知识产权侵权惩罚力度，建立健全知识产权领域市场主体信用分类监管、失信惩戒等机制；加强区块链技术在知识产权交易、存证等方面的应用，探索适合自由贸易港发展的新模式。

海南省政府围绕《总体方案》的战略部署，在投资自由便利化发展领域出台了多项政策措施，包括简化负面清单管理、在医药卫生等领域拓宽市场准入、实施市场准入承诺即入制管理、扩大外国理工类高校投资教育服务行业、建设投资"单一窗口"、改善公平竞争和专利保护环境等方面，鼓励各类市场主体在准入许可、经营运营、要素获取、标准制定、优惠政策等方面依法享受平等待遇[1]。

二 海南自由贸易港投资自由便利化的主要措施

为全面贯彻落实《总体方案》，海南省政府通过多种途径促进外商投资的自由便利化，形成了以自由贸易港负面清单、市场准入承诺即入制管理、投资"单一窗口"建设等为特色的投资自由便利化管理体制，为提高外资利用质量和效益，促进海南经济高质量发展打下了坚实基础。

（一）扩大市场准入政策

海南省自由贸易港扩大市场准入政策包括外商投资准入政策、市场准入承诺即入制管理、境外高等教育办学准入措施、总部基地建设管理措施四个

---

[1] 《海南自由贸易港建设总体方案》，海南省人民政府官网，https://www.hainan.gov.cn/hainan/ztfabgqw/202006/be6aef0f1a534ae79478c1260b6fffa1.shtml。

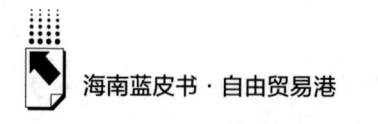

方面，为外商直接投资旅游业、现代服务业、高新技术产业等主导产业的准入和事中事后监管提供了清晰的管理框架，为高质量、高开放程度的自由贸易港建设提供了有利制度机制。

1. 外商投资准入政策

海南自由贸易港对外商直接投资的准入政策包括负面清单管理措施和鼓励外商投资产业目录两大举措。2021年2月，国家发改委和商务部公开发布2020年版《海南自由贸易港外商投资准入特别管理措施（负面清单）》，扩大了外商投资准入范围，同时负面清单外的行业将实行内外资一致的管理原则。2022年10月，国家发改委等部门发布《鼓励外商投资产业目录（2022年版）》，旨在围绕推动海南优势产业高质量发展、提升生产性服务业的发展水平，进一步拓宽引导投资的行业领域，促进海南自由贸易港产业结构优化升级和高质量发展。

海南自由贸易港负面清单的主要特点包括：①放宽制造业和采矿业的市场准入。制造业取消乘用车制造的外资股比限制，取消同一家外商可在国内建立两家以下生产同类整车产品的合资企业的限制；采矿业取消禁止外商投资稀土等矿产开采的规定。因此，制造业和采矿业仅对卫星电视广播地面接收设施及关键件生产实施限制措施。②扩大服务业对外开放，涉及增值电信业、教育服务等领域。海南在增值电信领域取消在线数据处理与交易处理业务的外资准入限制，允许实体注册、服务设施在海南自由贸易港的企业面向自由贸易港全域及国际开展互联网数据中心、内容分发等网络业务，而基础电信业务须由中方控股；同时，学前、普通高中和高等教育机构由中外合作办学并由中方主导，境外理工农医类高水平大学、职业院校、非学制类职业培训机构可以在海南自由贸易港独立办学。③扩大商业服务业的准入措施，包括允许外商投资部分商事非诉讼法律事务、提供有关中国法律环境的信息，允许外商投资广播电视收听、收视调查类项目（社会调查类中方股比不低于67%，法定代表人应具有中国国籍）。

与全国2021年版自贸区的负面清单相比，海南自由贸易港负面清单的不同之处在于：第一，取消了对采矿业的部分限制，即取消了禁止外商投资稀土等矿产的规定；第二，电信领域允许实体注册、服务设施在海南自由贸易港内的企业面向自由贸易港全域及国际开展互联网数据中心、内容分发等网络业务；第三，租赁和商务服务业放宽了对涉及海南商事非诉讼法律事务的律师事务所的投资限制；第四，教育行业允许境外理工农医类高水平大学、职业院校、非学制类职业培训机构设立外商独资企业；第五，海南自由贸易港负面清单在制造业领域仍保留了对卫星电视广播地面接收设施及关键件生产的限制，但全国2021年版自贸区负面清单取消了此项措施。因此整体而言，海南自由贸易港的负面清单在采矿、电信、商业服务、教育等行业的准入程度更高，为外商投资提供了广阔空间。

在实施负面清单管理措施的同时，2022年10月国家发改委等部门发布了《鼓励外商投资产业目录（2022年版）》，在此基础上海南自由贸易港新增细分行业达到72个，明确划分了海南自由贸易港的鼓励类外商投资产业范围。2022年海南省发布的《鼓励类产业目录》比《鼓励外商投资产业目录（2020年版）》增加了25个细分行业（减少3个原有行业），海南省继续成为《鼓励外商投资产业目录》中鼓励类产业数目最多的省份，为扩大开放、提升外商投资的质量和效益、促进海南自由贸易港高质量发展提供了重要政策支持[①]。

具体而言，海南自由贸易港发布的《鼓励类产业目录》新增行业包括农产品加工、精密仪器制造、大宗商品贸易、高端材料研发设计、高端医疗护理、国际学校、城市旅游社区、智能体育等多个行业，鼓励这些行业的发展将有助于推动四大主导产业的优化升级。其中，鼓励新能源汽车及零配件销售行业的发展将有助于更多新能源汽车企业进驻海南自由贸易港；鼓励发展新型医疗器械设备及医用材料生产加工、外包服务和高端医疗项目，将有力促进海南省博鳌乐城国际医疗旅游先行区的外商投资，为海南成为国际旅行消费中心发挥积极推动作用。

---

① 《〈鼓励外商投资产业目录（2022年版）〉发布》，海南省人民政府官网，https://www.hainan.gov.cn/hainan/5309/202210/55763cb980a74771af6a1d3677d1be42.shtml。

2. 市场准入承诺即入制管理

2022年12月，海南自由贸易港实施《市场准入承诺即入制管理规定》（以下简称《管理规定》），除涉及国家安全等重大公共利益领域外，在具有强制性标准的行业逐步取消行政许可和审批方式、形成备案制度的情况下，相关市场主体书面承诺符合管理要求并提交材料、在相关部门备案后，即可开展市场投资项目。

《管理规定》对海南自由贸易港的市场准入管理制度作了明确要求。《管理规定》指出，海南自由贸易港各部门应在审批职责方面公开透明，一次性告知企业投资经营需要的条件，不得表述模糊或带有兜底条款，也不得另加备案条件。同时，企业必须进行书面承诺，外商投资企业的境外投资人应报送有关的投资信息。在企业做出书面承诺或报送投资信息后，海南自由贸易港的主管部门应对备案申请当场办理，办理后出具备案凭证。

海南省是全国第一个实施市场准入承诺即入制改革的省份，因此海南自由贸易港全面梳理了涉企经营许可事宜。审批事项的减少最大限度减少了行政机关的干预，对具有强制性标准的领域，取消原有的许可和审批制度，实行"标准制+承诺制+备案制"管理，实现市场主体"自由生、自主营"。因此，该规定明确了对市场准入承诺即入制事项实行动态管理，厘清了推进市场准入承诺即入制改革的职责，建立了事中事后监管机制和信用约束机制，对于海南省激发市场活力、优化营商环境具有重要意义[①]。

3. 境外高等教育办学准入措施

完善境外高等教育机构在海南自由贸易港办学的制度体系，是深入推进改革创新的重要举措。2023年2月，教育部联合海南省政府研究制定了《境外高等教育机构在海南自由贸易港办学暂行规定》（以下简称《规定》），对境外高等学校在海南省开办学校的规则和程序进行了全面规定。

《规定》明确鼓励境外高水平高校、职业院校在海南自由贸易港成立

[①] 《涉及海南自由贸易港实施市场准入承诺即入制两个相关文件政策解读新闻发布会》，海南省人民政府官网，https://www.hainan.gov.cn/hainan/zxxx/202212/a7cc8c2aa81340f5b41a598d663c01ff.shtml。

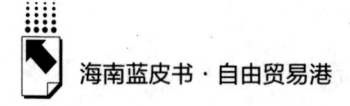

理工农医类学校或者校区，探索了一种新的办学模式。《规定》要求，办学机构在教学管理、教师队伍建设、收费标准等多个方面均实行更加灵活和有弹性的政策。其中包括：①在准入方面，更看重理工农医类的学科优势、学校应有较高的知名度和国际名誉、毕业生具有较高的业内评价；②在培养方面，强调办学机构应以不低于学校在其国内的教师标准选派到海南自由贸易港任教，境外高校在海南自由贸易港的办学机构应引进国内急需并具有前瞻性的课程教学内容；③在监管方面，强调办学机构应建立办学质量保证体系，办学的重要方面应向全社会公开、向主管机构提交办学报告、接受相关主管单位的评估和考察，以提升境外高等学校在海南自由贸易港的办学质量。

海南国际教育创新试验区通过先行先试，在人才培养模式、国际交流机制等方面加强探索，将为我国高等教育的对外开放和国际合作提供重要平台，从而成为培养高科技人才和推动高等教育全球化、现代化的新高地，为形成高等教育国际合作的新格局发挥重要作用。

4. 总部基地建设管理措施

2023年3月初，海南省政府出台了《海南省促进总部经济发展管理办法》，推动海南省大型企业总部聚集和重点产业集群发展。该管理办法明确了可申请总部资格认定的企业条件，涉及跨国企业区域总部、大型企业总部、综合性总部、功能型总部和高成长型总部五大类型，明确在五年内被认定为总部的企业财政奖励，鼓励金融机构运用融资担保、贷款利息、风险补偿等政策工具对总部企业提供资金支持，总部企业引进的人才将享受更加优惠的服务保障。同时，海南国际投资"单一窗口"为企业提供政策解读和认定管理等服务职能，推动全球资本和要素聚集，促进海南自由贸易港总部经济全面发展[①]。

在此基础上，海南省政府制定了《支持"两个总部基地"建设的核心

---

① 《海南出台〈海南省促进总部经济发展管理办法〉》，中国政府网，https://www.gov.cn/xinwen/2023-03/20/content_ 5747564.htm。

政策举措》，全面支持东南亚国家和地区公司的总部进入海南，同时鼓励国内公司在海南自由贸易港建设进入东南亚国家的总部企业。该政策主要包含15条措施，对东南亚国家和地区的投资企业和个人给予了大量优惠政策，包括企业所得税减免、个人所得税减免、增值税减免等诸多方面，例如支持东南亚等境外国家和地区的外资投资企业享受企业所得税15%的优惠政策，在东南亚等境外国家和地区的外资投资企业工作的个人享受个人所得税15%的优惠政策，东南亚等境外国家和地区的外资投资企业享受加工增值免关税政策、东南亚等境外国家和地区的外资投资企业享受部分商品进口"零关税"政策、东南亚等境外国家和地区的外资投资企业享受加工增值免关税政策，以及东南亚等境外国家和地区的外资投资企业享受新增境外直接投资所得税免征增值税等多项优惠政策①。

海南自由贸易港具有连接我国内地和东南亚国家和地区的区位优势和吸引东南亚国家和地区跨国公司总部落地海南的政策优势，这些政策将有效吸引东南亚等国家和地区的跨国公司和工程技术人员入驻海南自由贸易港，加快海南自由贸易港与RCEP成员国的对接合作，加强RCEP贸易和投资规则对海南经济的带动作用。

（二）公平竞争和知识产权保护制度

海南自由贸易港的公平竞争和知识产权保护制度包括出台公平竞争和知识产权保护的相关条例、建设知识产权特区、落实RCEP知识产权保护任务等方面，为形成良好的市场竞争秩序和有效的知识产权保护体制提供了重要实践经验。

2022年1月，《海南自由贸易港公平竞争条例》（以下简称《条例》）正式施行，这是全国第一部关于公平竞争的条例，目的在于促进行政机关给予各类市场主体公平的待遇，营造优质的营商环境，形成制度集成经验，为

---

① 《去年RCEP成员国在琼新设外资企业196家》，海南省人民政府官网，https://www.hainan.gov.cn/hainan/5309/202303/b02c0e81aa2b407989c0487588c896fb.shtml。

不同企业的公平竞争提供有效的法制保证。海南省以《条例》为基础，制定了九项配套政策，如在全国率先制定出台了关于公平竞争审查制度的实施办法，率先制定出台了关于公平竞争政策与产业政策协同方面的专项指引等[①]。

2022年11月，海南省政府与国家知识产权局共同颁布《全面深化改革开放知识产权强省实施方案》，该方案提出以体制机制创新为重点，打造知识产权制度集成创新策源地，推进知识产权管理体制改革[②]。此前，海南省出台的《关于完善产权保护制度依法保护产权的实施意见》于2020年8月实施，该意见明确要健全完善平等保护产权的制度机制，审慎把握司法政策，严格遵循法律程序，妥善处理产权和经济纠纷，通过制度和法律手段加大对侵犯知识产权行为的惩罚力度，提升知识产权保护能力。[③]

在此基础上，海南省在知识产权保护条例研究制定方面进行了多项试点工作。国内方面，海南自由贸易港通过建设三亚崖州湾科技城知识产权特区，在三亚崖州湾科技城推行专利、商标、版权、地理标志、植物新品种"五合一"的知识产权保护和管理制度。国际方面，海南省致力于对接高标准国际经贸规则，建设国内知识产权交流中心。海南省相关部门立足自由贸易港建设，出台专项政策文件，率先落实《区域全面经济伙伴关系协定》（RCEP）中关于知识产权保护的要求，具体包括利用世界知识产权组织（WIPO）等资源，借助博鳌亚洲论坛平台，深化知识产权保护的国际合作，特别是与共建"一带一路"国家建立知识产权保护合作机制。同时，海南省积极推进仲裁与调解方面的国际交流与合作，开展涉外知识产权争议案件的仲裁与调解工作；在中国国际消费品博览会等展会期间，为参展商品提供

---

① 《〈海南自由贸易港公平竞争条例〉：公平竞争立规矩》，澎湃新闻，https：//www.thepaper.cn/newsDetail_forward_23433175。

② 《关于印发〈海南省人民政府、国家知识产权局2022-2023年共建知识产权强省工作要点〉的通知》，海南省人民政府官网，https：//www.hainan.gov.cn/hainan/szfbgtwj/202211/437c8d7e5969430bb40b60d7f7bf0151.shtml？xxgkhide=1。

③ 《关于完善产权保护制度依法保护产权的实施意见》，海南自由贸易港官网，https：//www.hnftp.gov.cn/zcfg/zcwj/hnzc/202008/t20200828_3023886.html。

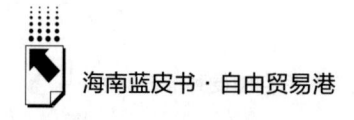

专利优先审查等服务。

因此,《海南自由贸易港总体方案》的全面实施,不仅提升了对外商直接投资的服务水平,也在市场准入管理、投资自由便利、公平竞争和知识产权保护制度等方面积极推进,通过鼓励外商投资产业目录、市场准入承诺即入制管理、拓宽境外高等学校办学渠道、改善总部基地建设管理等多项措施,全面提升了海南自由贸易港的管理效率,为营造法治化、国际化、便利化的营商环境奠定了坚实基础。

三 海南自由贸易港投资自由便利化的发展成效

海南省扩大投资自由便利化的措施实施以来,外商投资总量迅速增长,部门结构不断优化,制造业和服务业外资企业日益增加,为优化产业结构、提升投资效益、形成溢出效应打下了坚实基础,也为全国范围内的外商投资开放提供了实践经验。

(一)外商投资的数量增长

自2018年至2021年,海南省实际利用外资金额从8.19亿美元增至35.19亿美元,年均增速近70%,签订项目数从171项增至1936项;其中合资经营企业签订项目数从52项增至830项、外商独资企业签订项目数从109项增至893项。在这一进程中,外商独资企业成为海南省外资引进的主要所有制类别,2021年外商独资企业实际投资金额32.25亿美元,占海南省全部实际外资金额的91.6%(见表1)。

2022年,海南新设立外商投资企业1320家,实际使用外资到资达40.5亿美元、同比增长15%,海南省的外商投资来源地区和国家已达到127个。[①] 研究指出,2018~2022年海南省外商投资总量超过之前30年之

[①] 《勇立潮头逐浪行——海南全面深化改革开放推进自由贸易港建设纪实》,海南省人民政府官网,https://www.hainan.gov.cn/hainan/gdxw/202304/db3a641acd4a41ca967db2b4e49f2644.shtml。

和，利用外资规模跃居全国前十位。2022年吸引RCEP成员国新设外资企业196家，来自日本、韩国、澳大利亚的投资分别增长566%、548%、87%。①

表1　海南省外商投资项目数和金额

单位：亿美元，项

年份	整体情况			其中:合资经营			其中:外商独资		
	签订项目	合同金额	实际投资金额	签订项目	合同金额	实际投资金额	签订项目	合同金额	实际投资金额
2018	171	51.52	8.19	52	39.52	5.23	109	7.14	2.21
2019	343	128.22	15.20	120	46.62	6.00	213	76.03	7.72
2020	1005	198.41	30.33	325	60.70	4.22	645	133.33	25.11
2021	1936	259.96	35.19	830	78.97	1.93	893	112.48	32.25

资料来源：作者根据历年《海南省统计年鉴》数据整理。

实际使用外资规模稳步增长的同时，利用外资结构也在不断优化。2018~2021年，制造业外商直接投资从0.81亿美元增至2.06亿美元，交通运输业达到15.39亿美元，批发和零售业从0.09亿美元增至6.90亿美元，租赁和商业服务业从4.35亿美元增至5.73亿美元（见表2）。2022年海南省现代服务业实际使用外资37.4亿美元，同比增长16.1%，占全部外资比重由2018年的61%增长至92%。②

国家（地区）方面，中国香港是海南省外商直接投资的最大来源地，2021年中国香港直接投资金额达到27.16亿美元，占海南省外资投资总额的77.2%；同时新加坡和英属维尔京群岛的外资投资金额分别为3.63亿美元和2.04亿美元。自"一带一路"倡议实施以来，海南省的外商不断增加，2022年在海南省投资的国家和地区达到127个，外资企业覆盖全部G20成

---

① 《海南"外商投资准入负面清单"缩减到全国最短》，中国经营报，https://baijiahao.baidu.com/s?id=1763153009160338263&wfr=spider&for=pc。
② 《海南实际使用外资规模稳步增长》，国家发展和改革委员会官网，https://www.ndrc.gov.cn/xwdt/ztzl/hnqmshggkf/gzdt/202302/t20230215_1348746_ext.html。

表2 海南省外商投资的行业和来源地分布

单位：亿美元

年份	行业				来源国家（地区）			
	制造业	交通运输业	批发和零售业	租赁和商务服务业	中国香港	新加坡	英国	英属维尔京群岛
2018	0.81	—	0.09	4.35	5.74	0.07	—	1.01
2019	2.46	0.12	0.76	3.41	14.66	0.33	—	—
2020	0.19	0.41	6.60	16.13	22.83	1.78	2.40	1.35
2021	2.06	15.39	6.90	5.73	27.16	3.63	1.20	2.04

资料来源：作者根据历年《海南省统计年鉴》数据整理。

员国和除文莱、老挝以外的全部RCEP成员国，其中RCEP成员国在海南设立企业数量达到196家，海南与RCEP成员国货物贸易进出口额达到711.8亿美元，高于全国水平16.4个百分点，因此海南自由贸易港成为中国与RCEP成员国实现贸易和投资自由便利化的重要窗口[1]。

海南省政府统计数据显示，2023年海南省的外商数量和投资金额继续实现较快增长。2023年1~6月，海南新设立外商投资企业732家，实际利用外资金额133.7亿元，同比增长23.3%。前6个月现代服务业实际利用外资108.9亿元，同比增长9.4%，占全省实际利用外资总量的81.5%。其中，租赁和商务服务业，信息传输、软件和信息技术服务业，批发和零售业实际利用外资增幅显著，实际利用外资金额分别为67.3亿元、17.7亿元、5.7亿元，同比分别增长6.7%、300.4%、136.8%。就国家（地区）而言，中国香港对海南投资额为49亿元，占全省外商投资总额的45.2%，英国直接投资金额达到创纪录的50.8亿元。[2] 与此同时，2023年以来海南省政府在印度尼西亚、越南、英国、中国香港等国家和地区举行了多场自由贸易港推

---

[1] 《去年RCEP成员国在琼新设外资企业196家》，海南省人民政府官网，https://www.hainan.gov.cn/hainan/5309/202303/b02c0e81aa2b407989c0487588c896fb.shtml。

[2] 《前4月海南实际使用外资同比增长62.7%》，海南省人民政府官网，https://www.hainan.gov.cn/hainan/tingju/202306/6741e84aa3f045a0b18597f8980b4380.shtml。

介会，拓展中国与共建"一带一路"国家的合作潜力。尤其在印度尼西亚举行的推介会上有13个项目签约，总金额近35亿元；在越南的推介会上签约项目达到19个，总金额达到34亿元[1]。

（二）外商投资的结构变化

在海南省大力引进外资的背景下，海南自由贸易港在多个行业形成了标志性的外商投资案例，涉及教育、零售、高端消费、航空维修等多个领域，为全国制造业和服务业的对外开放提供了重要实践经验。

在教育方面，海南自由贸易港发挥中外合作办学部省联合审批机制优势，大力促进国外高水平理工类大学的独资和合资办学。其中，海南比勒费尔德应用科学大学是中国境内第一所由境外高校独立投资的办学项目，也是德国公办高校在中国设立的首个独立办学项目，2022年12月该校与海南省政府完成了首个独立办学项目的签约，标志着海南省引进外商独资办学项目实现了关键进展。在此基础上，海南比勒费尔德应用科技大学将争取于2023年秋季学期开学，同时学校将加强与德国企业的技术合作，扩大产教融合，为培养具有国际视野的高技术人才提供新思路和新方案，也为更多德国企业入驻海南自由贸易港提供支持平台[2]。与此同时，海南自由贸易港积极促进中外合作办学，电子科技大学与格拉斯哥大学等6所高校建立的中外合作办学项目已启动并开始招生，电子科技大学—格拉斯哥海南学院的所有专业教学均纳入中国高等教育和英国高等教育质量监控体系，毕业生将获得两所学校的学位，旨在培养具有国际竞争力的世界IT人才和工程界的优秀人才[3]。

在制造业方面，海南澳斯卡国际粮油有限公司是洋浦保税港区的第一家大型外商投资企业，也是该保税港第一家建成投产的制造业项目。海南澳斯

---

[1] 《海南外向型经济跑出"加速度"》，海南省人民政府官网，https：//www.hainan.gov.cn/hainan/gdxw/202302/dc3bf82a1387478bb95d5c5ac52dd77b.shtml。

[2] 《海南省与德国比勒费尔德应用科学大学签约仪式举办》，海南省人民政府官网，https：//www.hainan.gov.cn/hainan/ldhd/202212/5a7ad98f4fe44e84b66fe17e6be2b486.shtml。

[3] 参见电子科技大学—格拉斯哥海南学院网站，https：//gla-hn.uestc.edu.cn/xygk/xyjj.htm。

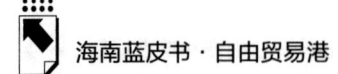

卡国际粮油有限公司充分利用加工增值超30%免关税、自用进口设备零关税、企业和人才的"双15%"税收优惠政策，业务范围从单一粮油加工生产拓展至国际贸易、远洋运输等行业。2022年该公司的产值达到25亿元，并力争在2023年达到40亿元，在未来5年内实现产值超过100亿元，成为具有国际竞争力的多领域、国际性的大型综合企业。

在零售业方面，美国泰佩思琦集团将中国旅游零售业总部设立在海南自由贸易港，利用海南自由贸易港的政策优势拓展零售业务的发展空间。2022年4月，该集团与海南相关部门签署多份战略合作协议，宣布正式设立泰佩思琦中国旅游零售总部，促进免税市场的发展①。自2023年2月以来该集团旗下品牌COACH在海南离岛免税店的销售额同比增长20%以上。截至2023年2月，泰佩思琦集团三大品牌已在中国84个城市开设了300余家门店，并与中国高校、中国知名潮流品牌及本土优秀企业达成长期合作意向，全面开拓中国市场②。与此同时，2022年12月雅诗兰黛集团在海口综合保税区成立海南分公司，并将集团旅游零售中国区总部设在海南自由贸易港，拓展在海南的贸易和投资业务，扩大中国和国际市场③。

此外，海南自由贸易港在金融、高端消费、医疗、艺术品拍卖和数据服务等领域均取得了显著发展。在金融业方面，2022年6月瑞联私募基金管理（海南）有限公司在海南自由贸易港成立，该公司由瑞士联合资产管理亚洲有限公司持有100%股份；在高端消费领域，消费博览会带动了一大批著名外国企业入驻海南，法国路威酩轩集团、瑞士历峰集团、美国雅诗兰黛集团和泰佩思琦集团等高端消费品行业企业在海南投资，利用免税优惠政策扩大国内

---

① 《美国泰佩思琦集团中国区副总裁周广华：泰佩思琦集团看好海南消费市场潜力》，海南省人民政府官网，https：//www.hainan.gov.cn/hainan/5309/202207/55751612069148039eb8a1d84b97bdec.shtml。
② 《中国投促会会长马秀红会见泰佩思琦（Tapestry）集团亚太区总裁杨葆焱（Yann Bozec）先生一行》，中国国际投资促进会官网，http：//www.cciip.org.cn/contents/674/17885.html。
③ 《海南外资来源地遍布全球，新设立外资企业1320家》，投资海南，http：//investhainan.cn/cn/rdxx/xwzx/202302/t20230201_3416768.html。

市场；在医疗领域，美国晖致和艾昆纬、新加坡莱佛士医院等纷纷落户海南，将充分利用海南自由贸易港的政策和区位优势整合国内国际医疗资源，建设亚洲医疗窗口；在艺术品拍卖领域，全球重要拍卖行英国苏富比在海南设立分公司；在数据服务领域，世界著名商业决策信息和分析服务机构美国邓白氏集团于2022年3月在海南自由贸易港设立分公司，该公司将致力于推广全球数据的多场景应用，提供信息决策和咨询服务，满足中国市场的消费需求，打造全球数据云的海南节点，成为数字企业国际合作的标志性案例[1]。

可以发现，海南自由贸易港建立以来，海南省的外商投资在规模和质量方面均实现了显著提升，为优势产业的发展和集聚奠定了坚实基础。2023年海南自由贸易港将继续深入推进更高水平和更广领域的吸引外资政策措施，扩大外商投资范围、改善竞争环境、保护知识产权、畅通要素流动，推进内外资企业的竞争与合作，对标国际高标准自由贸易协定的投资要求，为国际投资自由便利化提供有利的制度环境。

四 国际投资自由便利化政策的最新趋势

近年来，发达国家的高标准自由贸易协定深入发展，《全面与进步跨太平洋伙伴关系协定》（CPTPP）等发达国家推动的高标准自贸协定中的投资自由便利化要求成为全球经贸新规则的代表；同时，发展中国家的投资自由便利化政策迅速增加，成为发展中国家吸引外国投资、参与国际生产分工的重要依据。自从2021年中国正式申请加入CPTPP后，2023年4月商务部相关负责人表示中国有意愿、有能力加入CPTPP，目前已向CPTPP成员递交了交流文件，通过国内已有自贸试验区和海南自由贸易港推动高水平对外开放，为亚太地区的贸易投资自由便利化增添新的动力[2]。

---

[1]《海南外资来源地遍布全球，新设立外资企业1320家》，投资海南，http：//investhainan.cn/cn/rdxx/xwzx/202302/t20230201_3416768.html。

[2]《商务部：正推进加入CPTPP进程》，第一金融网，http：//www.afinance.cn/new/gncj/202306/2692128.html。

（一）高标准国际自贸协定中的投资自由便利化条款

目前，美国《双边投资协定》（BIT）是国际投资谈判和外资准入的最高标准，CPTPP的投资章节也涵盖了美国推动的高标准投资自由便利化的目标。具体而言，CPTPP的投资部分基本遵循了2012年美国《双边投资协定》范本并进行了部分修改。CPTPP和BIT的高标准主要体现在以下方面：第一，投资的定义十分广泛，覆盖范围不仅包括传统绿地投资和股权并购，而且包括融资租赁、特许权和金融资产等方式；同时涵盖企业准入前阶段、准入后的设立、取得和扩大的全生命周期。第二，自由化程度更高，CPTPP的外国投资与跨境服务贸易合并为统一的负面清单管理措施，并强调东道国不得实施强制要求，也不得强制要求外资做出承诺。第三，负面清单的列表形式更为简化，美式BIT负面清单通常包括部门、相关义务、政府级别、措施和描述五项基本要素，用三个附件分别列出可能存在的不符措施、未来的不符措施以及金融领域的不符措施。第四，涵盖了较为详尽的投资者—国家争端解决条款，明确列出了投资者保护程序，支持投资者的本国诉讼和国际仲裁，仲裁机构的选择更加多样化[1]。

海南自由贸易港在投资规则领域的建设取得了重要进展，包括投资准入、负面清单管理、争端解决、知识产权制度、公平竞争政策等方面。例如，2020年版《海南自由贸易港外商投资准入特别管理措施（负面清单）》中的禁止和限制类措施为27项，为外商直接投资提供了广阔空间；2020年《海南省多元化解纠纷条例》建立了国际商事纠纷的多元调解制度，界定了国际商事调解机构的案件审理范围，同时要求国际商事调解机构制定规范并予以公布，这提升了国际商事纠纷解决的权威性，有利于更好地促进外国投资者的争端解决[2]；2022年开始实施的《海南自由贸易港知识产权保护条例》对标国际

---

[1] 孙晓涛：《我国外商投资政策与CPTPP投资规则的比较及对接建议》，《全球化》2022年第4期。

[2] 《〈海南省多元化解纠纷条例〉解读》，海南省人民政府官网，https://www.hainan.gov.cn/hainan/hfgjd/202006/815ac9e0d53946f2ac03fc2f6a2f66ff.shtml。

高水平知识产权保护规则,形成了知识产权的运用、保护和管理的全链条服务体系,为建设全球高标准知识产权保护基地打下了制度基础[①];2021年实施的《海南自由贸易港企业国有资产条例》主动对标国际高标准经贸规则,政府从管企业向管资本转变,推动海南国有企业管理体制改革的系统化和集成化,有利于各类市场主体的自由竞争,从而提升市场的公平性[②]。

表3 CPTPP的标准要求与海南自由贸易港的投资便利化措施

CPTPP 相关规则	海南自由贸易港的政策措施
投资准入制度	
• 投资定义更为广泛,涵盖直接和间接投资 • 国际投资与跨境服务贸易合并的统一负面清单	• 2020年版《海南自由贸易港外商投资准入特别管理措施(负面清单)》,包括27项限制和禁止类措施,主要为直接投资 • 2022年《市场准入承诺即入制管理规定》,在具有强制性标准的领域建立健全备案制度,取消许可和审批制度 • 2022年《鼓励外商投资产业目录》,比全国目录增加72个细分行业 • 2023年《境外高等教育机构在海南自由贸易港办学暂行规定》明确鼓励境外高水平高校、职业院校在海南自由贸易港成立理工农医类学校或者校区 • 2023年《海南省促进总部经济发展管理办法》,明确了可申请总部资格认定的企业条件和财政金融支持
投资者—国家争端解决程序	
• 正式的投资者—国家争端解决机制,加强投资者保护	• 2020年《海南省多元化解纠纷条例》,确立解决国际商事争端的制度安排
知识产权制度	
• 扩大知识产权保护范围,延长保护期限	• 2022年《海南自由贸易港知识产权保护条例》,建立知识产权纠纷预判或评价机制 • 2022年《全面深化改革开放知识产权强省实施方案》提出推进知识产权管理体制改革
竞争政策	
• 国有企业遵循竞争中立原则和非歧视性待遇	• 2021年《海南自由贸易港企业国有资产条例》,将国有企业分为功能、保障、竞争三大类,实行差异化监管

资料来源:作者根据网络相关资料整理。

---

① 《〈海南自由贸易港知识产权保护条例〉2022年1月1日起施行》,国家发展和改革委员会官网,https://www.ndrc.gov.cn/fggz/dqjj/zdzl/202201/t20220124_1313129.html。
② 《省国资委召开〈海南自由贸易港企业国有资产条例〉立法专家论证会》,海南省人民政府官网,https://www.hainan.gov.cn/hainan/zxztcf/202107/bcbcf128500c42599ebe4c78e409f459.shtml。

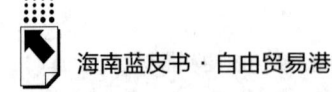

2021年以来，美国和欧盟的外商投资政策在保持连续性的同时，均更加重视外国直接投资对本国产业链稳定性和安全性的影响。首先，美国政府强调了供应链的完整性和稳定性。美国前任总统特朗普于2019年5月签署的供应链行政命令主要侧重于保证供应链的完整性，而美国政府2021年2月发布的相关行政命令则主要侧重于保证供应。美国政府越来越侧重于通过外国投资委员会，利用关键投入和技术的供应保证和与离岸要求有关的缓解协议来支撑美国供应链①。欧盟对进入欧盟的外国直接投资（FDI）进行筛选的框架（欧盟FDI筛选条例）于2019年4月10日生效，并于2020年10月11日开始在欧盟全面适用。《欧盟外国直接投资筛选条例》强调了欧盟及其成员国的开放投资环境，以及外国直接投资在欧盟关键利益方面的优势，如提高竞争力，创造就业机会和发展规模经济，引进资本、技术、创新和专业知识，以及更广泛地促进欧盟的增长和为欧盟的出口打开市场②。

（二）发展中国家的投资自由便利化实践

对于发展中国家而言，投资自由便利化对吸引国际投资和地方融资促进可持续发展越来越重要。联合国贸发会议2023年指出，投资自由便利化是联合国实现可持续发展目标（SDG）的关键环节，需要政府为投资者提供更加积极主动、更有针对性的服务，通过数字平台和工具提供更多自由便利化措施，扩大利益相关者网络，从而为实现可持续发展目标提供更多的机遇③。

为改善发展中国家的投资自由便利化政策，联合国贸发会议于2016年推出了《投资便利化全球行动清单》，促进发展中国家和最不发达国家成员在世贸组织的框架下进行非正式对话，目的是制定一项关于投资自由便利化

---

① 参见https://www.whitehouse.gov/briefing-room/presidential-actions/2021/02/24/executive-order-on-americas-supply-chains/。
② 参见https://thelawreviews.co.uk/title/the-foreign-investment-regulation-review/eu-overview。
③ UNCTAD, "Facilitating Investment in the Sustainable Development Goals," *UNCTAD Investment Advisory Series*, No. 10, pp. 1-4.

促进发展的多边协议。该行动清单概述了投资自由便利化的主要内容，指出了投资自由便利化措施在国家投资法、国际投资协定和产业政策中的相关性，为发展中国家的投资自由便利化提供了重要借鉴。

数字信息门户和"单一窗口"是促进投资自由便利化的有效工具。数字信息门户涵盖了合法经营公司获得的所有强制性登记的必要步骤，包括在商业登记处注册，获得税收和社会保障号码，以及获得相关的部门和市政许可和执照；高质量的门户网站从用户的角度描述了端到端的过程，并在多个政府机构之间实现无缝衔接。与此同时，数字化"单一窗口"融合了获得强制性注册的审批程序，减少了投资者前往会见政府官员、排队等候和在流程的各个阶段多次返回的次数，在线注册的成本大大低于线下注册的成本。联合国贸发会议认为，在线注册系统将融入更广泛的数字政府中，以便在同一个系统中提供多种服务，并加强政府实体之间的合作。

具体而言，该行动清单提出了10条行动路线，为投资政策制定者和政府机构提供了一系列政策措施的选择，包括各国可以单边实施行动的选择，可以指导国际合作或可以纳入国际投资协定的选择，以及支持投资自由便利化促进低收入国家发展的具体行动。该行动清单认为，有效的投资自由便利化应为可持续发展调动和引导投资，包括建立生产能力和关键基础设施，旨在最大限度地提高投资的效益，最大限度地减少负面影响。2016~2022年，发展中国家投资自由便利化政策工具的覆盖范围和质量都有所提高，拥有数字信息门户网站的国家从130个增加到169个，拥有数字"单一窗口"的国家从29个增加到75个[1]。

可以发现，近年来发达国家的高标准自由贸易协定和发展中国家的投资便利化行动清单构成了投资自由便利化政策的最新趋势。海南自由贸易港的先行先试将为中国达到CPTPP等协定的投资规则要求提供压力测试，发展

---

[1] UNCTAD, "Investment Facilitation: Progress on the Ground," 2022, https://investmentpolicy.unctad.org/news/hub/1685/20220127-investment-facilitation-progress-on-the-ground#:~:text=Investment%20Facilitation%3A%20Progress%20on%20the%20Ground%2027%20Jan, investment%20facilitation%20agreement%20at%20the%20WTO%20in%20Geneva.

中国家的投资自由便利化措施也为海南自由贸易港提升投资自由便利化的行政效率、加强国际合作和政策机制提供了政策借鉴。

五 海南自由贸易港的投资开放发展方向

2020年以来，海南自由贸易港围绕《总体方案》的要求，积极推进投资自由便利化，在市场准入、投资自由便利化、公平竞争、知识产权保护制度等领域均取得重要发展，外商直接投资的规模和结构不断扩大优化，有效促进了各类生产要素的安全自由流动和现代产业体系建设，为构建海南自由贸易港的制度体系、开展高水平开放压力测试提供了重要经验。在此基础上，海南自由贸易港的投资自由便利化发展将需要在负面清单管理制度改进、促进与其他国家的投资开放合作、加强投资自由便利化、促进市场公平竞争等方面全面推进，提升海南自由贸易港的投资自由便利化水平。

第一，对标国际高标准负面清单的标准模式，提高负面清单的列举方式和透明度。重点包括要按照国际高水平国际投资规则扩充负面清单的架构，规范不符措施的内容，特别管理措施要列明与相关义务不符的具体管理措施，全面落实外商直接投资的准入前国民待遇；缩减外商投资准入负面清单的篇幅，促进在准入后领域的内外资公平竞争；健全服务贸易的负面清单管理制度，尤其要加强金融、电信等具有重要地位的服务领域的对外开放水平；进一步推动国有企业的改革，促进市场竞争中性原则的实施。建立健全跨境服务贸易负面清单管理制度；深入推进金融、电信、专业服务等关键服务领域开放；分类推进国有企业改革，实现"竞争中立"制度。与此同时，参照CPTPP的要求，逐步将外商投资准入负面清单与服务贸易负面清单合并；提升负面清单管理措施的规范性和透明度，形成与国际高标准自由贸易协定相接轨的投资管理体系。

第二，扩大与东盟国家的投资合作，引进大型企业和总部企业，促进海南成为高质量外商投资聚集地。海南自由贸易港可以依靠"双15%"

的税收优惠政策，吸引标志性外资企业在海南建设生产和科技研发基地；同时利用海南的交通枢纽优势，积极扩大与 RCEP 尤其是东南亚国家的投资合作，深化与东南亚国家的合作关系，利用海南自由贸易港政策与 RCEP 规则叠加的优势，利用博鳌亚洲论坛、中国国际消费品博览会等重要平台加强与外国驻华使馆机构、商业协会和国际组织的联系，争取更多企业入驻海南，积极建设外国企业在中国的总部基地。同时，健全对外投资自由便利化体制，扩大对中国企业"走出去"的支持力度，促进中国企业服务"一带一路"建设。

第三，围绕海南自由贸易港的重点产业，多元化引进外资主体，促进外商投资产业多样化。高新技术产业方面，海南自由贸易港亟待完善各项优惠政策，加大对外资高新技术（人工智能、大数据、互联网金融等）企业的特别授权和政策支持力度，引导外国资本和技术聚集，延长产业链，提升科技创新的能力和水平；旅游产业方面，利用好允许外资在海南试点设立本省经营的演出经纪机构的审批权，为外国企业在海南设立演出机构、从事具有国际水准的文化演出创造有利发展机遇；教育产业方面，拓展海南国际教育创新岛的教育服务业政策优势，促进外国高水平理工类高校在海南自由贸易港办学，为比勒菲尔德应用科技大学等国外高校提供高水平的教学科研环境，形成"学在海南＝留学国外"的发展模式，促进教育消费回流国内[1]。

第四，改善营商环境，提升市场公平性，维护有利于公平竞争的市场秩序。参照 CPTPP 的要求，扩大外商投资的范围，将债券、贷款以及知识产权和许可等间接投资纳入投资保护的范围，系统研究并形成境外投资者及相关资产、收益的可自由转移的实施办法[2]。同时对标国际高标准经贸规则，加强知识产权保护力度和执法监管力度，保护科技企业的知识产权；加强国

---

[1] 《海南"走出去""请进来"加大境外招商引资力度》，海南省人民政府官网，https：//www.hainan.gov.cn/hainan/zxztc/202303/d25119b6b0194b669221768ea9ff84a6.shtml。

[2] 《加快发展外向型经济 激发自由贸易港市场活力》，海南省人民政府官网，https：//www.hainan.gov.cn/hainan/5309/202303/e400397f4af643049b6a813044c23695.shtml。

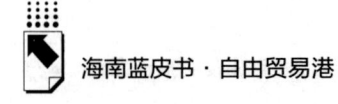

际知识产权的合作，与相关国家共同制定知识产权的跨国审查机制，尤其加强与RCEP国家的合作，打击侵犯知识产权的跨国活动，并加快知识产权保护标准与CPTPP等国际高标准相衔接的进程。参考CPTPP等国际高标准经贸规则中对国有企业的规定，完善竞争中立原则，规范国有企业的监督和管理机制，提高对国有企业的监督和管理的效率。

第五，在投资开放的同时加强风险防控体系建设。海南自由贸易港在降低外商投资准入壁垒和扩大多领域对外开放的过程中，应加强风险防范、优化外商投资的法律制度和法律体系。这包括：①推进外商投资安全审查制度建设，明确安全审查的产业和企业类型、审查标准和具体程序，加强安全审查法律和制度的透明度，切实维护国家经济安全；②完善对外商投资企业的事中事后监管，形成外商投资项目行政审批和市场监管的信息共享，提升投资项目的查询和监督水平，敦促企业依法依规运行，构建法治化的营商环境。

参考文献

[1] 陈伟光等：《制度创新——海南自由贸易港》，重庆大学出版社，2022。
[2] 迟福林主编《策论海南自由贸易港》，海南出版社，2020。
[3] 韩逸畴：《海南自由贸易港建设对接高标准国际规则——重点、难点问题与解决路径》，《经贸法律评论》2021年第4期。
[4] 李婧、安全、许晨辰：《对标国际：海南自贸港先行先试CPTPP的探索》，《区域金融研究》2022年第12期。
[5] 李杨、任财君：《跨境服务贸易负面清单国际比较及对中国的启示》，《国际贸易》2023年第1期。
[6] 孙晓涛：《我国外商投资政策与CPTPP投资规则的比较及对接建议》，《全球化》2022年第4期。
[7] 吴士存主编《海南自由贸易港未来及全球定位》，广东人民出版社，2021。
[8] 于鹏、廖向临、杜国臣：《RCEP和CPTPP的比较研究与政策建议》，《国际贸易》2021年第8期。
[9] 赵晋平：《科学认识海南自由贸易港压力测试的新内涵》，《中国经济报告》

2022 年第 2 期。
[10] Huerta-Goldman, et al., *The Comprehensive and Progressive Trans-Pacific Partnership: Analysis and Commentary*, Cambridge: Cambridge University Press, 2022.
[11] UNCTAD, *Facilitating Investment in the Sustainable Development Goals*, UNCTAD Investment Advisory Series A, No. 10, 2023.
[12] UNCTAD, *Global Action Menu for Investment Facilitation*, Geneva, 2016.
[13] UNCTAD, *Investment Promotion in LDCs: A Needs Assessment*, Geneva, 2023.

附表1　海南自由贸易港负面清单与全国自由贸易试验区负面清单的对比

	自由贸易试验区	海南自由贸易港	海南的特点
采矿业	禁止投资稀土、放射性矿产、钨勘查、开采及选矿	取消	
制造业	取消	卫星电视广播地面接收设施及关键件生产	
信息传输、软件和信息技术服务业	电信公司限于中国入世承诺开放的电信业务，增值电信业务的外资股比不超过50%（电子商务、国内多方通信、存储转发类、呼叫中心除外），基础电信业务须由中方控股（且经营者须为依法设立的专门从事基础电信业务的公司）。上海自贸试验区原有区域(28.8平方公里)试点政策推广至所有自贸试验区执行	电信公司：增值电信业务除在线数据处理与交易处理外，按照《自由贸易试验区外商投资准入特别管理措施(负面清单)》执行。允许实体注册、服务设施在海南自由贸易港内的企业，面向自由贸易港全域及国际开展互联网数据中心、内容分发网络等业务；基础电信业务限于中国入世承诺开放的电信业务，须由中方控股	在线数据处理与交易业务不再设置外资股比限制。允许自由贸易港内的企业向自由贸易港和国际开展业务
教育	学前、普通高中和高等教育机构限于中外合作办学，须中方主导(校长或者主要行政负责人应当具有中国国籍且在中国境内定居)，理事会、董事会或者联合管理委员会的中方组成人员不得少于1/2)	学前、普通高中和高等教育机构限于中外合作办学(境外理工农医类高水平大学、职业院校、非学制类职业培训机构除外)，须由中方主导(校长或者主要行政负责人应当具有中国国籍，理事会、董事会或者联合管理委员会的中方组成人员不得少于1/2)	允许境外理工农医类高水平大学、职业院校和培训机构在自由贸易港独资办学

资料来源：作者根据相关网络资料整理。

附表2　2022年海南省针对《鼓励外商投资产业目录（2022年版）》新增的鼓励类产业

制造业	
4	椰子、燕窝深加工
11	以境外木、藤为原材料的高端家具生产
15	5MW及以上海上风电机组技术开发与设备制造、海上风电场建设

续表

制造业		
	16	新型医疗器械设备及医用材料生产加工,特别是拥有自主知识产权的医疗仪器设备及器械研发与生产
	17	海洋石油勘探、开采、生产相关的设备研发、制造、检验、维修、销售及配套产业
	18	精密机械手表、机械时钟及零部件制造,智能手表及零部件制造
	21	新能源、清洁能源动力船舶研发
交通运输、仓储和邮政业		
	33	现代供应链创新与应用
	34	航空油料保障
	35	船用产品、物料供应等船舶供应
	36	国际水上客货运输及辅助业务
批发和零售业		
	39	大宗商品贸易(国家实行配额管理的商品除外)
	40	品牌体验店、品牌直销购物中心、连锁便利店、主题商城
	41	贸易经纪、代理与服务
	42	新能源汽车及零配件销售
	43	全球集拼分拨系统研发及运营管理
租赁和商务服务业		
	45	机械设备经营租赁
	46	医药器械外包服务(合同研究组织 CRO、医药生产外包 CDMO)
	47	医药咨询
	48	园区管理服务
	49	高端化工品、化工新材料、天然气化工产业的工艺、装置和技术的研发及设计
教育、卫生和社会工作		
	56	外籍人员子女学校
	58	高端专业医疗、康复、护理等医疗卫生服务
	71	城市综合体概念的旅游社区、旅游度假区
文化体育和娱乐业		
	72	智能体育

注:相对于 2020 年版《鼓励外商投资产业目录》,海南于 2022 年版中删去了人力资源服务、职业院校(含技工学校)和文艺表演团体三个细分行业。

资料来源:根据国家发改委 2022 年《鼓励外商投资产业目录》整理。

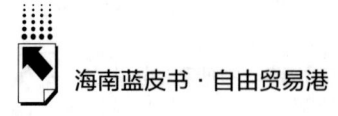

附表3　UNCTAD的投资便利化全球行动清单

行动项目1	提升投资政策、法规和程序的可及性和透明度
	·提供关于投资制度的清晰和最新的信息
	·为所有关于投资政策和投资申请的查询建立单一窗口或特别查询点
	·及时提供有关程序、适用标准、技术法规和符合性要求的变化通知
	·为评估投资建议提供筛选指南和明确的标准定义
行动项目2	加强投资政策应用的可预测性和一致性
	·确保投资法规在各相关机构中的应用一致
	·在适用投资方面的法律和法规时，避免歧视性地使用官僚主义的自由裁量权
	·在投资筛选、评估和批准机制方面，建立明确的行政决策标准和程序
	·建立友好的争端解决机制，促进投资争端的预防和解决
行动项目3	提高投资行政程序的效率
	·缩短处理时间，并酌情简化投资和许可证申请、投资者登记和税务相关程序
	·提倡使用有时限的审批程序或"在规定时限内无异议"方法，加快处理时间
	·及时提供行政建议，随时向申请人通报其申请的状况
	·鼓励机构合作和协调，建立在线一站式审批机构
	·简化连接基本公共服务基础设施的程序
行动项目4	建立建设性的利益相关者关系
	·保持与投资利益相关者的定期磋商和有效对话机制
	·建立机制，使各攸关方可在新法律、法规和政策的修改实施之前提出意见
	·促进改善公司治理和负责任的商业行为的标准
行动项目5	指定牵头机构、协调人或投资促进机构
	·处理投资者及其母国的建议或投诉，跟踪并采取行动，预防、管理和解决争端
	·提供有关立法和监管问题的信息
	·促进提高对投资立法和程序的认识和透明度
	·向有关政府机构通报投资者面临的、可能需要修改投资立法或程序的经常性问题
行动项目6	建立投资便利化的监测和审查机制
	·采用关于行政程序效率的诊断工具和指标，以确定投资便利化措施的优先领域
	·为参与投资便利化制定基准并衡量其业绩，包括国际最佳做法
行动项目7	加强投资便利化方面的国际合作
	·在有关当局之间建立定期磋商，或建立投资便利化伙伴关系
	·解决投资者的具体关切，包括设计、实施和监测投资便利化工作计划的进展
	·就投资过程中的反腐败问题进行合作
行动项目8	加强发展中国家伙伴的投资便利化工作
	·为企业和投资者提供透明、有效和高效的行政程序，包括记录和简化程序的技术
	·提高投资促进机构在商业的便利化服务的能力，包括对行政和合规程序的支持

续表

行动项目 8　加强发展中国家伙伴的投资便利化工作	
·为潜在的投资项目准备监管可行性研究报告	
·在整个投资生命周期中,保持与私营部门和投资利益相关者的协商和对话机制	
·加强投资促进机构或投资主管部门内部的政策宣传作用	
行动项目 9　加强合作伙伴的投资政策和积极的投资吸引	
·建立投资项目开发和评估的专业知识,开发可直接投资项目的渠道	
·促进以可持续发展为重点的投资,如绿色投资和社会影响投资	
·建设投资促进机构提供投资后或后续服务的能力	
·最大限度地发挥投资的积极影响	
·支持与产品质量或安全等有关的标准的认证计划	
·促进国际投资者的负责任的商业行为	
行动项目 10　加强投资促进发展的国际合作	
·鼓励母国提供对外投资支持,如政治风险保险(投资担保)或便利化服务	
·鼓励外向投资者采用高标准的公司治理和负责任的商业行为	
·在有关部门之间建立定期磋商和正式合作机制	

资料来源：作者根据 UNCTD（2016）整理①。

---

① UNCTAD, *Global Action Menu for Investment Facilitation*, Geneva, 2016, pp. 6-10.

B.4
海南自由贸易港跨境资金流动自由便利推进报告

吕文洁*

摘　要： 跨境资金流动自由便利是海南自贸港重要建设内容，也是海南自贸港推进贸易投资自由化和便利化的基础条件。海南自贸港已基本形成国家、部委、省级"三位一体"的金融制度框架体系，其中跨境资金流动自由便利在海南金融开放中占据重要地位。本报告主要总结2022年以来海南自贸港在跨境资金流动管理领域的制度推进情况以及相关试点业务的主要成效。2022年，海南自贸港主要推进的跨境资金流动管理的制度包括洋浦经济开发区跨境贸易投资高水平开放外汇管理改革试点、提高各项跨境资金试点的自由便利化水平和扩大相关试点受惠企业范围，以及发布相关政策指引和应用场景，促进市场主体用好用足海南自贸港跨境贸易和投融资自由便利化的政策。在制度推进成效方面，本报告从跨境贸易、跨境投融资相关试点业务以及自由贸易账户体系运行三个方面阐述主要成果。从各项政策效果看，无论是各项试点的收支规模还是试点企业数量，海南自贸港跨境资金流动自由便利化政策推进效果良好。

关键词： 海南自由贸易港　跨境资金流动　自由便利化

---

* 吕文洁，上海社会科学院世界经济研究所助理研究员，主要研究方向为国际投资理论与政策。

本报告总结 2022 年以来海南自由贸易港（以下简称海南自贸港）在跨境资金流动管理领域的制度推进情况，包括洋浦经济开发区跨境贸易投资高水平开放外汇管理改革试点情况、自主借用外债试点的扩大等，从跨境贸易、跨境投融资和自由贸易账户运作三个方面总结制度推进成效。

一 跨境资金流动自由便利化制度推进情况

2022 年以来，海南自贸港在跨境资金流动管理领域的制度推进情况主要包括洋浦经济开发区跨境贸易投资高水平开放外汇管理改革试点、提高原来各项试点的跨境资金自由便利化水平和扩大相关试点的受惠企业范围，以及发布相关政策指引和应用场景。

（一）形成"三位一体"的金融制度框架

2018~2022 年，海南自贸港已经基本形成国家层面、部委层面、省级层面"三位一体"的自贸港金融政策框架，而跨境资金流动自由便利化是其重要改革内容。2021 年 8 月，为落实海南自贸港建设和《关于金融支持海南全面深化改革开放的意见》（银发〔2021〕84 号），中国人民银行海口中心支行等部门发布《关于贯彻落实金融支持海南全面深化改革开放意见的实施方案》（琼府办函〔2021〕319 号），提出 89 条具体政策措施，并附上 24 个可操作的先导性项目清单，以推动金融政策落地实施。为此，海南已初步形成国家层面的《海南自由贸易港建设总体方案》、部委层面的《关于金融支持海南全面深化改革开放的意见》（"金融 33 条"）、省级层面的《关于贯彻落实金融支持海南全面深化改革开放意见的实施方案》（"89 条"）"三位一体"的自贸港近中期金融政策框架，为海南自贸港建设提供强有力的金融支撑。

"金融 33 条"从人民币可兑换水平和跨境贸易投资自由化便利化、海南金融市场体系、海南金融业对外开放、金融产品和服务创新、提升金融服务水平和加强金融监管、防范化解金融风险六个方面提出 33 条具体措施。

在"金融33条"中,除了金融服务业对外开放、绿色金融、海南中小微企业信用体系建设等未与跨境金融和跨境资金流动管理直接相关外,共有14项措施与跨境资金流动制度创新直接相关(见表1)。海南省级层面的"89条"在"金融33条"的六方面框架下,进一步细化具体改革任务和责任单位。实际上,若其他金融改革措施涵盖国际化金融产品或金融交易平台,那么这些改革措施也涉及跨境资金管理的相应配套措施问题。例如在"金融产品和服务创新"部分,"89条"包括的"设立国际碳排放权交易场所""扩大跨境金融区块链服务平台试点范围"等任务就与跨境资金管理相关。

表1 "金融33条"中与跨境资金流动自由便利化相关的任务措施

"金融33条"	与跨境资金流动自由便利化直接相关的具体措施
(一)人民币可兑换水平和跨境贸易投资自由化便利化(共7项)	1. 跨境货物贸易、服务贸易以及新型国际贸易结算便利化
	2. 探索适应市场需求新形态的跨境投资外汇管理(QFLP和QDLP试点)
	3. 完善全口径跨境融资宏观审慎管理政策框架
	4. 探索开展跨境资产管理业务试点
	5. 探索放宽个人跨境交易政策
	6. 在海南开展本外币合一跨境资金池业务试点
	7. 支持符合资格的非银行金融机构开展结售汇业务试点
(二)海南金融市场体系(共4项)	以国内金融业改革和吸引境外金融机构到海南投资设立为主,与跨境资金流动未直接相关
(三)海南金融业对外开放(共5项)	8. 允许已取得离岸银行业务资格的中资商业银行总行授权海南分行开展离岸银行业务
(四)金融产品和服务创新(共7项)	9. 创新面向国际市场的人民币金融产品和业务,允许在境外发行人民币计价的债券等产品
	10. 稳步扩大跨境资产转让范围
	11. 支持在海南设立保险资产管理公司并通过账户独立向境外发行人民币计价的资产管理产品。支持保险机构开展境外投资业务
(五)提升金融服务水平(共7项)	12. 探索开展本外币合一银行账户体系试点
	13. 提升跨境移动支付便利化水平
(六)加强金融监管,防范化解金融风险(共3项)	14. 建立健全资金流动监测和风险防控体系。完善反洗钱、反恐怖融资和反逃税的相关制度和机制

资料来源:作者根据"金融33条"整理。

海南自贸港相关金融任务推进已取得阶段性成效。根据中国人民银行海口中心支行介绍，截至2023年3月底，依据2020年海南省委确定的"总体方案"任务清单，中国人民银行海口中心支行牵头的17项任务已完成10项，完成率近60%；根据2021年发布的《关于贯彻落实金融支持海南全面深化改革开放意见的实施方案》确定的任务，该行牵头的38项任务已完成18项，完成率近50%[1]。

（二）推进跨境贸易投资高水平开放试点

2022年1月，经国务院批准，国家外汇管理局在上海自贸试验区临港新片区、广东自由贸易试验区南沙片区、海南自由贸易港洋浦经济开发区、浙江省宁波市北仑区等区域开展跨境贸易投资高水平开放试点。国家外汇管理局海南省分局发布《洋浦经济开发区开展跨境贸易投资高水平开放外汇管理改革试点实施细则》（琼汇发〔2022〕1号），以落实试点。该试点涵盖资本项目改革措施9项、经常项目便利化措施4项以及加强风险防控和监管能力建设的相关要求2项。这些跨境投资贸易自由便利化措施叠加其他政策，有助于洋浦经济开发区充分利用高水平贸易投资自由便利化政策优势，推动各类国际化运营产业的集聚和发展。

截至2023年6月末，海南自贸港洋浦经济开发区已有10项高水平开放试点政策业务落地实施，其中经常项目便利化措施（共4项）已全部落地，4家银行完成试点备案手续，优质试点企业18家，累计试点业务4167笔，合计159.6亿美元。海南洋浦跨境贸易投资高水平开放试点9项资本项目措施中，已有6项落地（见表2），涉及金额约11.4亿美元[2]。2023年1月，海南省地方金融监督管理局、国家外汇管理局海南省分局、海南省市场监管局共同发布《海南省关于

---

[1] 《贯彻新发展理念 推动高质量发展——"4·13"重要讲话发表五年来金融支持海南自贸港建设新闻发布会实录（2023年4月27日）》，海南省新闻办公室，https://www.hainan.gov.cn/hainan/zmgxwfb/202304/f9a86336fd2e40f1ad_7d2d71e17_706b5.shtml，最后访问日期：2023年8月13日。

[2] 《"践行金融为民理念 推进普惠金融发展"新闻发布会》，海南省新闻办公室，http://www.hainan.gov.cn/hainan/szfxwfbh/202307/60b8e7970c_f041c_89e0e3cf608329515.shtml，最后访问日期：2023年8月13日。

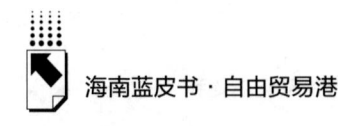

开展合格境外有限合伙人（QFLP）余额管理制试点办法》，在洋浦经开区率先试点 QFLP 余额管理制，成为全国首个出台并落实 QFLP 余额管理制度的省份，2023年上半年，首家基金管理企业获批 QFLP 余额管理制试点资格，规模 2 亿美元[①]。

表 2　洋浦跨境贸易高水平开放外汇管理试点落地情况

业务	内容	落地情况	说明
资本项目业务	1. 支持中小微高新技术企业一定额度内自主借用外债（外债便利化额度业务试点）	未落地	—
	2. 合格境外有限合伙人（QFLP）试点、合格境内有限合伙人（QDLP）试点余额管理模式	已落地	2021 年，海南自贸港全域就实施 QDLP 余额管理模式。2023 年 1 月已发布 QFLP 试点办法，在洋浦经开区试行 QFLP 余额管理制度
	3. 放宽跨境流出入币种限制，企业可自主选择签约、流入、流出各环节币种	已落地	—
	4. 试点区域非金融企业境外放款规模上限由其所有者权益的 0.5 倍提高到 0.8 倍	未落地	—
	5. 扩大资本项目收入使用范围	未落地	—
	6. 稳慎开放跨境资产转让业务	已落地	2020 年海南自贸港已经试点并落地该业务
	7. 跨国公司本外币一体化资金池试点	已落地	—
	8. 外商投资企业境内再投资无须办理登记手续	已落地	—
	9. 主要资本项目外汇登记由银行办理	已落地	—
经常项目业务	10. 试点银行可根据客户指令为优质企业办理经常项目相关外汇业务	已落地	2020 年海南自贸港已实施优质企业贸易外汇便利化试点，但准入条件有所差异
	11. 试点银行可自主办理企业真实合规的新型国际贸易外汇收支业务	已落地	2020 年海南自贸港已实施新型离岸国际贸易业务
	12. 扩大贸易收支轧差净额结算企业范围	已落地	—
	13. 货物贸易特殊退汇免于登记业务	已落地	—

注：这里的"已落地"指已有试点企业或项目。
资料来源：作者根据洋浦跨境贸易投资高水平开放试点政策以及海南相关新闻发布会整理[②]。

---

① 《"践行金融为民理念　推进普惠金融发展"新闻发布会》，海南省新闻办公室，http：//www.hainan.gov.cn/hainan/szfxwfbh/202307/60b8e7970cf041c89e0e3cf608329515.shtml，最后访问日期：2023 年 8 月 13 日。
② 《贯彻新发展理念　推动高质量发展——"4·13"重要讲话发表五年来金融支持海南自贸港建设新闻发布会实录（2023 年 4 月 27 日）》，海南省新闻办公室，https：//www.hainan.gov.cn/hainan/zmgxwfb/202304/f9a86336fd2e40f1ad7d2d71e17706b5.shtml。

（三）发布自由贸易账户指引

2019年1月，海南自由贸易账户正式上线。基于上海自贸区自由贸易账户制度框架体系，海南建立相应分账核算业务风险审慎管理制度，并在此基础上逐步拓展功能和应用场景，并发布操作指引。2020年，中国人民银行海口中心支行发布《关于明确自由贸易账户支持海南发展离岸经贸业务有关事项的通知》（琼银发〔2020〕160号），依托自由贸易账户推进发展海南离岸经贸业务。2021年发布了《海南自由贸易账户业务同业操作指引（2021年版）》。

2021年，海南自由贸易账户体系的制度架构已经建立。2022年以来，自由贸易账户体系发展的主要工作是应用场景和业务规模的持续拓展。2022年，为方便市场主体"用足、用好"海南自贸港政策，海南省商务厅组织编撰并发布《海南自由贸易账户（FT账户）政策助力现代服务业开放创新》的指南（以下简称"FT账户指引"），从政策背景、政策解读、政策优势及应用场景四个方面分别对海南自由贸易账户的特点、服务对象及便利化措施等政策进行梳理及解读，为相关市场主体提供明确的政策使用指引[①]。在应用场景方面，该FT账户指引分别介绍了FT本外币一体化、在岸/离岸汇率自主选择、全功能型跨境双向人民币资金池以及FT账户贷款的政策优势、若干场景案例以及办理要求和流程等。具体化的案例和场景有助于宣传和推广FT账户应用。

（四）稳步扩大试点范围

许多跨境资金自由便利化改革是针对符合一定资质企业，在相应额度范围内，对相关业务的审批流程予以放宽或优化，以减少企业跨境资金管理的处理时间，节约财务成本和提高跨境资金效率。因此，对于同

---

① 《海南自由贸易账户（FT账户）政策助力现代服务业开放创新》，海南自由贸易港官网，https：//www.hnftp.gov.cn/ztzl/wzyyyx/zjzybl/202302/t20230210_3358571.html。

一项政策措施，基于试点效果良好以及风险可控的情况，金融监管部门会逐步扩大试点企业范围或进一步提升额度，以提升自由便利化水平。因此，这类政策能在原基础上不断扩大试点范围。2022年，海南自贸港扩大了外债便利化试点范围和优质企业贸易收支便利化范围，政策受益面进一步扩大。

2018年3月，北京中关村国家自主创新示范区率先开展外债便利化试点。外债便利化试点允许中小微高新技术企业在额度内自主借用外债。之后，国家外汇管理局逐步将试点扩大至涵盖上海自由贸易试验区、粤港澳大湾区、海南自由贸易港等9个省（市）部分区域。2022年5月，为落实国务院稳经济一揽子政策措施和《中国人民银行 国家外汇管理局关于做好疫情防控和经济社会发展金融服务的通知》，外债便利化试点再次扩围，试点区域推广至17个省（市）的所有区域。截至2022年底，17个省（市）的企业利用便利化额度自主借入外债，平均利率为2.4%，显著降低了企业融资成本。此次自主借用外债试点扩展了试点主体类型，新增了"专精特新"企业；同时提高了试点额度，高新技术和"专精特新"企业便利化额度统一提高至等值1000万美元[①]。相比于跨境投资贸易高水平开放外汇管理的外债便利化试点，除了额度差别外，"专精特新"企业自主外债试点在企业资质、外债用途上也存在一定差异。

类似地，海南自贸港优质企业贸易外汇收支便利化试点的范围也不断扩大。优质企业贸易外汇收支便利化试点支持银行推荐符合条件的优质企业开展货物和服务贸易外汇收支便利化试点，银行审核从事前向事后转变，银行单据审核流程进一步简化，这有助于企业节约经营成本，能进一步使贸易外汇结算便利化。2020年6月，国家外汇管理局海南省分局发布的《关于开展贸易外汇收支便利化试点工作的通知》（已废止）中有一项政策为优质企业贸易收支便利化。2022年4月，中国人民银行和国家外汇管理局发布的

---

① 《国家外汇管理局关于支持高新技术和"专精特新"企业开展跨境融资便利化试点的通知》（汇发〔2022〕16号）。

《关于做好疫情防控和经济社会发展金融服务的通知》要求，将"优质企业贸易外汇收支便利化政策"推广至全国。2022年7月，国家外汇管理局海南省分局发布《关于开展优质企业贸易外汇收支便利化试点的指导意见（2022年版）》，进一步优化银行准入条件，扩大贸易外汇收支便利化试点政策受惠面。

二 主要成效

随着海南全面深化改革开放和自由贸易港建设的不断推进，海南省金融业综合实力不断增强，金融业增加值增速快于同期GDP增速。2022年，海南省金融业增加值为439亿元，比2018年增长41.9%，2018年以来海南省金融业增加值年均增速达到9.1%，高于同期GDP年均增速约3.9个百分点，金融业运行总体平稳向好。在跨境贸易投资自由便利化和其他对外开放等系统集成政策影响下，海南自贸港跨境收支规模快速增长。2022年，海南自贸港全年跨境收支规模达624.11亿美元，同比增长63.8%；跨境收支逆差为157.73亿美元，同比增长34.8%。2018~2022年，在跨境贸易投资自由便利化政策带动下，海南五年跨境收支规模达1550.1亿美元，年均增长32.5%，其中经常项目下跨境收支规模达1132.1亿美元，年均增长率为33.5%；资本项目下跨境收支规模达418亿美元，年均增长率为29.8%。2023年上半年，海南省跨境收支规模快速增长，达到448.3亿美元，同比增长41.5%，其中资本项目下跨境收支增长尤其快速，2023年上半年资本项目下跨境收支规模达203.3亿美元，同比增长88.8%。海南自贸港在人民币跨境收支方面同样增长快速。2022年，海南自贸港人民币跨境收支金额合计1455.97亿元，金额继续突破千亿量级，创历史新高，同比增长160.65%。2023年上半年，海南自贸港人民币跨境收支规模继续高速增长，同比增长87.5%，达到1543亿元。下文从跨境贸易自由便利化、跨境投融资自由便利化和自由贸易账户运行三方面总结2022年以来海南自贸港跨境资金流动自由便利化制度的推进成效。

（一）跨境贸易自由便利化

贸易外汇收支便利化试点持续扩面增效。海南自贸港贸易外汇收支便利化试点自2020年6月开始运行，之后逐步扩大试点受益面。2021年底，辖内试点银行和企业分别达到3家和16家，累计办理试点业务521笔，合计1.5亿美元①。2022年7月，国家外汇管理局海南省分局发布实施《关于开展优质企业贸易外汇收支便利化试点的指导意见（2022年版）》，进一步优化银行准入条件，扩大贸易外汇收支便利化试点政策受惠面。截至2023年6月末，辖内符合条件的7家银行全部纳入试点，较2022年6月末增加3家；试点企业62家，较2022年6月末增加32家；累计办理贸易外汇收支便利化试点业务4574笔，较2022年6月末增加3429笔；金额合计14.7亿美元，较2022年6月末增加11.5亿美元②。

在金融政策支持下，海南新型离岸国际贸易获得快速发展。2019年，海南离岸转手贸易外汇收支达7900万美元，而2020年以后，随着海南自贸港新型离岸国际贸易"一揽子"支持政策陆续落地，包括国家外汇管理局海南省分局发布实施的《关于支持海南开展新型离岸国际贸易外汇管理的通知》（琼汇发〔2020〕22号）、海南省地方金融监管局推动出台的《关于打造区域性离岸新型国际贸易中心先导性项目的工作实施方案》等③，2020年海南新型离岸国际贸易交易额呈现爆发式增长。2020年全年海南自贸港新型离岸国际贸易收支规模已超过18亿美元，同比增长了10倍。到2021年，海南新型离岸国际贸易外汇收支74.80亿美元，同比增长4.15倍④。2022年，海南自贸港新型离岸国际贸易跨境收支规模达184.5亿美元，同比增长1.5倍，业务种类

---

① 中国人民银行海口中心支行货币政策分析小组：《海南省金融运行报告（2022）》，2022。
② 《"践行金融为民理念 推进普惠金融发展"新闻发布会》，海南省人民政府官网，http://www.hainan.gov.cn/hainan/szfxwfbh/202307/60b8e7970cf041c89e0e3cf608329515.shtml。
③ 《海南自贸港新型离岸国际贸易"一揽子"支持政策落地新闻发布会（2021年2月4日）》，海南省人民政府官网，https://www.hainan.gov.cn/hainan/zxxx/202102/284fca989ef24f8c9a49f8d1217b31ff.shtml。
④ 中共海南省委自由贸易港工作委员会办公室编《海南自由贸易港建设白皮书》，2021。

不断丰富，市场主体日益增加[①]，离岸贸易成为海南自贸港货物贸易的重要组成部分和主要增长来源。

为推动海南新型离岸国际贸易发展，各部门协作持续加强，推动区域性新型离岸国际贸易中心建设。海口江东新区通过打造新型离岸国际贸易综合服务平台，推动新型离岸国际贸易产业集聚。2022年海口江东新区园区离岸贸易额完成17亿美元，同比增长50%。儋州洋浦充分发挥其跨境贸易投资高水平开放试点政策优势，为新型离岸国际贸易结算提供自由便利化措施。2022年儋州洋浦新型离岸国际贸易发展呈稳步提升态势，累计完成贸易额达122亿美元，占海南全省贸易额近七成，比2021年增长了75%[②]。

（二）跨境投融资自由便利化

由于我国资本项目运作尚处于管制状态，相应地，企业对于跨境投融资方面涉及资本项目管制的政策试点更有需求。海南自贸港在多方面推进跨境投融资自由便利化政策落地以及扩大受益企业范围，包括QFLP和QDLP试点、资本项目收付便利化、外债一次性登记管理、跨国公司资金池试点以及跨境金融服务平台应用等。

1. QFLP和QDLP试点业务稳步发展

海南自贸港分别于2020年和2021年发布《海南省关于开展合格境外有限合伙人（QFLP）境内股权投资暂行办法》（琼金监函〔2020〕186号）和《海南省开展合格境内有限合伙人（QDLP）境外投资试点工作暂行办法》（琼金监〔2021〕37号），推出QDLP和QFLP试点；同时依托于洋浦跨境贸易高水平开放外汇管理试点，发布《海南省关于开展合格境外有限合伙人（QFLP）余额管理制试点办法》，在洋浦实施QFLP余额管理制。

截至2023年3月底，海南自贸港落地QFLP基金91只，注册资本共计88.4亿美元，累计跨境流入资金13.4亿美元；QFLP基金管理企业20家，

[①] 方昕：《对标国际规则探索自贸港对外开放路径》，《中国金融》2023年第11期。
[②] 《在自贸港运作全球生意！海南新型离岸国际贸易涉外收支逾184亿美元》，南海网，https://hiipb.com/news/show-21714.html。

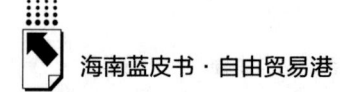

注册资本共计4.4亿美元，累计跨境流入资金共1153.7万美元[1]，施罗德、红杉资本、云锋资本、中粮资本等国内外知名专业基金管理企业已集聚海南并设立多只基金，为海南自贸港吸引境外资金投资国内创造了更优的环境。截至2023年6月底，海南省共落地QFLP（合格境外有限合伙人）基金已达到98只，QFLP基金管理企业共23家[2]。

2021年8月，《海南省合格境内有限合伙人（QDLP）境外投资首批试点名单》正式公布，名单包括华能景顺罗斯（北京）投资基金管理有限公司、KKR投资集团、中粮私募基金管理（海南）有限公司等14家股权投资类试点企业和海南平安私募基金管理有限公司、中国光大控股有限公司、龙石资本管理有限公司等10家非股权投资类试点企业[3]。2021年11月，海南省公布了《海南省合格境内有限合伙人（QDLP）境外投资第二批试点名单》[4]，名单包括了诺安资本管理有限公司、浦银国际投资管理有限公司、北京厚生投资管理中心（有限合伙）等7家股权投资类试点企业和瑞士联合资产管理亚洲有限公司、冠通北纬资产管理（北京）有限公司和复星资产管理有限公司等6家非股权投资类试点企业。截至2023年6月底，海南自贸港共批复了37家试点企业和49.92亿美元试点额度。2023年6月30日，海南省地方金融监管局开始受理海南省第三批合格境内有限合伙人（QDLP）境外投资试点申请。截至2023年上半年末，海南自贸港已登记QDLP基金管理企业11家。

2. 多项跨境投融资政策持续推进

2022年以来，随着海南自贸港多项跨境投融资相关的政策持续推进和落实，受惠企业持续增加，企业跨境投融资可获渠道和便利化水平提高，同时也增强

---

[1] 方昕：《对标国际规则探索自贸港对外开放路径》，《中国金融》2023年第11期。
[2] 《践行金融为民理念　推进普惠金融发展新闻发布会》，海南省人民政府官网，http://www.hainan.gov.cn/hainan/szfxwfbh/202307/60b8e7970cf041c89e0e3cf608329515.shtml。
[3] 《海南QDLP境外投资首批试点名单出炉》，海南自由贸易港公众号，https://mp.weixin.qq.com/s/kjG69fFJU-XMvbO58lGULA。
[4] 《海南省合格境内有限合伙人（QDLP）境外投资第二批试点名单》，海南自由贸易港公众号，https://mp.weixin.qq.com/s/Itz2jHiF8vb4_lUlWJA1Iw。

了金融机构提供跨境金融服务和服务实体经济的能力。这类跨境投融资政策主要包括但不限于放宽外商投资企业外汇资本金使用范围、资本项目收付便利化、外债一次性登记管理、跨国公司资金池试点以及跨境金融服务平台等。

海南自由贸易港于2019年7月开始试点资本项目外汇收入支付便利化政策[1]。该试点允许企业在确保资金使用真实合规的前提下，当资本金、外债和境外上市等资本项目收入用于境内支付时，无须事前逐笔向银行提交审核真实性证明材料，而是可以凭支付命令函直接在银行办理。该项政策可大幅提高企业相应业务办理效率以及企业资金使用的便利性。截至2023年6月底，海南自贸港资本项目收付便利化试点业务共办理1102笔，较2022年6月底增加585笔；境内支付使用金额达到15.2亿美元，较2022年6月末增加4.4亿美元[2]。

海南非金融企业外债一次性登记试点持续扩大。2020年2月，海南自贸港实施外债一次性登记改革试点，符合条件的非金融企业按照登记程序向海南省外汇管理分局申请办理一次性外债登记业务，在登记金额内试点企业可自行借入外债资金[3]。该试点促使企业有效把握换汇窗口期和提升用汇自主性，从而降低财务成本。截至2022年6月底，海南外债一次性登记金额已达95.33亿美元[4]。2022年5月，国家外汇管理局进一步扩大外债自由便利化程度和试点企业范围，将对高新技术和"专精特新"企业提高外债便利化额度至1000万美元[5]，其中试点省市涵盖海南自贸港，目前该项政策正在推进中。

在跨国公司资金池建设方面，除了全功能型双向人民币跨境资金池外，

---

[1] 《国家外汇管理局海南省分局关于在中国（海南）自由贸易试验区开展外汇创新业务的通知》（琼汇发〔2019〕12号）。
[2] 《践行金融为民理念 推进普惠金融发展新闻发布会》，海南省新闻办公室，http://www.hainan.gov.cn/hainan/szfxwfbh/202307/60b8e7970cf041c89e0e3cf608329515.shtml。
[3] 《国家外汇管理局海南省分局关于支持海南自由贸易港建设外汇创新业务政策的通知》（琼汇发〔2020〕1号）。
[4] 《上半年海南涉外收支规模316.77亿美元》，海南日报网，https://news.cnstock.com/news,yw-202207-4929887.htm。
[5] 《国家外汇管理局关于支持高新技术和"专精特新"企业开展跨境融资便利化试点的通知》（汇发〔2022〕16号）。

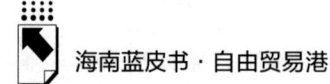

2021年3月,海南成功开办首个跨国公司外汇资金集中运营管理业务。截至2023年3月底,海南自贸港已有4笔跨国公司外汇资金集中运营业务落地。另外,依托于洋浦经济开发区跨境贸易投资高水平开放外汇管理改革试点,2022年8月,海南省首个跨国公司本外币一体化资金池也已成功落地。跨国公司通过跨境资金池实现跨国企业集团内部资金余缺调剂和归集,能有效支持海南总部经济发展。

跨境金融服务平台应用成效不断扩大。跨境金融服务平台是国家外汇管理局依托区块链技术、图像识别等数字技术搭建的跨境金融服务监管和服务平台,能有效提升跨境金融服务质效。跨境金融服务平台于2019年上线。截至2023年3月,跨境金融服务平台已累计推出7个融资类和3个便利化类应用场景[①]。海南自贸港自2020年开始启用跨境金融服务平台,近年来积极推广跨境金融服务平台出口应收账款融资、跨境运费外汇支付等场景应用,以促进涉外企业提高跨境资金使用的便利化水平。其中,2022年12月底落地的运费外汇支付便利化应用场景,实现了中国人民银行海口中心支行金融城域网与省税务局直接联网,通过区块链技术,企业付汇信息被上链到跨境金融服务平台,一方面确保查验信息渠道通畅和安全,另一方面,通过智能比对输入的发票信息能快速反馈发票真实性,单笔耗时从2小时大幅减少到20分钟。截至2023年6月,海南辖区14家银行的58个分支行已申请开通运费外汇支付应用场景业务。其中,9家银行为90家企业办理付汇业务947笔、查验发票1789笔,金额达3676万美元[②]。截至2023年3月底,海南跨境金融服务平台出口应收账款融资场景已接入18家银行机构,累计办理780笔融资业务,金额合计1.2亿美元[③]。

---

① 张铁成:《外汇科技赋能跨境金融服务》,《中国金融》2023年第12期。
② 《外汇局海南省分局破解运费外汇支付"痛点"单笔耗时从2小时减少到20分钟》,海南日报网,http://hi.people.com.cn/n2/2023/0613/c231190-40454292.html,最后访问日期:2023年8月13日。
③ 《贯彻新发展理念 推动高质量发展——"4·13"重要讲话发表五年来金融支持海南自贸港建设新闻发布会实录(2023年4月27日)》,海南省人民政府官网,https://www.hainan.gov.cn/hainan/zmgxwfb/202304/f9a86336fd2e40f1ad7d2d71e17706b5.shtml。

3. 金融开放创新持续推进

海南各类交易所国际化建设持续推进。海南国际能源交易中心、海南国际商品交易中心、海南国际文化艺术品交易中心等9家交易场所已开业运营。海南国际知识产权交易中心已升级为海南国际知识产权交易所，海南国际碳排放权交易中心获设立批复，海南国际清算所正式揭牌成立[1]。交易场所的设立为海南金融要素市场国际化开放奠定基础。2022年，海南各类交易场所全年交易规模继续保持较快发展态势，累计交易规模4913.73亿元，较2021年增长53.72%[2]。

境内信贷资产跨境转让目前已在国内部分地区进行试点。2017年，深圳辖内金融机构就首次开展不良资产跨境转让业务试点，之后陆续推广至粤港澳大湾区、上海、北京以及海南等地。从2020年3月开始，海南自贸港开始实施境内信贷资产跨境转让业务[3]，明确辖内机构可以开展包括银行不良贷款和银行贸易融资资产在内的境内信贷资产对外转让业务。2020年9月，海南自贸港成功办理首笔境内贸易融资资产跨境转让业务，金额1404.1万元；2020年12月，首单信贷不良资产跨境转让业务获批开展[4]。截至2022年6月底，海南自贸港贸易融资资产与银行不良贷款跨境对外转让金额分别折合170.29万美元和7.67亿美元，该试点为通过跨境交易盘活辖内银行存量资产、分散信贷风险提供了新的渠道[5]。另外，海南跨境资产管理业务试点也开始推进，海南自贸港支持辖内各类金融机构开展跨境资产管理业务试点。截至2023年6月末，海南

---

[1] 中共海南省委自由贸易港工作委员会办公室编《海南自由贸易港建设白皮书》（2021年6月~2022年5月），2022。
[2] 《2022年海南交易场所交易规模同比增长超50%》，海南日报网，https://www.hndnews.com/p/596006.html，最后访问日期：2023年8月13日。
[3] 《国家外汇管理局海南省分局关于支持海南自由贸易港建设外汇创新业务政策的通知》（琼汇发〔2020〕1号）。
[4] 中共海南省委自由贸易港工作委员会办公室编《海南自由贸易港建设白皮书》，2021。
[5] 《稳预期 强信心——金融服务海南自贸港疫情防控和社会经济发展新闻发布会实录（2022年7月27日）》，海南省人民政府官网，https://www.hainan.gov.cn/hainan/zmgxwfb/202207/1011efdaa87d42d8b134fff35c6dc79c.shtml；《上半年海南涉外收支规模316.77亿美元》，海南日报网，https://news.cnstock.com/news，yw-202207-4929887.htm。

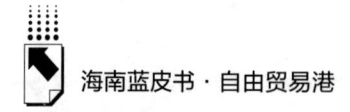

自由贸易港已有3家银行开展跨境资产管理试点业务，金额合计3.6亿元人民币①。

（三）自由贸易账户平稳运行

2019~2022年，随着海南自由贸易账户功能和应用场景的不断丰富，其业务规模持续扩大。从海南自由贸易账户历年收支规模看，海南自由贸易账户资金收支规模快速扩大。2019年海南自由贸易账户（以下简称FT账户）发生资金流动折合人民币138.24亿元，到2022年，海南FT账户收支折合人民币2560.97亿元，比2019年增长17倍以上②，比2021年增长64%以上（见图1），其中2021年FT账户资金收支特别快，比2020年增加了3.97倍。2022年，FT账户收支资金中，跨"一线"（海南FT账户与境外账户以及FT账户之间）收支1718.84亿元，占67.12%；跨"二线"（海南FT账户与境内普通账户之间）收支842.13亿元，占32.88%。2022年，企业通过FT账户办理各项本外币融资折合人民币190.39亿元，同比增长81.7%；发生银行代客买卖业务折合人民币174.56亿元，同比增长44.6%③。

依托于海南FT账户的各类业务不断丰富。2020年6月，海南首个依托于自由贸易账户的全功能跨境双向人民币资金池业务落地。全功能跨境双向人民币资金池依托于FT账户，与全国版跨境双向人民币资金池相比，全功能型跨境双向人民币资金池具有准入门槛较低、主办企业范围较大、在FT账户和境外成员企业间资金调拨无额度和比例限制、跨境人民币资金净流出（入）额的宏观审慎系数更高等政策优势。截至2022年末，海南已设立全

---

① 《践行金融为民理念　推进普惠金融发展新闻发布会》，海南省人民政府官网，http://www.hainan.gov.cn/hainan/szfxwfbh/202307/60b8e7970cf041c89e0e3cf608329515.shtml。
② 《贯彻新发展理念　推动高质量发展——"4·13"重要讲话发表五年来金融支持海南自贸港建设新闻发布会实录（2023年4月27日）》，海南省人民政府官网，https://www.hainan.gov.cn/hainan/zmgxwfb/202304/f9a86336fd2e40f1ad7d2d71e17706b5.shtml。
③ 《海南自贸港跨境人民币使用场景不断拓展　2022年人民币跨境收付额同比增长160.6%》，南海网，http://www.hinews.cn/news/system/2023/02/22/032929548.shtml。

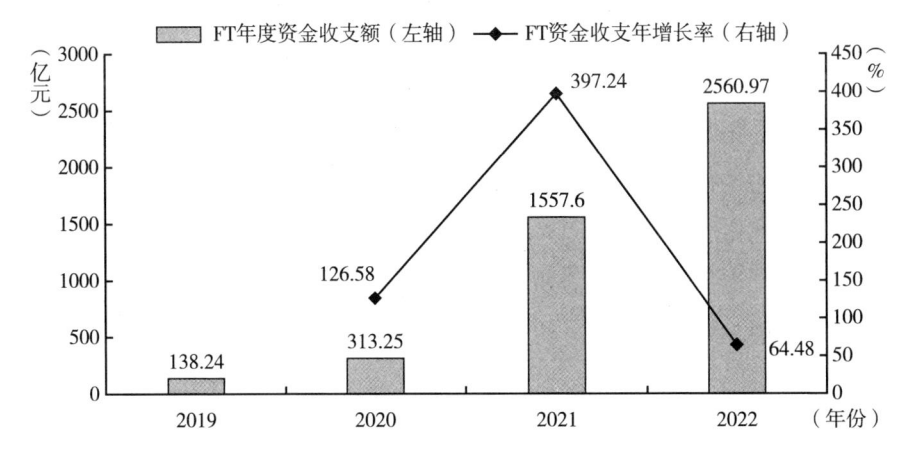

图1 2019~2022年海南FT账户资金收支额及其增长率

功能型跨境资金池29个，2022年全年资金进出598.95亿元，同比增长10.96倍[1]，为跨国企业集团内部资金余缺调剂和归集带来极大便利。另外，2023年，中国银行利用自由贸易账户归集离岸债券募集资金。2023年4月，中国银行香港分行发行首笔海南自由贸易港离岸人民币可持续发展债券，该债券在海南自贸港内实现资金交收。该债券发行规模10亿元，在香港联交所挂牌上市。债券所募集资金通过中国银行香港分行在海南自由贸易港开立的自由贸易（FT）账户归集，用于可持续发展项目，包括可再生能源、水资源和废水管理等绿色项目[2]。

三 下一步工作

海南自贸港金融领域的下一步主要工作是有序推进封关运作前的金融准备工作。在跨境资金管理领域，主要由中国人民银行海口中心支行和国家外

---

[1]《海南自贸港跨境人民币使用场景不断拓展 2022年人民币跨境收付额同比增长160.6%》，南海网，http://www.hinews.cn/news/system/2023/02/22/032929548.shtml。

[2]《首笔海南自贸港离岸人民币可持续发展债券发行》，海南日报网，https://www.ndrc.gov.cn/xwdt/ztzl/hnqmshggkf/gzdt/202304/t20230421_1353924.html。

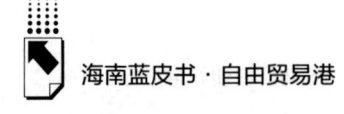

汇管理局海南省分局牵头推进，相关工作主要包括[①]：一是研究完善海南自贸港多功能FT账户体系，包括FT账户系统优化改造，针对性开发特色服务和产品，优化服务流程和提高自由贸易账户使用率。二是研究探索制定与海南自贸港建设相适应的跨境资金流动管理办法，进一步扩大各类跨境资金流动自由便利化的试点范围以及提高自由便利化水平，同时出台跨境资金流动管理条例，为货物和服务贸易、直接投资和跨境融资自由便利化提供法律支撑。三是创新跨境金融服务的内容和形式，推动与海南自贸港产业发展相适应的离岸金融发展。四是针对跨境资金流动风险防控目标和要求，探索构建本外币合一的跨境金融监管体系，完善海南自贸港跨境资金流动监管平台。

参考文献

［1］方昕：《坚持制度集成创新　助力海南自贸港建设》，《中国外汇》2022年第15期。

［2］方昕：《对标国际规则探索自贸港对外开放路径》，《中国金融》2023年第11期。

［3］谢端纯：《海南自由贸易港金融政策框架与实践》，《海南金融》2022年第1期。

［4］张铁成：《外汇科技赋能跨境金融服务》，《中国金融》2023年第12期。

［5］中共海南省委自由贸易港工作委员会办公室编《海南自由贸易港建设白皮书》，2021。

［6］中共海南省委自由贸易港工作委员会办公室编《海南自由贸易港建设白皮书》（2021年6月~2022年5月），2022。

［7］中国人民银行海口中心支行货币政策分析小组：《海南省金融运行报告（2022）》，2022。

---

① 谢端纯：《海南自由贸易港金融政策框架与实践》，《海南金融》2022年第1期；《贯彻新发展理念　推动高质量发展——"4·13"重要讲话发表五年来金融支持海南自贸港建设新闻发布会实录（2023年4月27日）》，海南省人民政府官网，https：//www.hainan.gov.cn/hainan/zmgxwfb/202304/f9a86336fd2e40f1ad7d2d71e17706b5.shtml。

B.5
海南自由贸易港运输来往自由便利推进报告

唐杰英*

摘　要： 海南根据《海南自由贸易港建设总体方案》确定的目标，探索创新国际船舶登记制度，构建航运管理基本制度框架，试点开放第七航权等，并从财政和税收等方面不断完善配套政策措施，吸引市场主体及要素资源积聚，促进国际航运枢纽和航空枢纽的形成。海南货物运输在系列便利化政策的推动下逆势增长，飞机租赁、飞机维修、游艇产业等新业态新产业呈现快速增长态势。海南交通运输规模及效率显著提高，但与海南自由贸易港建设总体目标相比仍然存在一定的不匹配，本文通过与中国香港、新加坡国际自由贸易港的比较分析，从提升对外联通效率、提高岛内运输能级及一体化程度、探索建立海事海商法律规则等方面提出海南自由贸易港提高交通运输来往自由便利化的可能路径。

关键词： 运输来往自由便利化　国际船舶登记制度　对外联通效率

海南作为管辖200万平方公里海域的岛屿省份，运输来往自由便利是海南自由贸易港建设的重要内容之一。航空运输和航运是海南对外运输联系的最主要方式，其制度安排及自由便利化程度对海南经济发展具有重要意义。

---

* 唐杰英，上海社会科学院世界经济研究所副研究员，主要研究方向为国际贸易理论与政策。

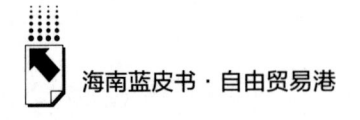

一 运输来往的政策框架及自由便利化进程

海南自由贸易港根据《海南自由贸易港建设总体方案》所确立的交通运输来往自由便利的建设目标，探索创新国际船舶登记制度，构建航运管理基本制度框架，试点开放第七航权，提升航空市场国际化程度，并从财政和税收等方面不断完善配套政策措施，吸引市场主体及要素资源集聚。

（一）建设目标

在运输来往自由便利方面，《海南自由贸易港建设总体方案》将"实施高度自由便利开放的运输政策，推动建设西部陆海新通道国际航运枢纽和航空枢纽，加快构建现代综合交通运输体系"，提高"运输网络自由便利"作为建设目标，并从"建立更加自由开放的航运制度""提升运输便利化和服务保障水平"两个层面具体推进，同时分别设定2025年之前和2035年之前的阶段性任务。

根据《海南自由贸易港建设总体方案》，海南自由贸易港运输来往自由便利化建设在2025年之前的阶段性目标主要是"建立更加自由开放的航运制度"，包括实施更加开放的船舶运输政策和航空运输政策两个层面。在船舶运输政策方面，以"中国洋浦港"为船籍港，建立国际船舶登记中心，创新设立便捷、高效的船舶登记程序；取消船舶登记主体外资股比限制；对于在"中国洋浦港"登记并从事国际运输的境内建造的船舶，视同出口并给予出口退税。允许以洋浦港为中转港从事内外贸同船运输的境内船舶加注本航次所需的本地生产的保税油；对符合条件并经洋浦港中转离境的集装箱货物，试行启运港退税政策；加快推进琼州海峡港航一体化建设。在航空运输政策方面，在对等的基础上，推动在双边航空运输协定中实现对双方承运人开放往返海南的第三、第四航权，扩大包括第五航权在内的海南自由贸易港建设所必需的航权安排；在海南试点开放第七航权；允许相关国家和地区航空公司承载经海南至第三国（地区）的客货业务；实施航空国际中转旅客及其行李通程联运；对位于海南的主基地航空公司开拓国际航线给予支持；允许海南进出岛航班加注保税航油。

海南自由贸易港运输来往自由便利化建设在2035年之前的阶段性目标是"实现运输来往自由便利"，主要包括实行特殊的船舶登记审查制度，进一步放宽空域管制与航路航权限制。鼓励国内外航空公司增加运力，增开航线航班。根据双边航空运输协定，在审核外国航空公司国际航线经营许可时，优先签发至海南的国际航线航班许可。

（二）航运自由便利化促进措施

1. 创新国际船舶登记制度

建立与国际接轨的国际船舶登记制度是海南2020年的先导性项目之一，也是海南建立更加开放的海运政策、促进运输来往自由便利化的重要措施。基于现代产业发展的视角，国际船舶登记指船舶享有人从计划进行船舶登记到完成船舶登记后投入运营的整个过程，包含企业属地注册、船舶买卖、船舶融资、船舶进口、船舶登记、船舶保险、船舶运力审批等。基于产业关联的视角，船舶登记是发展现代航运产业的关键环节，吸引船舶登记，可以有效促进船舶管理、海员派遣、船舶检验、航运金融、航运物流、航运经纪以及海事仲裁等航运核心要素加速集聚，促进现代航运产业发展。

2020年11月3日，海南颁布实施《海南自由贸易港国际船舶登记程序规定》，从国际船舶注册机制、登记审批流程等方面构建与国际接轨的国际船舶登记程序，吸引要素、资源集聚，打造海南自由贸易港航运新高地。第一，在注册机制方面，明确"在海南自由贸易港依法设立的企业所有、融资租赁或者光船租赁的船舶，依照本程序规定办理船舶登记"，所登记船舶的船籍港为"中国洋浦港"，创建"全岛一港"注册机制。注册在海南洋浦经济开发区以外市县（不含"三沙市"）的航运企业可以选择"中国洋浦港"作为船舶登记港，享受海南自由贸易港零关税、出口退税政策和加注保税油相关政策。第二，在登记审批方面，明确"船舶登记实施初审、审批两级审查程序"，以"两级审查"简化国际船舶登记流程。而目前，中国国内其他省市国际船舶登记都实行初审、复审、审批"三级审查制"。第三，优化流程，实现登记事项"并联办理"和国际船舶转籍"不停航"。优化船舶登记系统，将船舶登记业务模块与海事相关业务模块对接，整合船舶登记事项，并联办理涉及海事管理机构签发、签注的18种船舶证书、文书，实现"一站式"办理船舶登记不同事项。对于转到"中国洋浦港"登记的国内船舶，允许申请人在上一港注销的同时，依据规定提交材料申请办理国际船舶所有权登记和国籍登记，实现船舶转籍"不停航"。

《海南自由贸易港国际船舶登记程序规定》的实施减少了船舶登记的办理环节及应提交的申请材料，同时提升了审批效率，单个事项的办结时限从7个工作日减少至1个工作日，并联办理的多个事项最多在2个工作日办结，每艘国际船舶登记事项的办理时间平均可节省近90%。海南国际船舶登记的办理效率已经可以与中国香港、新加坡等地相媲美。

2. 构建航运管理基本制度框架

2021年6月，海南颁布《海南自由贸易港国际船舶条例》，该条例于同年9月开始实施，旨在建立与海南自由贸易港匹配的现代航运服务管理体系，涉及船舶、船员、营运、进出境、税费和航运服务等领域，实质性创新条款超过20条，主要包括市场准入、临时船舶登记制度、船舶质量控制制度、允许外籍人员参加自由贸易港船员培训考试制度等。在市场准入方面，明确"国际船舶登记主体外资股比不受限制"；自然人也能成为国际船舶的登记主体，"在海南自由贸易港有住所的中国公民所有或者融资租赁、光船租赁的船舶"可以办理国际船舶登记；允许外国船舶检验机构在海南依法设立企业法人、分支机构或者常驻代表机构等，外国船检机构在取得法定检验授权后可以开展国际船舶法定检验和入级检验。允许使用英文船名办理国际船舶登记，允许以"船舶技术参数证明"替代"船舶检验证书"作为船舶所有权登记的申请材料，解决了船舶登记与船舶检验"谁先谁后"的难题。明确船舶登记申请材料的格式文本，显著提升了审查效率。建立临时船舶登记制度，允许符合条件的船舶申请办理临时船舶登记，可以满足船东快速融资需求，解决了进口船舶转旗期间的停航难题。创新外籍人员参与船员培训制度，规定"境外人员在海南自由贸易港参加国家规定的船员培训项目，经考试合格的，可以按照有关规定申请相应的船员适任证书和培训合格证书"。同时，该条例从明确国际船舶不予登记的情形、法定检验、综合质量评价、船舶国际登记强制注销四个方面强化安全风险防控体系。

该条例的颁布实施为海南航运业的高质量发展创造了有益的法律环境，明确税收、金融、外汇、人才吸引、出入境等方面支持国际船舶及配套产业发展的措施，推动海关监管、财税、金融、司法等体制之间的高效衔接，有利于构建良好的航运营商环境，吸引航运企业集聚，进而带动其他航运要素及其他服务企业的集聚发展，加速形成完整的航运及相关服务的产业集群，为海南自由贸易港建设和经济发展提供新动能。

3. 相关配套政策

第一，船舶购进增值税退税。《关于海南自由贸易港国际运输船舶有关增值税政策的通知》于2020年10月1日开始实施。该通知明确，对运输企业从境内船舶建造企业购进的、在"中国洋浦港"登记并"从事国际运输和港澳台运输业务"的船舶实行增值税退税政策，由购进船舶的运输企业向主管税务机关申请退税。

第二，加注不含税燃油。《关于海南自由贸易港内外贸同船运输境内船舶加注保税油和本地生产燃料油政策的通知》于2021年2月21日开始实施。该通知规定在全岛封关运作之前，允许以洋浦港作为中转港从事内外贸同船运输的境内船舶在洋浦港加注本航次所需的本地生产的保税油；实行出口退税政策。对于上述保税油和本地生产燃料油免征关税、增值税和消费税。同时海南海事部门创新监管通关模式，实施"一次备案、全省通用"准入管理等模式，缩减办事流程和时间，降低企业经营成本。

第三，启运港退税。《关于海南自由贸易港试行启运港退税政策的通知》于2021年1月1日开始实施。该通知规定符合条件的出口企业在启运地口岸（启运港：目前共包括15个港口）启运报关出口，由符合条件的运输企业承运，从水路转关直航或经停指定口岸（经停港），自海南洋浦港区（离境港）离境的集装箱货物，可在启运港（经停港）办理出口退税。以海南洋浦港为离境港实施启运港退税政策，可以提高洋浦港的海关通关效率，与洋浦港诸多优惠政策叠加，进一步优化营商环境，吸引更多出口货物在洋浦港中转，增强洋浦港作为西部陆海新通道航运枢纽的作用。

第四，对外籍人员开放全国注册验船师职业资格考试。《关于允许外籍人员参加全国注册验船师职业资格考试的公告》于2021年9月开始实施。该公告允许外籍人员在海南报名参加全国注册验船师职业资格考试，外籍人员在境外的从业经历，可视同国内从业经历。海南是国内唯一允许外籍人员参加全国注册验船师职业资格考试的省份。这一举措会吸引更多的外籍船舶检验人才集聚海南，提升海南验船师人才队伍整体能力，助力海南自由贸易港航运业、修造船业等产业的发展。

第五，对外籍人员开放船员资格考试。《外国籍人员参加海南自由贸易港船员培训、考试和申请船员证书管理办法》于2021年11月1日开始实施。该管理办法允许符合年龄、健康等要求的外国籍人员在海南自由贸易港参加船员培训、考试以及申请相应的船员证书；允许持有与中国互认海船船员适任证书的国家船员在海南自由贸易港参加船员职务的晋升和船员证书再有效的培训、考试。

第六，有条件取消船舶登记主体外资股比限制。2022年5月，国务院正式批复同意海南自由贸易港暂时调整实施《中华人民共和国船舶登记条例》的有关规定，对在海南自由贸易港登记，且仅在海南自由贸易港内航行、作业的船舶，取消船舶登记主体的外资股比限制。这进一步放宽了市场准入条件，有利于进一步吸引船舶在海南登记，促进航运要素集聚。

第七，零关税进口营运用交通工具及游艇。2020年12月25日发布的《财政部 海关总署 税务总局关于海南自由贸易港交通工具及游艇"零关税"政策的通知》及包括100项8位税目商品的《海南自由贸易港"零关税"交通工具及游艇清单》规定，全岛封关运作之前，在海南登记注册且具有独立法人资格，从事交通运输、旅游业的企业可以"零关税"进口用于交通运输、旅游业的交通工具及游艇。2021年1月，海关总署印发《海南自由贸易港交通工具及游艇"零关税"政策海关实施办法（试行）》，进一步明确"零关税"进口交通工具及游艇的适用范围和监管方式。

第八，支持洋浦港建设国际航运枢纽。《海南自由贸易港洋浦经济开发区条例》于 2021 年 12 月公布，从 2022 年 1 月 1 日开始施行。该条例支持洋浦经济开发区创新港口管理体制机制，加快建设我国面向太平洋和印度洋的门户港、国际集装箱枢纽港、港口型国家物流枢纽，建设西部陆海新通道国际航运枢纽；支持洋浦经济开发区建设"中国洋浦港"船籍港和多功能国际海事服务基地，优化运输来往自由便利相关政策，增加内外贸航线，促进船舶以及航运相关服务业等要素集聚。支持发展洋浦港国际中转业务。

（三）邮轮运输自由便利化促进措施

1. 首创中资方便旗邮轮海上游航线试点

《海南邮轮港口中资方便旗邮轮海上游航线试点管理办法（试行）》于 2021 年 8 月 1 日开始实施，明确允许中资邮轮运输经营主体在五星红旗邮轮投入运营前在海南三亚、海口邮轮港开展中资方便旗邮轮海上游航线试点业务。这在中国属于首创，集成多项创新：一是简化审批流程，中资邮轮运输主体经营审批事权从交通运输部下放至海南省交通运输厅。同时行政审批时限从 20 个工作日缩减至 5 个工作日。二是放宽准入条件，取消对中资邮轮运输经营人需持有《国际班轮运输经营资格登记证》的资质要求。三是允许中国内地居民持有效居民身份证，中国港澳台籍居民持有效港澳居民来往内地通行证或台湾居民来往大陆通行证、港澳台居民居住证，即可申办登轮许可。四是建立全覆盖监管制度，通过明确海南省的商务（口岸）管理部门、应急管理部门、海事局、交通运输主管部门等的职责，利用省级部门之间协调的便利性，建立定期全覆盖的监管及服务制度。

海南自由贸易港实施海上游航线试点，可以促进培育海南邮轮旅游新模式的发展，拓展海南邮轮旅游消费的发展空间，夯实海南国际旅游消费中心建设的基础。同时可以吸引更多邮轮公司到海南登记注册，带动维修保养、港口服务、物流服务、购物、餐饮、娱乐等服务要素、服务业态的集聚，助力三亚向邮轮母港发展。

2.邮轮海上游航线试点落地实施

《关于推进海南邮轮港口海上游航线试点落地实施的通知》于2023年2月6日公布,进一步明确了方便旗邮轮的船龄、进出报关手续等相关政策,促进邮轮海上游航线试点落地实施。主要内容包括:一是运输经营人使用其拥有或光租的中资方便旗邮轮从事海南邮轮港口海上游航线试点,该邮轮的船龄不得超过30年;二是中资方便旗邮轮应按照实际贸易方式办理邮轮的进口报关手续;三是进口邮轮不再从事海南邮轮港口海上游后,应依法办理相关出口报关手续。该通知同时要求海南海事局应在邮轮首航之前组织开展联合安全检查,加强邮轮安全监管;海南省交通运输厅、海南省商务厅、海口海关、海南海事局等部门应加强部门之间的协调联动,合力营造良好的发展环境。海南省交通运输厅、海南省商务厅、海南海事局应强化对试点邮轮运输经营人及邮轮运营的监管,确保试点邮轮不从事其他的经营活动。

3.开放外籍邮轮多点挂靠业务

《外籍邮轮在海南自由贸易港开展多点挂靠业务管理办法》明确,2021年10月15日起至2024年底放开外籍邮轮多点挂靠业务。该办法仅涉及海南自由贸易港港口的外籍邮轮多点挂靠业务,即外籍邮轮在航线运营中,连续挂靠仅涉及海南自由贸易港两个以上沿海港口,最终完成整个航程的运输安排。邮轮运输经营人开展海南自由贸易港多点挂靠业务,应依法取得海南省交通运输主管部门许可,在核准的许可事项范围内依法经营。经批准开展海南自由贸易港多点挂靠业务的邮轮运输经营人,不得允许挂靠海南自由贸易港港口时承载的旅客离船不归。

(四)游艇产业发展促进措施

海南是我国的热带岛屿省份,旅游资源丰富,具有发展游艇产业得天独厚的资源优势。2020年7月海南自由贸易港对自驾游进境的游艇免于提供担保,提升游艇入境的便利化程度。根据《国务院关于在中国(海南)自由贸易试验区暂时调整实施有关行政法规规定的通知》,明确对于海南自由贸易港内自驾游进境的游艇,游艇所有人或其委托代理人可免于为游艇向海关提供担保。

2021年12月1日，《海南省游艇租赁管理办法（试行）实施细则》开始实施，以促进游艇租赁业的发展。游艇租赁是游艇产业全链节集成发展的关键环节，通过健全完善游艇租赁制度，促进游艇旅游业转型升级、带动游艇全产业链发展。该实施细则根据海南游艇租赁市场发展的客观情况，结合游艇俱乐部的管理规定，进一步细化行业准入条件，并统一俱乐部备案和租赁企业备案的相关标准条件，在一定程度上降低了游艇租赁市场的准入门槛。明确了游艇租赁企业从事夜航服务的条件和程序，给予市场主体更多的经营自主权。统一租赁游艇的标识及信息发布渠道，提高游艇租赁是否合法的可识别性，从源头上防范未经备案的游艇擅自开展租赁业务。同时明确租赁企业应当承担的安全和防污染主体责任，规范租赁游艇附加检验、安全航行、操作人员配置等服务标准，保障游艇租赁行业安全经营，强化游艇租赁市场信用体系建设和事中事后监管，引导游艇协会开展自律规范管理。该实施细则进一步解决游艇租赁发展的堵点、难点问题，促进企业开发更多满足游客旅游需求的游艇租赁产品，提升游艇消费市场活力，推动海南游艇旅游的新业态创新发展。

随着游艇业的快速发展及产业基础条件的不断成熟，海南自由贸易港2022年7月1日开始实施《海南自由贸易港游艇产业促进条例》，以游艇产业发展为目标，解决产业链各个环节面临的难题，提升自由便利化水平。该条例从强化顶层设计和要素资源保障两个层面对游艇全产业链的各个环节，推行多项制度创新，促进游艇产业的发展。一是放宽游艇登记的主体范围，明确在海南工作并取得居留许可证的境外人员所有的游艇也可以在海南申请办理登记；二是将进口游艇的船龄限制放宽至5年；三是将游艇的核定乘员定额数放宽至29人；四是明确持有海事管理机构认可的游艇操作人员证书的，在规定水域短期内驾驶游艇的，无须换证。五是明确具备夜航条件的游艇，可在符合条件的水域内开展夜航活动，回应游艇夜航的市场需求。该条例的实施有利于海南打造法治化、便利化、国际化的游艇产业发展环境。

（五）航空运输自由便利化措施

1. 试点开放第七航权

《海南自由贸易港试点开放第七航权实施方案》于2020年6月颁布实施，"第七航权"指的是某国或地区的航空公司完全在其本国或地区领域以外经营独立航线，在境外两国或地区之间不用返回本国载运客、货的权力。实施方案规定，指定的外国空运企业在经营第七航权航班时，不得在海南与中国境内的其他地点之间串飞或行使客运中途分程权；但在经营第三、四、五航权航班时，可在海南与中国境内除北京、上海、广州以外的具有国际航空运输口岸的地点之间行使客运中途分程权。

试点开放第七航权是落实《海南自由贸易港建设总体方案》的重要举措。目前中国仅在海南试点第七航权，即外国航空公司可承运另外一国至海南的客运、货运航线。这是中国单向的对外自主开放，不需要通过双边航空运输协定单独做出安排，也不以其他国家向中国对等开放第七航权为前提。海南同时开放客运及货运第七航权，超出我国目前双边航权安排最高水平的开放，也是世界范围内自由贸易港航权开放的最高水平。

试点开放第七航权，加快海南航空市场的国际化进程。海南2003年试点开放第三、四、五航权以来，基本形成国际航线网络，2020年海南国际航线数量增加至103条。试点开放第七航权，可以吸引外国航空公司将海南作为航空网点，增开新的航线，在海南建立运营基地航空转运中心，增强海南与其他航空枢纽之间的空中联系密度，促进海南航空枢纽建设。同时，可以提供直达或更加便利的货、客运输方式，提高物流、客流的流动效率，并降低运输成本，带动海南旅游业、现代服务业等产业的发展。

2. 实施加注保税航油政策

《关于海南自由贸易港进出岛航班加注保税航油政策的通知》于2021年7月8日开始实施，明确在全岛封关运作之前，允许进出海南的国内航线航班在岛内正式对外开放的航空口岸加注保税航油，其所加注的保税航油免征消费税、增值税和关税。该政策的实施可以降低海南自由贸易港的航空运输经营成本，吸引更多的人流、物流向海南集聚。

3. 支持江东新区建设临空经济区

《海南自由贸易港海口江东新区条例》于 2021 年 1 月 1 日开始实施，明确支持海口江东新区建设临空经济区，重点发展临空高端制造、临空商业商贸、航空物流、飞机租赁、飞机维修、飞机拆解、保税航油等产业集群。支持海口江东新区依据航权开放政策开展保税航油业务。鼓励境内外市场主体平等参与保税航油供应、航油基础设施建设使用和飞机维修业务。支持飞机租赁企业在海口江东新区开展境外融资业务，取消飞机境外融资限制。鼓励保险资金支持飞机租赁业发展，丰富保险投资工具，探索以保险方式取代保证金。

二 海南自由贸易港交通运输的发展

海南运输业受疫情影响分化发展，旅客运输受影响严重，2022 年仍未恢复至 2019 年的水平，而货物运输则逆势增长。在交通运输自由便利化政策支持下，飞机维修、飞机租赁、游艇产业等新业态新产业则呈现快速增长态势。

（一）海南交通运输分化发展

海南旅客运输和货物运输受疫情影响分化发展。从旅客运输来看，海南省旅客运输量和旅客周转量均大幅收缩，2022 年旅客运输量和旅客周转量均未恢复至 2019 年的水平，2022 年旅客运输量为 7822 万人，与 2021 年相比下降 30.1%，仅为 2019 年的 43.2%；旅客周转量的下降幅度更大，2022 年旅客周转量 257.7 亿人公里，与 2021 年相比下降 43.3%，仅为 2019 年的 26.2%。从运输方式来看，不同运输方式旅客运输的下降幅度不同。水运旅客运输的下降幅度最小，且在 2022 年实现增长。2022 年，水运旅客运输量为 1400 万人，比 2021 年增长 6.3%，但仍低于 2019 年的水平，是 2019 年的 80.6%；旅客周转量约为 3 亿人公里，比 2021 年增长 5.8%，是 2019 年的 73.0%。民航旅客运输的下降幅度最大，2022 年，民航旅客运输量为

1142万人，比2021年下降49.1%，仅为2019年的29.3%；旅客周转量为196.1亿人公里，比2021年下降45.9%，是2019年的23.1%。2023年第一季度，海南民航快速恢复，海口美兰国际机场、三亚凤凰国际机场、琼海博鳌机场三大岛内机场的旅客吞吐量1303.59万人次，同比增长48.18%。其中三亚凤凰机场的旅客吞吐量超过2019年同期的规模。

从货物运输量来看，海南省货物运输稳步增长。2022年海南省货物运输量和货物周转量均创下历史新高，货物运输量为3.0亿吨，比2021年增长7.1%，是2019年的1.6倍；货物周转量达到9976.4亿吨公里，比2021年增长13.6%，是2019年的6.0倍。从运输方式来看，水运的增长速度最快，2022年货物运输量达到2.2亿吨，比2021年增长15.4%，是2019年的2.1倍，货物周转量达到9911.2亿吨公里，比2021年增长13.8%，是2019年的6.2倍。其他运输方式的货物运输仍未恢复至2019年的水平，其中下降幅度最大的是民航。民航货物运输量2022年跌破20万吨，比2021年下降38.4%，是2019年的39.0%，货物周转量7.1亿吨公里，比2021年下降26.4%，是2019年的45.4%（见表1）。

表1 海南省交通运输主要指标的变化

指标	年度	铁路	公路	水运	民航	合计
旅客运输量 （万人）	2019	3099	9366	1736	3901	18102
	2020	2216	4566	1153	1801	9736
	2021	2780	4855	1317	2245	11197
	2022	1833	3447	1400	1142	7822
旅客周转量 （万人公里）	2019	563182	736606	40836	8497597	9838221
	2020	385519	356081	26967	3098595	3867162
	2021	469370	424868	28164	3625981	4548383
	2022	305110	281746	29807	1960637	2577300
货物运输量 （万吨）	2019	1185	6769	10552	46.1	18552.1
	2020	1181	6852	12682	21.4	20736.4
	2021	1120	7608	19282	29.2	28039.2
	2022	925	6844	22252	18	30039

续表

指标	年度	铁路	公路	水运	民航	合计
货物周转量（万吨公里）	2019	202105	408023	15904594	155987	16670709
	2020	204022	413408	36248845	77482	36943757
	2021	195688	447224	87108742	96297	87847951
	2022	185760	395161	99111812	70881	99763614

资料来源：2019年至2021年的数据来自2020年至2022年《海南省统计年鉴》，https://www.hainan.gov.cn/hainan/tjnj/list3.shtml。2022年的数据来自《2022年海南省国民经济和社会发展统计公报》，https://www.hainan.gov.cn/hainan/tjgb/list3_2.shtml。

海南港口货物运输的持续增长受益于航运自由便利化系列政策的实施。2020年至2022年期间，海南集装箱吞吐量每年增长率均超过10%，大幅度高于全国平均水平。洋浦港作为海南航运自由便利化政策推行最为主要的载体港口，得益于启运港退税等系列税收优惠政策，其发展更为快速，也是海南集装箱吞吐量整体增长的重要贡献港口。2022年，洋浦港集装箱吞吐量达到177万TEU，比2021年增长34.1%。2023年第一季度在海口出现39.5%大幅度负增长的条件下，洋浦港集装箱吞吐量仍然大幅度增长17.6%，呈现良好的发展韧性（见表2）。

表2　海南集装箱吞吐量及增长率的变化

指标	区域	2020年	2021年	2022年	2023年1~3月
集装箱吞吐量（万TEU）	全国总计	26430	28272	29587	6973
	海南合计	300	334	392	76
	海口	197	201	215	29
	洋浦	102	132	177	47
集装箱吞吐量增长率(%)	全国总计	1.2	7.0	4.7	3.5
	海南合计	11.8	11.5	17.2	-13.3
	海口	-0.1	2.0	6.7	-39.5
	洋浦	44.0	29.3	34.1	17.6

资料来源：交通运输部，https://www.mot.gov.cn/tongjishuju/。

（二）洋浦港航运产业快速发展

海南自由贸易港建设的政策利好叠加西部陆海新通道的国家战略，洋浦港成为联通我国西部省市与东盟各国之间陆海贸易新通道的重要节点，航运产业快速发展。从港口集装箱吞吐量来看，2021年，洋浦港全年完成集装箱吞吐量132万TEU，位列全国第33名，增长速度在全国百万标箱量级的港口中排名第一。2022年，洋浦港完成集装箱吞吐量177万TEU，位列全国第26名，比2021年提升7名，增长速度在全国百万标箱量级港口中排名保持第一。从市场主体积聚效应来看，2022年300余家航运相关市场主体落户洋浦，其中5家为外资企业；新增海事登记船舶115艘，新增运力达346.27万载重吨；累计完成水运周转量7208.62亿吨公里，同比增长230.67%；水上运输业累计入库税收额约7.52亿元，同比增长109.37%[1]。

"中国洋浦港"船籍港、国际运输船舶出口退税、交通工具及游艇"零关税"等海南自由贸易港的政策红利吸引越来越多的航运企业进驻海南。截至2022年底，洋浦港新登记船舶481艘，运力达到1165万载重吨。国际船舶达34艘，运力超490万载重吨，海南国际航行船舶总吨位跃居全国前列[2]。2023年5月11日海南中远海运能源运输旗下大型油轮"连杨湖"轮顺利完成海事登记，正式入籍"中国洋浦港"。"连杨湖"轮是海南中远海运能源运输有限公司第一艘享受海南自由贸易港"零关税"政策进口的船舶，也是目前海南自由贸易港"零关税"进口船舶中吨位最大、价值最高的船舶，免税约6000万元。这是《海南自由贸易港建设总体方案》发布以来，首艘转籍注册"中国洋浦港"的香港籍油轮。

航线的增加加快了洋浦港航运产业的发展。2020年10月28日西部陆海新通道铁海联运开通，开拓重庆至洋浦到东盟的通道。这是西部陆海新通道首次以"铁海联运+内外贸同船"的运输模式，为沿线地区的外贸货物运

---

[1] 林书喜、李灵军：《洋浦新航路》，《海南日报》2022年3月28日，第3版。
[2] 赵鹏、曹文轩：《海南着力推进高水平对外开放》，《人民日报》2023年4月1日，第1版。

输提供更多物流方案选择。截至 2022 年 4 月底，洋浦港的内外贸航线增加至 42 条，其中，内贸航线和外贸航线各 21 条。初步形成以洋浦港为枢纽，对内连接国内主要沿海城市，对外联通东盟、南太平洋和印度洋的"双循环"发展格局。同时海南自由贸易港与"一带一路"沿线国家及 RCEP 成员国更加紧密的海上连接，助力洋浦打造区域集装箱枢纽港。

（三）游艇产业初具规模

海南是中国的热带岛屿省份，海岸线长达 1944 公里，环岛有 70 多个优质海湾、600 多个热带海岛，拥有发展游艇产业的天然优势，2018 年开始在系列政策的支持下快速发展，目前游艇产业初具规模，初步形成较完备的产业链体系。

海南省游艇登记量不断增长，产业规模不断扩大，产业链体系初步形成。截至 2021 年，海南省游艇登记注册量共计 1709 艘，同比增长 33.72%，占全国总量的 17.39%，在结构上，以 20 英尺以下的小型运动快艇、钓鱼艇等为主，所占比例超过 70%。截至 2021 年，海南省共有游艇上游、中游、下游企业 700 余家，所占比例分别为 4.9%、79.5%、15.6%，形成中游企业占主导的产业链布局。2021 年，海南省游艇产业规模达 43 亿元，比 2020 年增长 43.33%，涉及产业链的主要环节，包括设计制造、维修保养、产品销售、租赁管理、驾驶培训、金融保险、运营服务、会展赛事、休闲消费等。海南省游艇旅游在疫情下逆势发展，2021 年游艇出海累计达 16.9 万艘次，接待出海游客首次突破百万人次，达到 113 万人次，与 2020 年相比分别增长 49.74%和 49.87%，超过疫情前的规模，分别比 2019 年增长 74.97%和 39.82%[①]。

游艇相关基础设施不断完善。截至 2021 年底海南省已建成运营 13 个游艇码头，共有 2289 个泊位，保税仓 10 个，干泊位 149 个，其中，公共泊位 632 个。游艇码头主要分布在海口、三亚、陵水、万宁等市县，形成以海口、三亚为核心带动周边市县的发展格局。现有码头大部分由游艇会建立，属于游艇俱乐部

---

① 《海南省游艇产业发展规划纲要（2021—2025 年）》，海南省交通运输厅官网，http://jt.hainan.gov.cn/xxgk/0200/0202/202207/t20220704_3223381_mo.html。

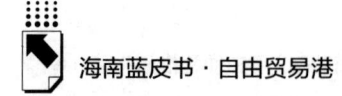

码头，采用会员制进行经营管理，而游艇会多数是地产的配套项目，主要面向高端客户，配有游艇码头、水上泊位、游艇维修保养车间等配套设施。

三亚游艇游发展成为海南标志性的新兴业态。2022年三亚新增游艇192艘，登记游艇总量达1137艘，同比增长20.31%。截至2022年底，三亚已建成游艇码头4个，形成水上泊位约960个，吸引游艇企业超560家。2023年春节黄金周期间，三亚游艇出海近6000艘次，接待游客达4.45万人次①。2022年1月13日，中国船级社海南分社三亚办事处为"鸿洲14号""鸿洲15号"签发了首张《海南省租赁游艇符合证明》和首张《入级证书》（租赁游艇）。2022年4月29日，《海南省游艇租赁管理办法（试行）实施细则》实施以来，海南首批游艇租赁备案成功的市场主体落地三亚，海南乐虎商务服务有限公司、三亚一亿游艇俱乐部管理有限公司获得三亚市交通运输局颁发的租赁游艇备案标识号牌。2023年3月19日，三亚作为全国首个试点城市，正式启动租赁游艇夜航试点，暂时划定凤凰岛附近海域中离岸500米以上、2海里宽、5海里长的海域作为租赁游艇夜航区域，夜航时间为5时至7时、18时至21时，最晚22时到港。游艇夜航试点可以为三亚的租赁游艇市场带来更大的发展空间，带动海南游艇旅游产业发展。

（四）飞机租赁维修快速增长凸显新业态活力

海南自由贸易港发展飞机租赁维修产业具有独特优势。在地理位置上，海南是岛屿自由贸易港，航空运输是海南客运的主要交通方式，海南航空旅客周转量占旅客周转总量的比重超过80%。在政策上，海南实施"零关税、低税率"的自由贸易港财税制度，对进口飞机和维修零配件免税，企业及飞行相关工作人员的所得税税率最高为15%，可加注保税航油，对进口用于交通运输、旅游业的航空器实行"零关税"正面清单管理等特殊税收制度。这些措施有效提升了海南飞机租赁、维修产业参与国际合作竞争的优

---

① 《从"千艇之城"迈向"游艇之都"》，三亚市人民政府官网，http：//www.sanya.gov.cn/sanyasite/syyw/202304/184c86965c264587a36814b20220fc3f.shtml。

势，有利于吸引全球高端要素资源聚集。

在海南地理区域及自由贸易港政策优势的支持下，飞机租赁业态发展迅速。截至2020年底，海口共引进中航国际租赁、南航租赁、春秋融资租赁、渤海租赁、交银金租、浦银金租、建信金租7家飞机租赁公司，2020年开展飞机租赁业务近6亿元。2020年6月，中国南方航空公司在海南落户首个国产飞机租赁项目，10月21日，南航的国产飞机ARJ21-700在海口美兰国际机场降落，首单国产飞机租赁项目正式落地。2020年8月，中航国际租赁有限公司在海口江东新区投入11架通用飞机开展租赁业务。2020年11月30日，首架保税SPV租赁进口的空客A330飞机在海口美兰国际机场正式交付海南航空公司，助力海口实现保税融资租赁业零的突破。

海南的飞机维修产业虽起步较晚，但发展态势良好。海南自由贸易港一站式飞机维修产业基地是海口临空经济区的重点项目，由海南机场集团建设，项目总投资16.28亿元，具备大修定检机库、喷漆机库、国际航材存储交易中心等设施以及园区各项生产配套设施。目前，海航航空技术有限公司以及旗下大新华飞机维修服务有限公司、海南海航斯提斯喷涂服务有限公司三家单位入驻一站式飞机维修产业基地。2023年5月5日，柬埔寨国家航空公司的一架空客A320飞机在海南自由贸易港一站式飞机维修产业基地定检机库接受海航技术旗下大新华飞机维修服务有限公司提供的高级别定检维修服务。这是柬埔寨国家航空公司的飞机首次到海南自由贸易港进行进境飞机维修业务，也是海南自由贸易港一站式飞机维修产业基地首次为境外飞机执行高级别定检维修业务。一站式飞机维修产业基地自2022年2月投产使用以来，陆续开展首单宽体客机定检维修、首架境外飞机维修、首单进境飞机发动机更换、首单进境飞机喷涂等多个首单业务。截至2023年5月，海南自由贸易港一站式飞机维修产业基地定检机库共完成600余单维修项目，喷漆机库共承接32架喷漆业务，附件维修厂房完成部件1.5万余个[1]，促进了海南自由贸易港临空产业发展。

---

[1] 《海南一站式飞机维修产业基地已完成600余单项目》，《海南日报》2023年5月23日。

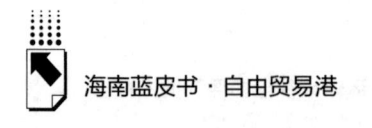

三 运输来往自由便利的制约及未来展望

海南交通运输来往自由便利化在系列政策支持下快速推进，运输的规模及效率显著提高，但与海南自由贸易港建设进程及总体目标相比仍然有一些不匹配的问题，与中国香港、新加坡等国际自由贸易港相比也有较大差距。

（一）交通运输来往自由便利的制约

第一，对外联通的通道及容量受到限制。海南是岛屿省份，对外交通运输主要依赖航空和水路运输，航空运输和水路运输受气候等自然条件影响显著，琼州海峡的通航水域资源紧缺问题较为突出，高峰期应急疏解保障能力相对较弱。而有效解决海南对外联通问题的跨海大桥及跨海隧道等通道尚处于项目规划可行性研究阶段，短期内难以实现。海南目前对外联通的主要枢纽容量趋于饱和，成为影响海南对外运输联通，约束海南自由贸易港建设发展的重要因素。

第二，岛内交通运力及道路网络布局有待改善。随着海南自由贸易港建设的推进及经济社会的发展，岛内交通的运力及网络布局问题日益凸显。国道、省道干线的等级水平普遍偏低，部分路段的容量较低，影响通行效率，海口、三亚绕城高速公路在高峰时段拥堵严重。干线公路与人口流动密集的城镇、产业园区、景区、交通枢纽等重要交通节点的连接通道较少，衔接不够通畅。"海澄文定"综合经济圈及"大三亚"旅游经济圈的城际快速交通网络尚不完善，重要港区铁路、高速公路的集疏运体系尚未形成，运输一体化程度较低。

第三，交通运输便利化机制尚不完善。综合交通运输协调体制尚不健全，跨方式、跨部门、跨区域的交通运输协调仍然存在一定障碍，效率较低。海空联运、陆海联运等多方式联运尚处于不断拓展路线航线的探索阶段，与国际航空航运枢纽的运输规模及相关要素积聚的要求尚有一定距离。客运一体化发展较慢，旅客联程运输协同程度较低，影响旅客出行效率。交通基础设施的数字化程度较低,新技术在交通运输治理领域的融合程度不高,影响治理能力及治理效率。

第四,产业链发展不平衡,配套服务链节相对滞后。在航运产业,航道通航等级及码头通过能力不足,港口硬件设施难以满足国际航运枢纽的要求,国际船舶到港出港的申报、查验等流程不够简化,通关效率较低,通关便利化程度仍有待提高,目前仍然处于政策吸引要素积聚为主的阶段。在航空产业,航空空管服务、航空器维修能力较弱,科技含量与产值均较低。游艇产业中游的销售和消费快速发展,中游企业的同质化竞争现象突出,而上游的设计、制造以及下游的支持和服务等环节发展缓慢,游艇维修车间、污物处理装置、气象通信系统等配套服务设施的建设相对滞后。

第五,海事海商法律体系尚不健全,影响航运产业体系的发展。海南自贸港虽从主体业务落实到一系列的便利化、财政税收优惠政策的实施,对航运产业发展提供了支持,但与航运发展密切相关的海事海商法律体系建设相对滞后,难以为航运业发展提供充分的法律支持。海事海商方面的相关法律行为,涉及国内法与国际公约、国际惯例的适用接轨等,许多机制需要立法明确,通过司法程序进行解决的争议,需要在司法上对行业性的惯例给予回应或支持。对于海事海商方面争议解决机制、海商交易规则、海事事故处理等,需要从立法层面进一步探索完善法律体系。

(二)中国香港、新加坡自由贸易港发展启示

中国香港和新加坡均是自由贸易港,也是国际航运中心。截至2022年11月,中国香港是世界第四大船舶注册地,新加坡紧随其后位居第五。根据2022年的波罗的海国际航运中心发展指数(ISCD),新加坡位居第一,中国香港排名第二。新加坡和中国香港自由贸易港的发展对海南自由贸易港在交通运输来往自由便利化方面提供了有益的启示。

第一,港口条件与地理位置优越。中国香港和新加坡均是国际航运枢纽港口,这两大国际港口均港口条件优越,在地理上均处于国际航运交通要道。新加坡拥有世界著名的天然良港,地处马来半岛南端,是东南亚航运中

心，连接太平洋和印度洋，沟通欧洲、亚洲、非洲和大洋洲的海上交通。新加坡港与120多个国家和地区的600多个港口建立了业务联系，每周有400多艘班轮发往世界各地。中国香港是天然良港，共有15个港区，其中维多利亚港区最大，且港口条件最好，港内航道的平均水深超过10米，大型货轮可以直接进入码头和装卸区。中国香港位于联通日本、东南亚、大洋洲及太平洋沿岸美洲各国的海上交通要道，转口贸易发达。香港航线密集，通往世界120多个国家和地区的近1000个港口。

第二，经济高度发达，配套服务完善。中国香港和新加坡经济发展程度高，在结构上都实现了从制造业主导向服务业主导转型，中国香港服务业增加值所占的比例超过90%，新加坡相对较低，也超过70%。中国香港自由贸易港的建设时间早，与经济发展转型相辅相成，形成港口服务、航空服务、金融、保险、物流等配套服务业。中国香港港口作业流程通畅，货物装卸作业高效，货柜船在港内的平均周转时间约10小时，可容纳上百艘船舶同时靠泊进行装卸作业。新加坡通过码头作业系统管理和整合货柜码头的所有货柜作业，全程实现无纸化自动化作业，集装箱通过港区大门通道的时间仅为25秒，一艘3000标箱货船的周转时间仅需6小时。

第三，税负低，通关物流便捷。中国香港是自由港，施行低税政策，对进出口的一般商品不设关税或非关税壁垒，进出关手续简单、流程便利化程度高，通常无须事先批准且报关所需文件很少；中国香港注册的船舶从国际营运所得的利润，可豁免利得税。新加坡只针对少数商品征税，建立港口网Port Net和贸易网Trade Net两个信息平台，大幅度提高通过物流及通关、运输效率。港口网Port Net连接相关卡车运输企业和货主集装箱中转站、船舶公司或其代理行、政府职能部门等，港口用户可以通过港口网Port Net获得集装箱实时跟踪、指定泊位、预订舱位、货物在港所处的状态、舱位安排、船只进出港等信息。贸易网Trade Net连接税务、海关等35个政府部门，形成单一窗口，为企业提供服务的同时，提高通关便利及监管效率。

第四，与国际接轨的海商海事法律体系。中国香港和新加坡均有与国际接轨的海事海商法律体系。中国香港和新加坡均是全球重要的海事仲裁地，新加坡国际仲裁中心（SIAC）在2020年受理的新案件达到1080件，首次超过国际商会国际仲裁院（ICC arbitration court）；香港国际仲裁中心（HKIAC）在2020年处理了483件新的仲裁案件，其中18.6%涉及海事纠纷。

中国香港的海事法律体系在国际上被认为是先进的。中国香港高等法院设有海事法庭法官，处理海事及海商法相关的诉讼。中国香港海事仲裁协会（HKMAG：Hong Kong Maritime Arbitration Group）是专门处理海事仲裁的仲裁机构，HKMAG仲裁使用HKMAG Terms及HKMAG Small Claims Procedure，这与国际主流的程序及做法一致，有利于提高仲裁以及裁决书的认可程度。中国香港仲裁裁决书可以通过《纽约公约》在160多个国家执行，也可通过与内地及中国澳门签订的安排协议，在内地及中国澳门执行。2020年9月，波罗的海国际航运公会（BIMCO）正式将中国香港列为第四个指定仲裁地点。

新加坡海商海事法律体系完善，为航运业众多复杂的法律问题提供前沿的法律支持。新加坡确立了独立的海事司法体制，重视海事仲裁的作用。新加坡明确国际仲裁协议适用《国际仲裁法》，国际仲裁程序严格限制法院推翻仲裁裁决的权力。新加坡的仲裁裁决通过《纽约公约》为其承认及执行提供有力保障。2012年，波罗的海国际航运公会将新加坡作为适用所有标准形式的除了伦敦和纽约之外的第三个仲裁地点。国际海事组织如世界航运理事会、国际航运公会和波罗的海国际航运公会等的董事会均有新加坡代表参加。

（三）提升交通运输来往便利化展望

以下我们比较海南自由贸易港交通运输便利化的短板以及中国香港、新加坡自由贸易港发展的启示，分析提出海南自由贸易港建设提升交通运输来往自由便利化的未来展望。

第一，提高对外联通效率。海南在交通运输方面与中国香港和新加坡不同，跨海大桥或隧道的建设尚无明确的时间表，航空运输和水路运输是海南对外联通的主要方式。在短期内，可以拓展航线、航道提高运输容量，同时利用大数据对航空运输、水路运输与陆路运输等的匹配、联结以及人流、物流等的高峰低峰潮汐等进行最优规划，提升运输效率，降低海南对外联通的运输成本。从长期来看，可以加快推进建设跨海大桥或隧道的可行性研究及项目规划，以有效解决海南对外联通运输问题。

第二，提高岛内运输能级及一体化程度。以构建多层次一体化的交通网络为目的，从整体上完善岛内交通线路的层级与布局。提高国道、省道干线二级以上公路所占的比例以提升运输干线的运输容量及通行效率，建设与"海澄文定"综合经济圈和"大三亚"旅游经济圈发展规划相匹配的城际轨道交通网络。提升交通干线与机场、港口交通枢纽及工业园区等交通、人流密集区域的联通效率，改善重要交通连接点的拥堵情况，畅通"最后一公里"。

第三，完善交通运输来往自由便利化机制。可以借鉴新加坡的做法，构建数字化交通信息平台，将交通供给、需求、监管等不同主体、要素纳入信息平台，利用平台在信息共享、沟通协同等方面的优势，提高跨方式、跨部门、跨区域的协同效率，也提高交通运输主管部门的治理能力及治理效率，以信息共享及高效协同的方式加快拓展海空联运、陆海联运以及旅客联程运输的路线、航线，促进人流、物流在海南积聚，强化海南的航空航运枢纽功能。

第四，促进配套产业的发展。海南自由贸易港建设时间较短，目前处于主要以政策优势吸引航运、航空运输要素积聚的阶段，船舶注册、启运港退税、游艇夜航试点、第七航权开放试点等提高自由便利化程度、财税支持力度大的政策可明显促进船舶注册、游艇消费、飞机维修租赁等交通运输相关产业的积聚，但相关配套服务的滞后成为影响航运、航空运输等交通运输发展潜力的短板。海南可以借鉴中国香港、新加坡的经验，支持船舶管理、船务经纪、船务融资、船舶、飞机融资保险、气象通信服务等配套产业的发展，为航运、航空运输提供全流程服务。同时以建立国际航运、航空运输枢纽为目的，加快发展港口服务、航空服务、船舶、飞机融资保险及物流服务，提升通关便利化程度，降低通关成本与时间，缩短货物在港内的周转时间。

第五，探索建立海事海商法律规则。根据海南自由贸易港建设的目标及需求，尽可能地吸纳国际社会普遍认可的海商海事国际公约的原则及内容。可以借鉴新加坡的经验，在有关海商货物运输部分的规则制定上吸收国际普遍认可的《海牙维斯比规则》。在船舶燃油污染方面，探索加入1992年的《油污民事责任公约》和《油污基金公约》等的可行性及路径，强化对油污污染的赔偿。探索建立多元化海事纠纷解决机制、独立海事司法管辖机制的可行性，同时为了避免产生异地司法程序解决争端的成本，探索在海南设立国际仲裁中心的可行性。

参考文献

［1］崔凡：《全球三大自由贸易港的发展经验及其启示》，《人民论坛·学术前沿》2019年第22期。

［2］《海南省国民经济和社会发展第十四个五年规划和二〇三五年远景目标纲要》，海南省人民政府官网，https：//www.hainan.gov.cn/hainan/qjcqhghqw/202104/3ecc6cf279 2d4cf190bc0b6258cafa58.shtml。

［3］《海南省游艇产业发展规划纲要（2021—2025年）》，海南省交通运输厅官网，http：//jt.hainan.gov.cn/xxgk/0200/0202/202207/t20220704_3223381_mo.html。

［4］《海南省"十四五"综合交通运输规划》，海南省人民政府官网，https：//www.hainan.gov.cn/hainan/szfbgtwj/202106/a8aa45c9c9cb4501a7f5c837391a3816.shtml。

［5］谢庚全、张建文：《海南自由贸易港有关航运产业发展方面的立法建议——基于对新加坡海事海商法律体系的梳理》，《海南大学学报》（人文社会科学版）2020年第4期。

B.6
海南自由贸易港人才制度推进报告

张娟 解丽文*

摘　要： 人才制度是海南自由贸易港建设的重要方面。海南自由贸易港自创建以来，紧紧围绕产业和功能发展的切实需要，探索建立更为开放和创新的人才引进、认定、激励、服务等机制，加快打造人才集聚的新高地。得益于创新的人才引进使用、境外人才准入、外籍人才工作许可和出入境以及人才激励等机制，截至2022年底，海南省"百万人才进海南"目标完成过半。2024年，海南要加快与国际高标准经贸规则对接，先行探索适合我国自然人流动的规则。优化人才引进环境，建立健全国际人才引进机构，坚持引才与服务并举。此外，海南也需要把握技术变革对人才发展未来趋势的影响。

关键词： 人才制度　人才引进　海南自由贸易港

本研究从海南自由贸易港人才制度建设的战略意义出发，在总结2022~2023年人才引进制度成效的基础上分析引进国内外高端人才所需要的制度系统集成，提出2024年海南人才引进制度思路。

---

* 张娟，上海市商务发展研究中心副主任，研究员，世界经济学博士，主要研究方向为国际商务理论与政策；解丽文，上海市商务发展研究中心研究人员，主要研究方向为国际商务政策。

一 海南自由贸易港人才制度建设的总体情况

人才制度是海南自由贸易港建设的重要方面。海南自由贸易港自创建以来，以引进培育高端产业人才为抓手，紧紧围绕产业和功能发展的切实需要，实施更为开放和创新的人才引进、认定、激励、服务等政策，加快打造人才集聚的新高地。

（一）人才制度建设的战略意义

人才是海南自由贸易港建设的战略性资源，海南从战略高度推进人才制度建设。2018年4月13日（以下简称"4·13"），习近平总书记提出"海南要坚持五湖四海、广揽人才"，此后，海南省密集出台了各项与海南自由贸易港建设战略高度匹配的人才政策措施。《中共中央　国务院关于支持海南全面深化改革开放的指导意见》（以下简称中央12号文件）要求，"在人才培养、引进、使用上大胆创新，努力让各类人才引得进、留得住、用得好"；《海南自由贸易港建设总体方案》（中发〔2020〕8号）提出，"实行更加开放的人才和停居留政策，打造人才集聚高地"；中组部、发改委、人社部等国家有关部门提出海南自由贸易港人才制度的任务是"构建更加开放的引才机制"；《中华人民共和国海南自由贸易港法》（以下简称《海南自由贸易港法》）专设"产业发展与人才支撑"章节，提出"深化人才发展体制机制改革，创新人才培养机制"。

（二）海南已经完成更加开放的引才制度框架和政策设计

1. 人才引进制度和政策

人才引进是人才制度、人才服务体系的出发点，海南自由贸易港建设以来，从国内高校应届生引进到国际专业技术人才引进等方面，建立了海南人才引进的基本制度和政策措施的框架。根据《海南自由贸易港建设总体方案》产业开放的总体定位，即重点聚焦现代农业、高新技术产业、现代服务业、种业、新能源汽车制造业，医疗、教育、旅游、电信、互联网、文化、金融等服务领域，以及航空、海洋经济等重点领域，海南对人才引进制度进行了分类，并制定国内和国际人才引进分类政策。

一是国内人才引进政策。第一，鼓励海南高校毕业生留在当地发展。出台《吸引留住高校毕业生建设海南自由贸易港的若干政策措施》，允许离校三年内的全日制本科学历及以上的高校毕业生在海南省先落户后就业，并相应享受引进人才落户待遇。第二，吸引港澳台地区人才在海南发展。海南省先后发布《鼓励港澳台地区人才服务海南发展若干意见》《港澳台地区专业人才在中国（海南）自由贸易试验区、海南自由贸易港执业管理办法》《海南自由贸易港支持港澳青年来琼就业创业实施细则》，在人才引进、就业创业、服务保障、人事管理等方面先行先试。

二是外籍人才引进政策。《海南自由贸易港法》提出对外籍人才实行更加宽松便利的工作签证制度，并完善居留制度。为实现上述要求，海南先后发布了一系列外籍人才引进政策。《关于开展海南自由贸易港国际人才服务管理改革试点工作的实施方案》确定国际人才引进的主体，授予国有企业、事业单位和法定机构引进境外人才的主体事权；《关于开展海南自由贸易港国际人才服务管理改革试点工作的实施方案》提出将符合《海南自由贸易港高层次人才分类标准》的外籍人才视同符合我国外国高端人才标准（A类），享受R字签证待遇；《外国人来海南工作许可管理服务暂行办法》《海南自由贸易港普通劳务类外国人工作许可配额和人员引进管理办法》《海南自由贸易港外国人工作许可特别管理措施（负面清单）》（征求意见稿）列出28种禁止类管理措施和9种限制类管理措施，除此之外的外籍人员来海南自由贸易港工作不受限制；《海南自由贸易港认可境外职业资格目录清单（2020）》《海南自由贸易港境外人员执业管理办法（试行）》在更大范围推广境外执业资质认可，对外籍高端人才在境外取得的职称、执业资质、就业经历等给予同等的认可和待遇等，在探索构建更加宽松、包容、便利的外籍人员就业制度上进行了大胆创新。2021年以来，海南省相关主管部门先后印发了外籍人才在海南参加税务师、全国注册验船师和拍卖师等职业资格考试的公告及指引，为外籍人才进行职业资格考试提供了依据，提高了政策透明度和可操作性。

2. 人才评价制度和政策

人才引进之后，要根据产业和职能需要对各类人才进行分类管理和激励，因此需要建立人才评价机制。一是国内人才评价标准。《海南自由贸易港高层次人才分类标准（2020）》创新提出以市场认可的薪酬税收水平为通用水平，以专业共同体认可和社会认可的任职经历、工作业绩、荣誉称号等条件为行业标准，对不同层次的高水平人才实行从A到E的精准分类和评价。《海南自由贸易港高层次人才认定办法》进一步下放人才认定权限，简化认定程序。《海南省有突出贡献的优秀专家奖评选奖励实施办法（2020）》向产业、企业优秀人才倾斜，提高优秀专家的奖励标准。

二是外籍人才评价标准。《海南自由贸易港外籍"高精尖缺"人才认定标准（2020—2024年）（试行）》，根据海南自由贸易港建设需求，进一步明确了外籍"高精尖缺"人才的认定标准，包括外国高端人才（A类）和外国专业人才（B类）、年收入30万元及以上的外籍人才，以及符合海南公布的目录中的外籍人才等，完善了外籍人才分类管理制度的前提条件。

3. 人才激励制度和政策

人才激励是在人才引进之后留住人才、发挥其长效溢出效应的重要方面。海南自由贸易港人才激励包括国内外人才落户、创业以及税收激励。

一是提供安家激励。《吸引留住高校毕业生建设海南自由贸易港的若干政策措施》明确提出，2018年5月13日后引进的全日制50岁以下博士毕业生、40岁以下硕士毕业生、35岁以下本科毕业生[①]，可以享受不超过36个月、每个月分别为3000元、2000元、1500元的房屋租赁补贴，或不超过3年，每年分别为3.6万元、2.4万元、1.8万元的购房补贴。

二是提供创业就业激励。对于初次创业的高校毕业生以及职业学校毕业

[①] 《为海南自由贸易港建设储备更多人才 省人社厅、省委人才发展局解读〈吸引留住高校毕业生建设海南自由贸易港的若干政策措施〉》，海南省人民政府官网，https://www.hainan.gov.cn/hainan/zxjd/202007/0f3b6ff94dbf47d88a2cef28d6aa1658.shtml。

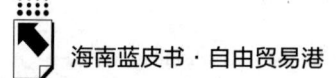

生，可以申请3年期以内、30万元以内的创业担保贷款，并给予利息补贴。《海南省"南海新星"项目实施办法》提出对优秀青年给予10万~30万元首创平台项目资助奖励及最高100万元专项信用贷款，鼓励人才向应用基础研究、工程技术研发、科研成果转化与创业等领域集聚①。

三是提供高端和紧缺人才税收激励。《关于海南自由贸易港高端紧缺人才个人所得税政策的通知》《海南自由贸易港享受个人所得税优惠政策高端紧缺人才清单管理暂行办法》《关于进一步明确落实海南自由贸易港高端紧缺人才所得税优惠政策有关事项的通知》明确提出了税收激励政策的要求和标准，2025年前，对符合要求的高端和紧缺人才个人所得税综合所得超过15%的部分进行免征。2035年前，对符合要求的人才综合所得和经营所得分别按照3%、10%、15%三档超额累进税率征收个人所得税。

4. 人才服务机制

一是社会保障方面，海南自由贸易港在《关于支持海南自由贸易港人力资源和社会保障事业创新发展的实施意见》指导下，建立了国内和外籍人才服务机制。建立省、市、县、园区层面的"一站式"服务平台，简化人才服务流程；对于高层次人才发放"天涯英才卡"，出入境、落户、住房、子女入学、医疗保健、商事登记等只需"一张卡"，便能便捷办理②。

二是住房保障方面。出台《海南自由贸易港安居房建设和管理若干规定》，允许符合条件的引进人才购买安居房。安居房均价按项目所在市县上一年度城镇居民家庭房价收入比不超过10倍确定，或不超过当地上一年度市场化商品住房销售均价的60%。

三是医疗保障方面。海南省引进、培养使用的各类人才，可享受人才医疗保障。人才未就业的配偶和直系亲属，可不受国籍、户籍限制，按自愿原则，以灵活就业人员身份参加城镇从业人员或城乡居民基本医疗保险，并享

---

① 《关于印发〈海南省"南海新星"项目实施办法〉的通知》，海南省人民政府官网，https：//www.hainan.gov.cn/hainan/tjgw/202304/cf9ab2c1b4ad46299e69bb94090cd25e.shtml。
② 《【行走自贸区】海南自由贸易港：打造"四个一"人才服务机制　营造宜居宜业人才环境》，人民网，http：//finance.people.com.cn/n1/2020/0902/c1004-31846641.html。

受相应的基本医疗保险待遇。C类及以上人才就医享受"绿色通道"服务。

四是子女入学方面。全职引进的A、B类人才申请以"一事一议"方式解决直系亲属入学（园）需求，C、D和E类高层次人才可申请子女转学到海南省教育厅直属学校。

五是配偶就业方面。根据引进高层次人才配偶原本的就业岗位，调配、协调安置至海南省相关单位，或根据其学历、资历和工作能力安排合适的工作。

二 海南人才引进制度的成效和比较

（一）海南人才引进制度的成效

海南省委人才发展局汇总数据显示，截至2022年底，海南省"百万人才进海南"目标完成过半，2018年"4·13"以来引进人才近50万，其中30岁以下的人才占比58.31%，40岁以下的人才占比98.2%[1]。预计2023年全年将引进人才15万人[2]。累计柔性引进130多名院士专家，联系服务高级职称或相应层次"候鸟"人才1.3万余名[3]。

1. 国内外人才招聘成效

自2018年起，海南省每年以"聚四方之才"为主题，采取"走出去"的方式举办综合性的引才引资活动。2022年12月，在南京、上海、武汉、长沙、成都等地同时启动主题为"聚四方之才 共建自由贸易港"的"百场万岗"校招活动，内容包括自由贸易港招聘网设立线上招聘专区、举办专场线下招聘会（含企业现场招聘和企业现场云推介）、线下论坛（海南自

---

[1] 《2018年以来海南引才近50万人，40岁以下占比98.2%》，新浪网，http://hainan.sina.com.cn/news/2022-12-19/detail-imxxettv5340519.shtml。

[2] 《海南以声势浩大、氛围热烈的引才声势，吸引集聚国内外人才创业就业》，海南省人民政府官网，https://www.hainan.gov.cn/hainan/5309/202302/5c022ff89e214928a7ac2d76c5a3cd33.shtml。

[3] 《海南自由贸易港：五年来实现从顺利开局到蓬勃兴起》，百度网，https://baijiahao.baidu.com/s?id=1763135112838095046&wfr=spider&for=pc。

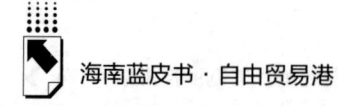

由贸易港人才政策推介、国际嘉宾专题演讲、产业人才蓄水池多维高端论坛）等，并通过本地官方媒体、国聘、自由贸易港招聘网及行业渠道进行深度宣传，超过5000名求职者达成了就业意向[1]。

2. 国内外人才引进成效

一是引进户籍人口，从2020年6月1日至2021年5月底，省外落户海南人数超15万人，同比增长122%，引进人才数量超过9万人，同比增长243%。二是引进外籍人员，2018年4月13日至2021年5月底，外籍人才工作类和学习类许可签发超1万份，同比增长20%以上；获得在华永久居留权的外籍高层次人才较相关政策实施前增长了180%[2]。三是引进高层次人才，2020年6月1日至2021年5月底，认定高层次人才已达到12956人，同比增长159.38%，其中C类（领军人才）以上层次人才595人，占比达4.6%[3]。各地方高层次人才引进速度加快，如三亚仅2022年一年，即认定各类高层次人才1560人，A、B、C类人才数量同比增长37.5%，硕士研究生以上学历人才数量同比增长15.74%，认定的人才层次与质量显著提升[4]。

3. 创建"候鸟"人才工作站

为集聚"候鸟"人才，截至2022年底，海南省建立了"候鸟"人才工作站超100个，全省"候鸟"人才信息库自愿登记人数近1.6万人。一方面，"候鸟"人才工作站吸引人才前往海南抱团发展，如陵水南繁"候鸟"人才工作站汇集了湖南、湖北等15个省市及中科院、农科院等科研单位的南繁人才205人，硕士以上学历人数占比过半[5]。另一方面，创新设立行业

---

[1] 《诚招国际人才 海南97家用人单位携1400多个优质岗位奔赴北京广州》，云南网，https：//m.yunnan.cn/system/2023/03/21/032513124.shtml。
[2] 《海南出入境助力打造国际人才汇聚高地》，搜狐网，https：//www.sohu.com/a/466493136_121019331。
[3] 《海南：市场主体"井喷式"增长 人才引进和落户人数创新高》，搜狐网，https：//www.sohu.com/a/474325843_121123881。
[4] 《三亚强政策搭平台优服务，构建人才"引育留"全链条》，海南省人民政府官网，https：//www.hainan.gov.cn/hainan/sxian/202212/b14455a6e288476a9fd9b7acff9005d4.shtml。
[5] 《海南陵水南繁基地"候鸟"人才工作站正式揭牌成立》，消费日报网，http：//m.xfrb.com.cn/article/hnbb-hyjj/09402904179338.html。

"候鸟"人才工作站,有针对性地发展当地重点行业。如设立海南省新能源汽车"候鸟"人才工作站,吸引包括大众、保时捷、特斯拉、丰田汽车等知名车企,中汽研、国家智能网联汽车创新中心、清华大学等研究机构的汽车行业高尖端人才[1]。

4. 院士平台引进成效

自海南省开创"柔性引才"工作以来,截至2021年8月底,认定院士创新平台148家,其中,来自美、英、德、日等国的外籍院士工作站达到24家。为发挥好院士创新平台作用,海南首次设立院士创新平台科研专项,重点支持院士科技成果在海南转化应用和产业化的项目、促进重点产业学科建设的项目和带动创新型人才培育的项目[2]。

(二)海南人才引进制度的比较

与上海自贸试验区、深圳等地区相比,海南在人才制度的创新性体现在如下方面。

1. 创新了人才引进使用机制

海南加快对接国际先进人才招聘制度,创新发布《海南自由贸易港行业紧缺人才目录》,为海内外人才来琼就业创业提供针对性、全面性及方向性指导,有助于提高人才结构和产业结构匹配度;研究出台了《海南自由贸易港聘任境外人员担任法定机构、事业单位、国有企业领导职务管理规定(试行)》,为境外人员在医院、高校、科研院所等机构担任法定代表人、领导职务提供制度保障;建立了外籍人才职称评审绿色通道,并且提出外籍人才可以根据实际贡献,在符合海南高层次人才分类标准和条件的情况下,破格参加高级职称申报和评审。

2. 创新境外人才准入机制

一是首创外籍人才工作许可负面清单管理模式。负面清单中的工作许可

---

[1]《这个工作站入选海南省"候鸟"人才工作站 2022年度名单》,椰网,https://www.hndnews.com/p/620560.html。

[2]《截至8月底,海南共有148家院士创新平台,涉及多个领域》,海南省人民政府官网,https://www.hainan.gov.cn/hainan/zdzxzx/202109/dc06cfc9289a40d39d80e20606883b8e.shtml。

实行配额管理的动态调整机制。目前，全球实行外籍人才工作许可负面清单管理制度的国家较少，在探索外籍人才工作许可实行负面清单管理制度方面，海南不仅走在全国前列，而且在全球也是一项具有开创性的探索。二是实现外籍人才职业资格考试、执业管理政策开放度最高。《海南自由贸易港跨境服务贸易特别管理措施（负面清单）（2021年版）》作为我国第一张跨境服务贸易负面清单，在人才政策方面实行更加开放的制度安排，如取消境外个人参加注册计量师、勘察设计初测工程师、注册消防工程师等10多项职业资格考试方面的限制。截至2022年7月，海南已经允许境外人员参加38项职业资格考试，已对23个国家和3个地区的269项职业资格或公认的国际专业组织资质予以认可[①]。

3. 创新了外籍人才工作许可和出入境机制

创新外籍高层次人才兼职、创业后的工作许可制度，外籍人才只需经工作单位、兼职单位同意并向有关部门备案，无须重新申办工作许可。上海对于外籍员工变更工作需注销当前工作和居留许可，若外籍员工自上一家用人单位离职后10个工作日内提交工作许可证变更申请的，可在7~10个工作日内完成工作许可证的信息变更。但是若外籍员工自上一家用人单位离职后超过10个工作日，以及派遣至其他城市关联企业，或者从国内其他城市招聘的外籍员工都须注销当前工作和居留许可，并重新申请办理。海南对外籍员工在变更兼职工作方面，取消了重新申办或变更工作许可证的规定，省去了烦琐及耗时的办理流程，为外籍员工带来更为人性化的服务。

4. 创新了人才激励方式

一是税收方面。相比全国其他地区对于境外和海外回流高端紧缺人才个人所得税实行税负差额补贴，海南对高端人才和紧缺人才个人所得税实际税负超过15%的部分，直接予以免征，对于人才有更大的吸引力。二是开办

[①] 《海南自由贸易港人才发展论坛：专家"论道"海南引才用才聚才工作》，百度网，https://baijiahao.baidu.com/s?id=1737770258226017519&wfr=spider&for=pc。

企业方面。为鼓励外籍人才参与海南科创中心和自由贸易港建设,海南出台《关于持永久居留身份证外籍高层次人才创办科技型企业试行办法》,突破性允许外籍高端产业人才持永久居留证创办科技型企业,与中国公民持身份证创办企业享受同等待遇,其设立的科技型企业可认定为内资企业,可享受政府部门对国内科技型企业的激励措施和相关创业补贴。

三 发达国家(地区)自由贸易港人才引进战略

(一)新加坡

新加坡实行"有目标、有计划、有重点"的人才发展战略,将吸引海外人才作为长期国策和人才政策重点。近年来,新加坡政府加大引才力度,完善引才体系,从立法保障、产业导向、优惠待遇、承载主体等方面增强对高端人才的吸引力,提高引进人才的技能水平。

1. 对国际人才引进进行立法保障

新加坡制定了法律法规用以保障国际人才引进的持续性和预期性,《移民法案》《雇佣法案》《外国人力雇佣法案》《职业安全与健康法案》《工伤赔偿法案》《雇佣代理法案》等构成了工作签证、雇佣关系、外籍人员管理、职业安全和赔偿机制,涵盖了健康保障等领域。《外国人力雇佣法案》规范的内容最为全面,对不同层次人才进行分类管理。无论是创业、高技术人才,还是保姆、产业工人等,新加坡根据其自身学历、技能水平、薪酬水平等因素进行分类,发放不同种类的工作签证,主要分为 EP 卡(Employment Pass,外国高级技术水平雇员的工作准证)、SP 卡(S Pass,外国中级技术水平雇员的工作准证)、WP 卡(Work Permit,外国低水平雇员的工作准证)等。新加坡外籍人员工作许可实行配额制度,因行业差异,制造业配额为 60%,服务业配额为 45%[1]。根据新加坡人力部最新数据,截至 2022 年底新加坡共有外籍工作人员超 142 万人,其中持 EP 卡的有 18.7

---

① 董彦龙:《自由贸易港人员自由流动管理的制度创新研究》,《商业经济》2019 年第 2 期。

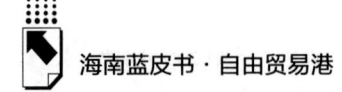

万人、持SP卡的有17.7万人、持WP卡的有103.3万人①。

2. 以产业需求为人才引进导向

新加坡人力部（以下简称人力部）作为协调人才引进和管理的主要部门，根据经济发展和产业需求，动态地招募和管理国际领域人才。人力部每年都会根据岗位空缺变动情况发布年度职位空缺报告，《2022年职位空缺报告》显示，随着增长领域人力需求的稳健发展，新加坡的空缺职位多为专业人士、经理、执行人员与技师（PMET）岗位，主要集中在资讯通信、金融与保险服务、专业服务，以及医疗与社会服务等领域。PMET的工作职位空缺前十位的分别为管理行政人员，软件、网络与多媒体开发人员，商务与市场销售，教育和培训专家，行政经理，软件与应用经理，注册护士及其他护理专业人员，系统分析师，业务发展经理，机械工程师。随着新冠疫情的结束，企业经营恢复及积极开拓新的增长领域需要支撑人才，与市场研究、管理分析相关的工作岗位增长较快，如管理行政人员（第一名）、商务与市场销售（第三名）、行政经理（第五名）和业务发展经理（第九名）等。在新加坡智慧国家计划和新冠疫情双重因素叠加影响下，新加坡数字经济与信息和通信技术发展迅猛，企业对于软件、网络与多媒体开发人员（第二名）、软件与应用经理（第六名）和系统分析师（第八名）等的需求仍然很大。

3. 建立全球人才库

新加坡经济发展局和人力部等相关部门成立了"联系新加坡"机构，并在全球人才资源丰富地区设有9个分支机构，如中国、美国、英国、印度等。通过分散在各地的分支机构，"联系新加坡"搭建起全球潜在人才数据库，持续跟踪全球人才动向，及时有效地进行海外宣传和招聘联络工作。此外，"联系新加坡"还建立了多个招聘网站，针对不同国家、不同目标受众等，进行内容的划分和定制，为各行各业的人才提供特定的招聘信息和行业咨询等。

---

① Foreign workforce numbers, https://www.mom.gov.sg/documents-and-publications/foreign-workforce-numbers.

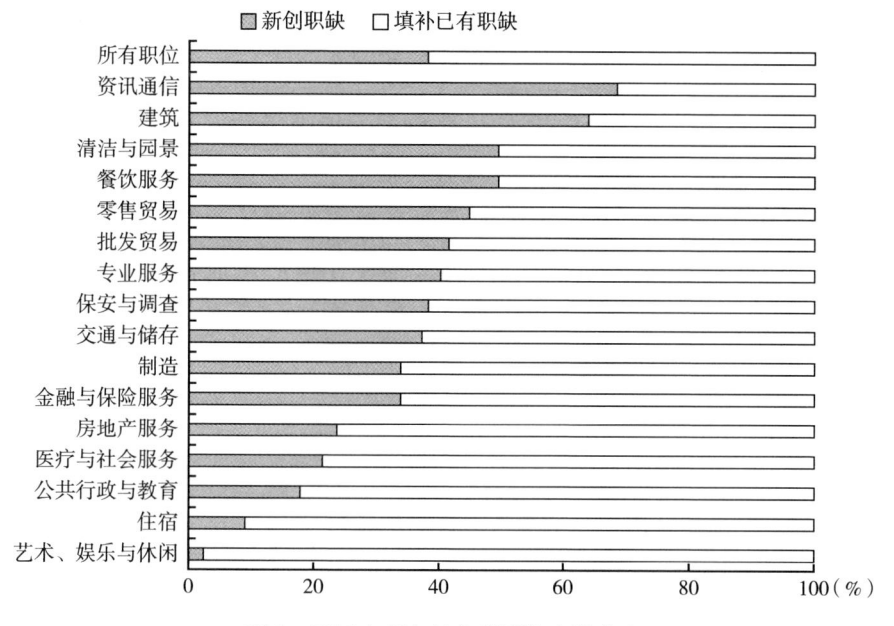

图1 2022年新加坡各类职位空缺分布

资料来源：新加坡人力部《2022年职位空缺报告》。

4. 注重引进全球顶级专业人才

为吸引因疫情和出入境限制而流失的外籍人才，2022年8月，新加坡人力部官网宣布了新的工作签证规定。对月收入不低于3万新加坡元的外籍人士发放5年期工作签证——"顶级专才准证"（Overseas Networks & Expertise Pass），简称ONE Pass。允许其同时创办、运营或供职于多家公司，并允许其配偶获得工作资格。未达到薪资标准的艺术文化、体育、科学技术、学术研究领域的优秀候选人，也可申请获得前述工作签证。

5. 出台多项本地人才培育计划

新加坡政府已先后推出资助金融业本地人才外派的国际外派计划（iPOST）、鼓励公司培养本地领导的技能创前程领袖培育计划（Skills Future Leadership Development Initiative），以及支持海外实习的国际化人才培育计划（Global Ready Talent Programme）等，促进人才的发展。从之前的"人才引进"变成"人才输出"，不过与一般的"人才输出"有所不

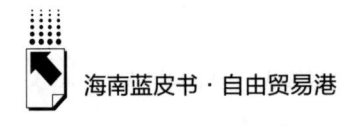

同的是，这里的"人才输出"是将新加坡本地的人才输送至新加坡的海外公司。未来五年，新加坡将为工艺教育学院、理工学院、大学生和年轻毕业生提供5000个海外实习和工作机会，提高年轻人对海外市场的认识和了解。目前已有至少60家本地公司加入计划，提供具体的职位，协助年轻人走向海外。另外，新加坡企业发展局和高等教育学院将共同为海外实习提供旅费和生活津贴，也将为加入计划的本地企业提供高达七成的津贴。

6. 降低外籍人才生活成本

居住成本是生活成本中非常重要的一部分，而生活成本的高低会直接影响外籍人才长期发展的意愿。根据《2022美世全球生活成本调研》，新加坡的生活成本在全球城市中排名第8，新加坡市区重建局公布的数据也显示，2022年12月，新加坡中部地区平均月租金同比上涨30%，每平方米62.08新加坡元。新加坡政府为了提高人才生活质量，降低生活成本，相继推出公共住房计划、加大土地供应、推出房屋购买补贴等措施来缓解居民的经济压力，同时加强房地产方面的监管，提高物业税、印花税，2022年新加坡政府对公民购买第二套住房的额外买家印花税从17%提高到20%。购买第三套或以上住房的，印花税从25%提高到30%。对于购买房屋的外国人，印花税从30%升至60%，以防止房地产市场出现泡沫和过度投机行为，从而保持房价的合理水平。

7. 提高投资移民门槛

新加坡为了吸引全球投资者，早在2004年便推出"全球商业投资者计划"（以下简称GIP），符合条件的投资者通过GIP可以获得移民身份，在实现自身产业计划的同时也为新加坡本地创造了更多的就业机会。但由于近年来新加坡接受的投资移民申请不断增加，据新加坡移民与关卡局（ICA）统计，2022年约有23100人成为新加坡公民，约有34500人拿到绿卡，创下了2009年以来新加坡移民数的新高。为控制移民人数，新加坡政府修改GIP以增加移民成本。修改后的GIP，一是提高了投资移民门槛。对于投资经营业务的投资者，对其最低投资额由原本的250万新加坡元上升至1000

万新加坡元；对于基金投资和设立家庭办公室的投资者，对其投资金额和投资方式也作出了更严格的规定。二是更注重对于本地就业的带动作用。若投资者在5年居留期满后更新入境许可证，其投资的公司必须雇佣至少30名员工，其中至少一半必须是新加坡公民，10名必须是新员工。而在原本的规定中，投资者的公司只需要雇佣至少10名新员工，其中一半是新加坡公民。

（二）中国香港

中国香港奉行"以市场为主导，以就业为根本，政府提供服务"的理念，采取宽松、自由的人才引进政策，立足本港，面向全球，不断深化改革人才发展体制机制，采取多方招揽人才、多种计划并存的方式，灵活、精准引进全球人才。

1. 完善引才机制

成立"人才服务窗口"统筹海内外人才招聘的策略和工作，提供一站式服务，为来港人才解决后顾之忧；在各驻内地办事处和海外经济贸易办事处（经贸办）设立"招商引才专组"，主动向企业、大学及个人推介中国香港的各类引才专项计划，加强与在内地和海外留学或工作的中国籍香港人联系，鼓励他们回港发展；加强人力需求推算，相关政府部门加快制定具有针对性的人才需求策略，人才需求推算周期由10年压缩至5年，以便更加贴合经济和劳动市场的发展趋势。

2. 通过专项计划针对性引进人才

近年来，中国香港积极推动高新科技产业发展，而科技创新离不开高层次人才提供智力支撑。为了吸引大量高技术、高水平人才向中国香港集聚，政府制订了各项针对性引才引智计划，特别注重吸引内地的优秀人才和专业技术人才，希望通过人才的引进，缓解中国香港各个领域和行业出现的人才短缺问题。中国香港的揽才计划主要有："一般就业政策"针对全球有意到港工作的专业人士，申请前需获得中国香港雇主的聘用且从事本地人无法履任的工作；"输入内地人才计划"针对性吸引内地具有一定学历和技能水平

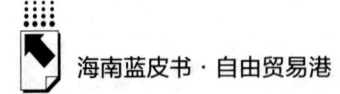

的优秀和专业人才;"优秀人才入境计划"旨在吸引全球高技术人才移民到中国香港,采取计分制评估申请人,并设有数量配额;"非本地毕业生留港/回港就业安排"吸引在中国香港读书的非本地毕业生留港或回港工作等。

3. 放宽各类人才计划限制

2022年10月发布的《中华人民共和国香港特别行政区行政长官2022年施政报告》(以下简称《2022年施政报告》)专设"招商引资引才,强化竞争力"章节[①],主要提出放宽各类计划的人才准入门槛。一是简化申请流程。如雇主引入人才的职位属于本地人才短缺的专业,或招聘的职位年薪达港币200万元或以上,无须证明本地招聘困难,可直接提出申请。二是取消引才数量配额。两年内取消"优秀人才入境计划"的年度配额,以吸引更多世界级优秀人才来港。三是延长留港时间。"非本地毕业生留港/回港就业安排"逗留期限延长至两年,方便他们留港或来港工作。另以试行形式扩展该计划至本港大学大湾区校园的毕业生。

4. 加快吸引高端人才

《2022年施政报告》提出"高端人才通行证计划"。允许年薪超过港币250万元或毕业于全球百强大学并在过去5年内累积3年以上工作经验的人士获发为期2年的通行证到港发展,不设人数限额。不符合工作经验要求但最近5年内毕业的百强大学毕业生亦可获发通行证,每年上限10000人。2022年12月"高端人才通行证计划"正式开始接受申请,预计收到的申请将超过20000份,主要为来自国内的人才,年龄以18~30岁为主[②]。

5. 建立人才清单

2018年,中国香港制订并推出首份"人才清单",旨在更有效地吸引高素质人才,以配合香港经济高增值及多元化的发展。目前,"人才清单"涵

---

① 《中华人民共和国香港特别行政区行政长官2022年施政报告》,香港特别行政区政府官网,https://www.policyaddress.gov.hk/2022/sc/policy.html。
② 《中国香港为快速恢复经济,全力招揽各行业高端人才》,中国经济新闻网,https://www.cet.com.cn/wzsy/kjzx/3363447.shtml。

盖金融科技、资产管理合规、数据科学及网络安全、环境科学、创新及科技、废物处理、造船、资产管理、轮机工程、海事保险、法律及争议解决服务、精算、创意产业和表演艺术等13个专业。人才清单由香港劳工及福利局负责不定期更新，根据企业招揽人才的实际需要对急需人才认定范围的扩大。

四 2024年度海南人才制度建设思路

5年来，海南围绕自由贸易港建设目标，建立健全人才制度，提高人才政策开放性和有效性，培养引进国际国内紧缺的高层次人才，海南人才制度实现从点到面、由松散到系统的新跨越。围绕海南自由贸易港"构建更加开放的引才机制"的目标，建议如下。

（一）对接国际高标准经贸规则，探索自然人流动的"中国模式"

《全面与进步跨太平洋伙伴关系协定》（以下简称CPTPP）设立"商务人员临时入境"专章，旨在鼓励各方加大商务人员出入境的自由便利化程度，进一步减少自然人跨境流动的壁垒。各方承诺对于区域内各国一般商务访问、提供设备安装及售后服务、公司内部人员调派、独立高管、承包商、投资者、专业人员、实习生及随行家属等各类商业人员，在符合条件的情况下，可获得一定居留期限，享受签证便利，开展各种贸易投资活动。

建议海南为中国探索实践更为便利、自由的人才跨境流动制度。一是实施更为灵活的自然人临时移动管理，扩大自然人临时移动人员类型；二是取消对公司内部流动人员临时入境的数量限制，不进行劳动力市场测试或其他类似程序；三是探索境外人员临时和短期执业许可制度，探索境外人员临时执业许可制度、境外人才专业资格单向认可、允许符合条件的境外律师提供民商事服务、实施商务人士短期入境制度等。

（二）创新人才体制机制，完善我国人才引进环境

2022年11月，欧洲工商管理学院（INSEAD）、波图兰研究所和新加坡人力资本领导力研究所联合发布《2022年全球人才竞争力指数》（GTCI）报告。中国在全球133个国家中排名第36位，创历史新高，在人才市场环境、人才教育、就业能力、人才保护与创业等方面具有一定优势，但在人才法律法规完善、人才开放和引入度、高素质职工和职业技能等方面有待提高。

表1 2022年全球人才竞争力指数中国各分项得分情况

项目	得分	排名
国内环境	57.67	31
监管环境	46.12	61
政府效率	58.11	40
法律	44.73	63
政治稳定	51.09	79
监管质量	38.97	77
腐败	37.68	54
市场格局	72.49	10
市场支配程度	82.26	6
私营部门的国内信贷	83.96	3
集群发展	89.27	2
研发支出	44.06	13
ICT基础设施	82.35	30
城市化进程	53.03	76
商业和劳动力格局	54.41	32
劳动权利	n/a	n/a
雇员与雇主关系	62.71	31
专业管理	78.98	16
薪酬与生产率的关系	91.15	3
企业软件	9.31	116
云计算	18.90	51
公司网站	65.39	45

续表

项目	得分	排名
人才吸引	45.49	87
外部开放	32.46	102
外国直接投资的监管限制	43.24	70
金融全球化	33.00	114
移民流动	0.00	133
国际学生	1.61	100
人才引进	84.43	7
内部开放	58.52	58
对少数民族的宽容	28.26	88
对移民的宽容	58.46	65
社会流动性	68.43	28
妇女经济赋权	65.49	95
高技能工作的性别均等	n/a	n/a
女性的领导机会	71.97	25
人才培养	67.39	8
正规教育	63.87	2
职业招生	28.11	43
高等教育招生	38.62	51
高等教育支出	n/a	n/a
阅读、数学和科学	100.00	1
大学排名	88.75	3
终身学习	79.46	6
商业硕士教育	58.87	15
企业培训情况	100.00	1
员工发展	79.52	18
正式和非正式的研究	n/a	n/a
获得发展机会	58.82	34
授权	60.24	35
青年融入	n/a	n/a
虚拟社会网络的使用	57.41	75
虚拟专业网络的使用	n/a	n/a
人才保留	53.42	66
可持续发展	64.12	28
养老保险	100.00	1

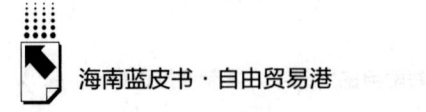

续表

项目	得分	排名
社会保障	78.27	17
人才留存	62.12	32
环境表现	16.10	119
生活方式	42.72	97
个人权利	1.77	131
人身安全	42.71	83
医生密度	34.78	68
环境卫生	91.63	72
职业技术技能	52.52	52
中级技能	23.93	96
受过中等教育的劳动力	n/a	n/a
受中等教育人口	n/a	n/a
技术人员和助理专业人员	29.75	63
每个员工的劳动生产率	18.11	76
就业能力	81.10	3
寻找熟练员工的难易程度	68.54	12
教育制度与经济的关联	79.43	8
技能匹配	n/a	n/a
高学历失业	95.33	4
全球知识技能	29.76	39
高级技能	18.50	86
受过高等教育的劳动力	n/a	n/a
受过高等教育的人口	n/a	n/a
专业人士	7.64	116
研究人员	18.09	47
高级官员和经理	29.76	51
数字技能	n/a	n/a
人才的影响	41.02	25
创新产出	83.16	7
高价值出口	56.32	9
软件开发	3.39	66
新业务密度	47.29	17
科学期刊上的文章	14.97	50

资料来源：欧洲工商管理学院《2022年全球人才竞争力指数》。

建议海南围绕我国在全球人才竞争力指数中评分较低的几个方面，为中国先行先试人才创新体制机制。一是完善人才法律法规。在全国率先尝试人才立法，加快制定海南自由贸易港推动人才发展条例等人才法律规范，明确人才发展立法的主要定位、主体职责、工作程序、区域合作、公共服务、监督管理等，为人才在海南集聚提供制度保障。二是加大人才引进力度。完善人才引入机制，在海南重点产业领域，有针对性地加大人才引进和选拔力度。建立健全人才激励制度，形成更加科学的科研人员和经费开支绩效考评体系，设置职称评定、业绩评优与个人薪酬挂钩等配套政策。三是优化人才培养结构。明确职业教育类型，推动产学研深度融合。鼓励高校加大对职业教育投入力度，加快对接企业一线研发生产的切实需求，构建需求牵引和应用指引的职业教育体系，进一步提高技术人才社会地位。

（三）设置国际人才引进机构，引才与服务并举

效仿"联系新加坡"机构的运行模式，成立国际人才引进专职机构。以海南重点产业体系为导向，搭建国际人才数据库，持续跟踪和关注国外人才发展动向，引进海南发展需要的全球精英。加大国际人才引进网络布局，在全球人才资源集聚、人才层次较高的国家和地区设立分支机构，如美国、英国、新加坡等地，主动积极地接触各国人才，了解人才需求，为不同国家和地区、不同专业领域的人才打造具有针对性的吸引措施，同时吸引有归国意向的海外华人回海南创业、就业。

（四）紧扣产业发展，夯实人才底座

人才的吸引不能仅依靠政策与各类红利，更要紧扣当地产业的发展，聚焦产业所需、人才所需，重视提高产业链与人才链的匹配度、紧密度，推进产业与人才融合发展。建议海南围绕现代产业体系建设，聚焦四大主导产业及未来产业，做好"产业+人才"的顶层设计和战略谋划，通过完善升级旅游产业链，吸引服务型人才；通过加速升级现代服务业、高新技术产业及特色高效农业，吸引科技型人才；通过鼓励发展深海、航天等未来产业，培育

一批前沿人才。此外还要对《海南自由贸易港行业紧缺人才需求目录》进行及时调整和滚动更新，定期对产业和人才储备进行排摸评估，判断人才是否超出了产业发展的需要和承载能力，做到更加合理"用才"。

（五）构建人才工作机制，落实落细现有政策

海南为营造良好引才环境出台了诸多人才政策，但在实际操作中还未完全落实。以外籍人员就业制度为例，海南对《海南自由贸易港外国人工作许可特别管理措施（负面清单）》之外的岗位、人员按照境内外待遇一致原则实施管理。然而在实际操作中，相关部门仍对外籍人员工作签证实施严格管理，对外籍人员就业许可、签证派发、出入境自由便利化等保障措施并未落到实处。建议海南落实落细现有政策，建立"专人跟踪、简化手续、缩短流程、提高效率、加强服务"的人才长效工作保障机制，为全面落实人才引进、人才培养及人才发展政策提供制度保障。

（六）依托技术变革契机，把握人才发展未来趋势

2021年《中华人民共和国国民经济和社会发展第十四个五年规划和2035年远景目标纲要》将新一代人工智能列入七大科技前沿领域之一。在注重人工智能研发与技术应用的同时，开始将人工智能相关新技术、新方法用于社会治理，其中也包括构建科学技术人才发展治理体系。根据《技术变革下的亚洲人才发展报告（2023）》，由人工智能引领的技术变革将推动人才向数字经济领域流动，并对未来人才发展结构产生影响[1]。建议海南一是把握新兴产业发展对新兴人才的需求。加强与人工智能相关的高素质创新人才的培养，积极建设人工智能相关专业或与人工智能相关的新型交叉学科。二是创新人才评价体系。传统行业的智能化和技术化要求人才更加灵活多元，建立以职业属性和岗位要求为基础，结合各行业各领域人才的技术技

---

[1] 国际人才组织联合会、全球化智库：《技术变革下的亚洲人才发展报告（2023）》，https://www.renrendoc.com/paper/265173598.html。

能特点，分类建立人才评价标准，从专业性、创新性等角度更全面、科学、系统地评价人才。

参考文献

［1］ Chea Hui Jing,"Job Vacancies 2022,"Singapore：Manpower Research and Statistics Department Singapore，2022.

［2］ 国际人才组织联合会、全球化智库、Morgan Philips Group：《技术变革下的亚洲人才发展报告（2023）》，https：//www.waitang.com/report/672922.html。

［3］ 海南自由贸易港人才发展研究院课题组：《多措并举支持港澳人才在琼发展助力海南形成国际人才竞争新优势》，《今日海南》2023年第2期。

［4］ 刘肖冰、王晓丽、陈丽萍等：《海南自由贸易港建设背景下旅游业人才现状及需求分析》，《海南开放大学学报》2023年第1期。

［5］ 美世：《2022美世全球生活成本调研》，https：//www.mercer.com.cn/our-thinking/career/cost-of-living.html。

［6］ 欧洲工商管理学院、波图兰研究所、新加坡人力资本领导力研究所：《2022年全球人才竞争力指数》，https：//www.waitang.com/report/383109.html。

［7］ 王岚岚、李世杰：《论海南自由贸易港外籍人员就业制度的完善路径》，《海南大学学报》（人文社会科学版）2023年第2期。

［8］ 辛霁虹：《自由贸易港背景下海南服务贸易人才集聚策略研究》，《农场经济管理》2023年第2期。

［9］ 中华人民共和国中国香港特别行政区：《中华人民共和国中国香港特别行政区行政长官2022年施政报告》，https：//www.policyaddress.gov.hk/2022/sc/policy.html。

B.7
海南自由贸易港数据安全有序流动推进报告

高 疆[*]

摘 要： 跨境数据流动是支撑数字经济和数字贸易发展的关键，但同时也会给国家安全、个人隐私和产业发展带来一定挑战，统筹平衡跨境数据流动中的"安全目标"和"发展目标"是跨境数据流动治理中的核心问题。随着有关跨境数据流动的法律法规和规范指南陆续出台，中国对跨境数据流动已初步建立"基本法+国家标准+行业细则"的国内监管框架。自《海南自由贸易港法》公布并实施以来，海南自由贸易港在公共数据资源利用、海底数据中心建设、增值电信服务开放、产业试点申报、体制机制建设，以及风险防控等方面取得了一定进展。着眼未来，海南自由贸易港应以对等为原则，以包容性发展为目标，以尊重国家安全和社会公共利益为底线推动数据安全有序流动。从推进方向上看，海南自由贸易港应继续加强数字基础设施建设，夯实数据要素支撑底座；打造国际数据交易中心，激活数据要素价值；布局网络安全产业，打造网络安全产业基地；追踪研究高标准国际规则，率先试点国内数据治理规则。

关键词： 海南自由贸易港 数据安全有序流动 制度建设

本研究报告比较了全球和中国跨境数据流动监管制度框架，分析了中国

---

[*] 高疆，上海社会科学院世界经济研究所助理研究员，主要研究方向为国际贸易理论与政策。

海南自由贸易港数据安全有序流动推进进程，提出加快推进海南自由贸易港数据安全有序流动的思路和政策建议。

一 跨境数据流动规则的制度比较

根据监管范围、限制程度、问责对象的不同，以及对数据存储和处理要求的差异，不同经济体可对跨境数据流动采取不同的监管模式。本节将回顾全球跨境数据流动的主要监管模式，随后聚焦中国国内对数据流动形成的监管制度。

（一）全球跨境数据流动监管制度框架

1. 跨境数据流动

按照跨境数据流动自由程度的不同，对跨境数据流动的监管有三种模式，分别为"数据自由流动"、"有条件的数据流动"和"禁止数据流动"（见表1）。

表1 跨境数据流动的主要监管模式

数据本地存储要求	跨境数据流动			
	禁止数据流动	有条件的数据流动		数据自由流动
		（政府保障型）	（公司保障型）	
完全本地化存储要求	数据本地存储，不得出境	经政府监管部门充分性认定，或具有法律约束力的公司规章、标准合同可跨境传输数据，但是完成处理后，数据必须存储在本国	由公司自主评估并决定是否跨境传输数据，承担相关责任。但是，数据只能存储在国内计算设施内。	数据自由流动 数据本地存储 外国不得存储
部分本地化存储要求		经政府监管部门充分性认定，或具有法律约束力的公司规章、标准合同可跨境传输数据，数据副本可存储在国外，但是必须将数据副本存储在国内计算设施内	由公司自主评估并决定是否跨境传输数据，承担相关责任。数据副本可存储在国外，同时，数据副本也需要存储在国内	数据自由流动 数据本地存储 外国可存储副本
无要求		经政府监管部门充分性认定，或具有法律约束力的公司规章、标准合同可跨境传输数据并存储	由公司自主评估并决定是否跨境传输数据，承担相关责任。对数据存储地无要求	数据自由流动

资料来源：作者根据相关资料整理得到。

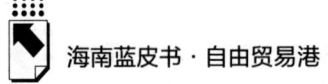

"数据自由流动"是指不针对数据的跨境传输实施具体的限制，不禁止数据的跨境流动，但是执行"事后问责"机制，即要求数据处理者承担相关责任，确保相关数据的境外处理符合本国法律要求。

"有条件的数据流动"是指可针对获得充分性认定或等价性认定的数据接收国（方）进行跨境数据传输。根据数据传输的责任方不同和灵活度差异，可分为"公司保障型跨境数据流动"和"政府保障型跨境数据流动"。其中，"公司保障型跨境数据流动"是指由数据控制者自主评估数据跨境传输能否获得与本国相当或充分的保护。若数据接收国（方）无法提供与本国（方）相当或同等程度的保护，数据控制者仍可出于履行合同、维护公共利益的目的，或者在获得数据所有者的同意等条件下进行数据跨境传输。"政府保障型跨境数据流动"是指由数据监管机构等政府职能部门负责评估数据接收国（方）是否提供了与本国（方）相当或充分的保护。当数据接收国（方）获得政府主管部门的审批和认定后，数据可自由传输至相关国（方）。对于未通过审批和认定的数据接收国（方），仅可根据具有法律约束力的公司规章、标准合同条款或例外条款进行数据传输。

"禁止数据流动"是指针对特定类型（个人数据或关键数据）、特定部门或行业（医疗健康、国防、商业、税务等数据）明确禁止数据的跨境传输和处理，要求数据必须在本国存储和处理。

2. 数据本地存储

针对不同类型或特定行业和部门的数据，各国可设置不同的数据存储和处理规则。按照数据本地化存储要求的不同，包括"无要求""部分本地化存储要求"和"完全本地化存储要求"。

"无要求"指不要求数据本地化存储，或者仅针对少量特定部门要求的数据进行本地化存储。

"部分本地化存储要求"规定数据副本必须存储在国内计算设施内，在满足一定的合规性要求后，可将数据向外国传输和储存。例如，俄罗斯第152-FZ号联邦法第18条第5款规定个人数据的副本需存储在国内计算设施内，但是相关数据可传输至国外；加拿大新斯科舍省（Nova Scotia）《个人信息国际披露保护法》第 5 节第 1 条规定公共机构收集的个人信息需存储在国内计算设施内,但是在获得数据主体的同意后,可将相关数据传输至国外。

"完全本地化存储要求"是指针对医疗卫生、电信、银行、保险、卫星测绘等敏感部门或行业,规定数据仅可本地存储,不得将本国数据存储在境外。对于确需在国外进行处理的数据,处理完成后仍需返回本国存储。

(二)中国跨境数据流动监管制度框架

数字技术的优势,以及国内完备的工业体系和超大规模市场决定了中国在数字产业具有一定的竞争优势。例如,在新型数字服务领域,凭借数字技术在全球的领先优势,中国在云计算和工业互联网等新型数字技术密集型服务领域具有较强的产业优势和国际竞争力。根据 UNCTAD 的统计,全球 70 家主要的数字平台,中国拥有 17 家,其 PCT 专利占比已从 2006 年的 1.3% 跃升至 2020 年的 28.2%。[1] 此外,中国是全球第二大区块链技术专利持有国,拥有全球第二大云计算市场,[2] 在物联网技术领域的投资占全球投资总额的 24%。在新型货物贸易领域,中国国内完备的工业体系和私营企业的技术优势保证了中国在依赖数据流动的新一代货物贸易中的竞争优势。根据统计,中国对 3D 打印机进出口占全球比重分别为 11.2% 和 20.4%,是全球最大的进口国和第二大出口国。[3]

跨境数据流动是支撑数字经济和数字贸易发展的关键,但同时也会给国家安全、个人隐私和产业发展带来一定挑战[4],统筹跨境数据流动中的"安

---

[1] UNCTAD, *Digital Economy Report 2021*: *Cross-border Data Flows and Development*: *For Whom the Data Flow*, Geneva: United Nations Conference for Trade and Development, 2022.

[2] 中国和美国拥有全球 75% 的区块链技术专利,占有全球 75% 的云计算市场。

[3] Andrenelli A. and López-González J., "3D Printing and International Trade: What is the Evidence to Data?", *OECD Trade Policy Paper* No. 256, 2021.

[4] Gao H. S., "Data Regulation with Chinese Characteristics", *SMU Centre for AI & Data Governance Research Paper* No. 2019/04, Singapore Management University School of Law Research Paper No. 28/2019, In M. Burri (Ed.), Big Data and Global Trade Law (pp. 245-267). Cambridge: Cambridge University Press. doi: 10. 1017/9781108919234. 017, Available at SSRN: https://ssrn. com/abstract=3430284 or http://dx. doi. org/10. 2139/ssrn. 3430284.

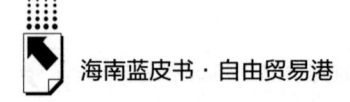

全目标"和"发展目标"是跨境数据流动治理中的核心问题。2023年，十四届全国人大一次会议提出组建国家数据局，统筹数据资源的共享及开发利用，这再次凸显了国家对于数据治理工作的高度重视。近年来，随着有关数据跨境流动的法律法规和规范指南陆续出台，中国对跨境数据流动已初步建立"基本法+国家标准+行业细则"的国内监管框架。

《网络安全法》《数据安全法》《个人信息保护法》构成了中国数据流动和数据安全的"基本法"。其中，《数据安全法》明确要求建立数据分类分级保护制度，由各地区、各部门制定本地区、本部门以及相关行业、领域的重要数据具体目录，对列入目录的数据进行重点保护；对于关系国家安全、国民经济命脉、重要民生、重大公共利益等数据属于国家核心数据，实行更加严格的管理制度。《网络安全法》明确规定关键信息基础设施的运营者在中华人民共和国境内运营中收集和产生的个人信息和重要数据应当在境内存储。因业务需要，确需向境外提供的，应当按照国家网信部门会同国务院有关部门制定的办法进行安全评估。

数据出境安全评估、个人信息出境标准合同、个人信息出境认证为中国跨境数据流动的三大主要机制。2022年，国家互联网信息办公室公布《数据出境安全评估办法》，明确了应当进行数据出境安全评估的各类情形，建立了"企业自评估+省级网信办受理+国家网信办评估"的数据出境安全评估机制。评估内容包括数据出境的目的、范围、方式、规模、种类、敏感程度和潜在风险，数据接收国（方）对数据安全、个人信息保护等的相关政策法规及其保护水平与中国国家标准的要求，数据传输者和接收国（方）之间拟订立的法律文件中是否充分约定了数据安全保护责任等义务。对于《数据出境安全评估办法》以外的其他个人信息处理者的数据出境情形，可通过标准合同或个人信息保护认证来满足个人信息跨境需求。

地区及行业主管部门结合特定需求制定各地区及行业的数据分类分级标准和目录，形成跨境数据流动监管规则和机制，承担数据安全监管职责。例如，在工信领域，工业和信息化部出台了《工业和信息化领域数据安全管理办法（试行）》率先对工业和信息化领域的一般数据、重要数据和核心数据进行分类分级管理探索。在交通运输领域，2016年交通运输部、工信部等7部委联合发布《网络预约出租汽车经营服务管理暂行办法》，要求网约车平台公司将采集的个人信息和生成的业务数据必须留存在中国境内存储和使用，保存期限不少于2年。2021年，国家网信办发布的《汽车数据安全管理若干规定（试行）》重申个人信息和重要数据应当依法在境内存储，确需向境外提供的，应当通过国家网信部门组织的数据出境安全评估。

二 海南自由贸易港数据安全有序流动的主要推进

2020年6月，《海南自由贸易港建设总体方案》（以下简称《总体方案》）明确指出要促进"数据安全有序流动"，在确保数据安全可控的前提下，扩大数据领域开放，创新安全制度设计，实现数据充分汇聚，培育发展数字经济。2021年6月，《海南自由贸易港法》公布并实施，为海南推进数据安全有序流动提供了原则性、基础性法治保障。此后一年来，海南自由贸易港在公共数据资源利用、海底数据中心建设、增值电信服务开放、产业试点申报、体制机制建设，以及风险防控等方面取得了显著进展。

（一）创新业务模式　公共数据资源利用取得突破

凭借丰富的公共数据资源，海南省形成了数据产品超市业务模式，探索建立公共数据资源开发利用平台和数据产品交易服务平台。海南省数据产品超市有序开放全省公共数据资源和电子政务平台能力资源，允许合规接入社会数据资源与国际互联网数据资源，在对数据进行加工处理后允许进行交易。同时，海南省数据产品超市引进了具有技术服务能力和研究分析能力的大数据企业和机构开展数据产品开发与交易服务，符合条件的企业和机构均可申请接入，形成了集数据授权流通、产品开发、产品展示、产品需求发布及应答、交易等一系列服务于一体的全流程业务模式。根据统计，海南省数据产品超市已接入数据资源12476个，引入阿里云、中国银联、华控清交、招商银行、建设银行、科大讯飞等企业662家，数据产品914个，实现营收

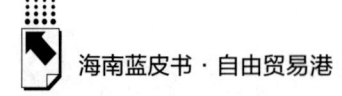

超过10352万元，①初步形成了以数据产品超市为特色的海南自由贸易港数据要素市场。

出台配套法律法规，提高顶层制度设计的确定性。为了规范公共数据产品开发利用与数据产品交易行为，维护数据产品服务提供方和数据产品服务购买方的合法权益，建立合法、合规、互信、安全的数据资源与数据产品开发交易秩序，海南省编制出台了《海南省公共数据产品开发利用暂行管理办法》。②该办法通过界定数据资源的开发边界、开发规则、授权流程和产品交易规则等，使数据管理责任更清晰、数据产品开发行为更规范、数据运营有法可依、数据安全管控有章可循。《海南省公共数据产品开发利用暂行管理办法》对公共数据资源开发利用与数据要素市场的建立具有指导性和规范性的作用，是海南省公共数据产品开发利用工作的创新尝试，是全国首个省级专门规范公共数据产品开发和数据产品交易的规章制度。

创新"政府+市场"运营模式，激发市场活力。为加快数据产品开发利用进程，加速要素市场的建立，海南以招标的方式公开选拔技术能力强、数据运营经验丰富、团队素质高、资金实力雄厚的企业以"建设+运营+移交"的市场化方式由合作方投资快速构建全省统一的数据产品超市。合作方以此获得海南省数据产品超市一定期限的特许运营权，特许期届满后，合作方将数据产品超市的资产及运营权无偿移交海南省大数据管理局。2021年9月23日，中国电信股份有限公司中标获得海南省数据产品超市6年的独家运营权，③这是海南省在积极探索公共数据市场化授权运营方面做出的积极探索。

场景化应用，最大化发挥数据商业价值。海南通过场景化应用方式将公共数据资源转化为数据产品，采取"一次使用一次授权"的方式，最大化

---

① 数据来源：海南省数据产品超市，https：//www.datadex.cn/home，最后访问日期：2023年6月7日。
② 《海南省公共数据产品开发利用暂行管理办法》，海南省人民政府官网，http：//dsj.hainan.gov.cn/zcfg/hnxd/202303/t20230331_3390591.html，最后访问日期：2023年6月7日。
③ 董学耕：《海南：加快数据要素市场培育创新数据产品超市》，《中国电子报》2022年3月4日。

推动公共数据资源的开发利用。例如，在"诚信简历"场景中，应聘者可通过自己的手机，以扫描二维码的方式对招聘企业进行查询授权，企业得到授权后可快速对应聘者的简历进行真实性核验，实现人事招聘过程中人才简历的快速查询，隐私计算、区块链等数字技术和相关部门的全流程监管使个人隐私信息在数字资源产品化的过程中得到有效保护，有效解决了企业招聘中背景调查周期长、效率低、数据真实性等问题。

（二）建设海底数据中心 创新数据中心交付模式

海南自由贸易港的封关运作，将产生大量的离岸数据中心需求。数据中心作为数字经济发展的基础，是促进数字经济的前提，海南省陵水黎族自治县的商用海底数据中心UDC项目作为海南省2022年重点（重大）项目的预备项目，是全球首个海底数据中心项目。

海底数据中心推动了"陆数海算"商业模式的提质扩容。与传统互联网数据中心相比，海底数据中心无须压缩机或冷却塔制冷，可充分利用海水这一天然资源进行持续、不间断制冷，具有低耗能、省资源的特点，缓解了传统数据中心的污染问题，同时在防火、防洪和防台风方面也具有突出优势。目前，已确定陵水黎族自治县的商用海底数据中心UDC项目的第一期客户为不同应用场景企业，分别为人工智能企业、电信运营商、第三方IDC运营商等。第二期则重点开拓头部互联网和超算客户。除托管服务以外，海底数据中心还可推出服务器租赁、海底云空间、云算力租赁等商业模式。可以看出，陵水商用海底数据中心依托其地理条件和应用场景，定位于能源友好型数据中心的细分赛道，将有效补充陆地数据中心，同时针对海外市场及国内互联网龙头企业，采用灵活多元的商业合作模式。

海底数据中心将实现绿色升级，助力"双碳"目标实现。自2021年底以来，国家发改委、工信部等部门先后出台了《贯彻落实碳达峰碳中和目标要求推动数据中心和5G等新型基础设施绿色高质量发展实施方案》《"十四五"工业绿色发展规划》等文件，鼓励探索利用河湖、海洋等优势资源，建设利用自然冷源散热的数据中心，充分发挥气候水文和地形地貌等自然条件的天然优势,因地制宜促进数据中心节能降耗。陵水海底数据中心不仅可纳入海洋牧场、深海网箱等生态类项目,而且与海洋油气、海洋电力、海洋船舶制造等工业、能源类项目相辅相成,进一步探索陆海统筹、生态用海、集约用海的新实践。与陆地数据中心相比,海底数据中心项目低耗水、电、土地,绿色环保,具有显著的成本优势。陵水海底数据中心项目为"海洋经济+数字经济"的发展创建新赛道,为我国建设国际数据港和生态文明试验区提供了创新方案,为我国绿色低碳发展做出新贡献。

(三)积极申报试点项目 率先布局重点产业

国家区块链创新应用试点获批。区块链已成为全球技术发展的前沿阵地,《海南自由贸易港建设总体方案》明确提出建设海南国家区块链技术和产业创新发展基地等任务,鼓励区块链技术与海南自由贸易港建设融合应用。随后,海南省印发《海南省创建国家区块链试验区实施方案》,提出将海南作为国家区块链试验区的载体,结合自由贸易港建设,选择适合区块链应用的特定场景和重要领域,以区块链技术与自由贸易港实体经济、治理能力融合应用为重点,为全国区块链技术应用和产业创新发展探索路径、积累经验、提供示范。2018年,海南率先授牌海南生态软件园建设"海南自贸区(港)区块链试验区",随后吸引了百度区块链实验室、360区块链、迅雷区块链等超过100家企业入驻,并与牛津大学、中国人民大学、上海交通大学、中科院计算所等达成系列合作。2022年1月,中央网信办等公布了15个综合性和164个特色领域的国家区块链创新应用试点名单,海南省海口市、海南省南海云控股股份有限公司、海南省洋浦经济开发区海南大学计算机科学与技术学院3个项目分别获批区块链综合试点、区块链+卫生健康、区块链+贸易金融创新应用试点。[①]

工业领域数据出境安全管理试点获批。2022年3月,全国有15个省、

---

① 中华人民共和国互联网信息办公室:《中央网信办等十六部门联合公布国家区块链创新应用试点名单》,中央网信办官网,http://www.cac.gov.cn/2022-01/29/c_1645059212139691.htm,2022年1月30日。

自治区和直辖市获批工业领域数据安全管理试点。海南省中国石化海南炼油化工有限公司、中石油海南福山油田勘探开发有限责任公司、海洋石油富岛有限公司、双成药业股份有限公司、澳斯卡国际粮油有限公司、金盘智能科技股份有限公司、椰云网络科技有限公司、海南国际数据交易服务平台8家企业将参加工业领域数据安全管理试点建设，主要包括数据安全管理、数据安全防护、数据安全评估3项必选内容和安全产品应用推广、数据出境安全管理2项可选内容。其中，"数据出境安全管理"目前仅在海南、浙江两地开展试点。

开启卫星数据国际光纤直接传输试点。2022年11月，海南卫星数据与应用研究中心落地运行，依托海南信息通信网络的政策和制度优势，研究中心将统筹协调航天海外地面各站网及其相关数据资源，寻求在遥感数据及其应用方面的国内外合作，实现北京主节点、海南节点与海外节点的互联互通。此外，作为"金砖国家遥感卫星星座数据与应用中心（中国）"的业务支撑机构，研究中心还将协助推动金砖国家遥感卫星星座建设、数据接收、处理分发和应用推广。目前，海南卫星数据与应用研究中心已开展卫星数据国际光纤直接传输试点工作，实现了海南卫星数据出口业务"零"的突破。[①]

（四）建设数字基础设施　推进国际信息通信开放试验区

国际互联网数据专用通道正式开通。2021年4月12日，海南自由贸易港国际互联网数据专用通道正式开通。该专用通道为全国首个按省域申报建设的专用通道，服务覆盖海南自由贸易港9个产业园区，以园区内企业为服务对象，旨在构建提升企业国际互联网访问体验的一类信息通信基础设施。国际互联网数据专用通道开通后，全球网络平均时延和平均丢包率较非专用通道分别降低12.84%和89.54%，特别是专用通道至东南亚方向的平均时

[①] 《海南卫星数据与应用研究中心落地运行》，海南省人民政府官网，https://www.hainan.gov.cn/hainan/zymygxwzxd/202211/5187a241cc6e42d4894fb6100cf812da.shtml，最后访问日期：2023年6月6日。

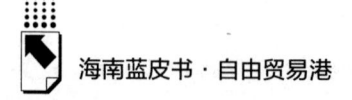

延降低44%，至港台、东南亚、大洋洲、南美洲方向的平均丢包率低于0.5%，主要性能指标与韩国、日本、新加坡等发达国家相当。①

首条国际海底光缆建成并开通。海南第一条承载国际业务的海底光缆"中国移动海南（文昌）—香港春坎角海底光缆"完成设备调试并成功开通，其总长度650公里，规划业务总容量900G，是国内首个16纤对超大容量中继海缆系统，实现海南、香港和珠海三地的互联互通，成功实现海南国际海缆"零"的突破。

区域性国际通信业务出入口局建成运营。2020年底，工业和信息化部批准设置由中国移动通信集团申报的海口区域性国际通信业务出入口局。海口区域性国际通信业务出入口局的批准实现了国内运营商和境外运营商通信网络之间在语音和专线、增值电信业务和互联网业务上的互联互通和数据交换，这将进一步优化中国移动国际传输网络的全球布局，进一步畅通中国内地与中国香港和中国澳门、中国与"一带一路"沿线国家和地区的国际数据专线业务。

5G通信网络建设初见成效。根据统计，截至2022年3月底，海南建设开通近1.3万个5G基站，5G信号覆盖超90%的乡镇地区，海南省5G基站每万人超12个，高于全国平均水平，全国排名第八。从用户体验来看，海南省5G用户平均上传和下载速率均高于全国平均水平。②此外，从应用场景来看，海南省在医疗、能源、文旅、政务等重点行业持续推进5G应用融合创新，积极谋划开发了一批具有海南特色的5G应用项目。

（五）加快法律法规体系建设　制度建设更完备

启动制定《海南自由贸易港网络与数据安全条例》。2022年4月，海南省人民政府发布《海南省人民政府2022年立法工作计划》，共包含29项拟

---

① 《海南自由贸易港国际互联网数据专用通道正式开通》，新华网，http://www.xinhuanet.com/2021-04/12/c_1127320867.htm，最后访问日期：2023年6月10日。
② 《2022年第一季度5G云测平台监测报告》，中国信通院官网，http://www.caict.ac.cn/kxyj/qwfb/qwsj/202205/P020220505407978078250.pdf，最后访问日期：2023年6月3日。

提请海南省人大常委会审议的地方性法规草案。在数据流动方面，海南省启动了由海南省委网信办牵头的《海南自由贸易港网络与数据安全条例》的地方立法工作，对海南自由贸易港域内网络和数据安全做出全面的规定，积极探索"数据安全有序流动"，加快构建既涵盖网络安全、网络数据安全权责要求，又结合海南省自由贸易港建设实际，体现自由贸易港特色的法规。

颁布《海南省政府数字化转型总体方案（2022—2025）》。2022年7月，海南省人民政府颁布《海南省政府数字化转型总体方案（2022—2025）》，提出将健全数据共享和业务协同模式，着眼海南自由贸易港建设更高水平开放形态。方案提出要培育跨境数据要素市场，探索建立跨境数据流动监管体系，用好国际互联网数据专用通道，开展国际数据中心服务试点，推进数据安全有序流动。制定实施公共数据分类分级管理指南、公共数据开放安全评估办法。建设公共数据安全监管体系，强化公共数据开发利用和全生命周期安全管理，加强海量数据汇聚后的安全属性研判、预警分析和技术处理。试点建设跨境数据流动监管体系，建立区域性跨境数据流动规则和白名单机制。试点开展跨境数据流动安全评估，建立跨境数据流通和交易风险评估等制度。探索利用区块链、探针等技术，实现数据共享全程留痕可监测，确保数据使用全生命周期可溯源。

成立海南省商用密码协会。2023年6月3日，海南省商用密码协会在海口成立。商用密码协会将赋能商用密码从业单位增强研发能力、丰富密码产品与服务，搭建开放高效的对接平台，为海南自由贸易港和智慧海南建设提供高质量的密码供给。此外，商用密码协会的建立有助于提高和保障商用密码发展各项政策措施的系统性、整体性、协同性，助力自由贸易港筑牢数据安全基石，积极推动数字经济产业和市场国际化发展。

（六）健全风险防控体制机制

探索建立自由贸易港"首席风险官"制度。2022年，海南省印发《关于探索建立自由贸易港"首席风险官"制度及风险管控体系实施方案》，探索建立自由贸易港"首席风险官"制度，形成多项风险防控工作机制。海

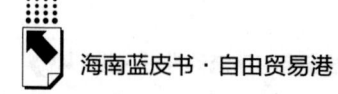

南自由贸易港成立走私、金融、投资、数据流动、服务贸易等15个由分管省级领导牵头的风险防控专项工作组，由工作组组长及各镇区党委主要负责同志分别担任各领域、镇区的"首席风险官"，一方面探索构建风险隐患评估指标体系，针对排查出的风险隐患科学开展评估，提高风险评估的可靠性。另一方面，建立月度动态评估调整机制，根据最新风险情况对每一风险点按照红、橙、黄、蓝（重大风险、较大风险、一般风险、低风险）设定风险等级。[①]

实行海南省政务数据分类分级管理。2022年6月，海南省建立数据安全制度规范体系，发布《政务数据分级分类指南》，根据海南省各级政务部门获得的各类政务数据在国家安全、经济建设、社会生活中的重要程度，以及数据泄露后不同的侵害程度，将政务数据划分为高敏感数据、低敏感数据、一般敏感数据、非敏感数据。针对不同级别的政务数据的数据采集、数据传输、数据存储、数据访问、部门内部共享、部门外部共享、数据开放、数据销毁，设置不同级别的安全保障措施。海南省《政务数据分级分类指南》的发布，为海南省政务数据的数据共享、数据流动，以及数据跨境传输提供了制度保障。

逐步完善数据流动风险防控的制度设计。《海南自由贸易港建设重大风险防控三年行动方案（2020—2022年）》落地实施，分11个领域列出36项风险防控工作任务，海南自由贸易港风险防控工作机制和体系基本成形。针对数据流动风险防控，提出制定《海南自由贸易港数据跨境流动风险防控机制》《海南省数据流动风险防控应急预案》，切实做好数据领域重大风险防控工作，对各行业关键信息基础设施和信息系统进行安全隐患排查，全面加强网络安全防护水平。[②]

[①] 海南自由贸易港：《琼海探索建立自由贸易港"首席风险官"制度》，《海南日报》2022年9月5日。

[②] 中共海南省委自由贸易港工作委员会办公室：《海南自由贸易港建设白皮书》（2021年6月~2022年5月），https://www.hnftp.gov.cn/xwzx/ywsd/202207/P020220729369431239021.pdf，2022年7月29日。

三 2024年推进思路和政策建议

为了推进数据安全有序流动，海南自由贸易港应以对等为原则，以包容性发展为目标，以尊重国家安全和社会公共利益为底线。从推进方向上看，海南自由贸易港应继续夯实数字基础设施，强化数据要素支撑底座；打造国际数据交易中心，激活数据要素价值；布局网络安全产业，打造网络安全产业基地；追踪研究高标准国际规则，率先试点国内数据治理规则。

（一）推进原则

海南自由贸易港推进数据安全有序流动应以对等为原则。2018年美国国会通过《澄清海外合法使用数据的法案》（以下简称"云法案"），首次采用了"数据控制者标准"，允许美国政府直接从全球各地调取美国数字企业所拥有、监管或控制的数据。然而，一国若要直接从美国境内调取数据，则必须通过美国的"符合资格的外国政府"审查。"云法案"实质上采用了"双重标准"，一方面赋予了美国执法机构直接调取外国企业存储在境外的外国用户的相关数据的权力；另一方面，强制要求从美国调取数据的外国政府遵守美国制定的人权保护和隐私保护标准，接受美国政府的定期审核。海南自由贸易港推进数据安全有序流动应依照《数据安全法》《个人信息保护法》奉行对等原则，平等、互惠地处理境外执法机构调取数据的请求。同时，对于从事损害中国公民个人信息权益等活动的境外组织或个人，可采取相应的对等措施。

海南自由贸易港推进数据安全有序流动应以包容性发展为目标。数据的稀缺性及其所具有的规模经济和范围经济效应决定了数据的经济价值将随着数据量的扩大而呈指数增长，这为大型数字平台创造了巨大的先发优势，同时形成了数字市场特有的排他性市场力量，加大了后进公司的市场进入难度。海南自由贸易港推进数据安全有序流动应确立数据治理规则的发展坐标，通过基础设施投资、数字服务市场开放、竞争政策等途径，推动本土数

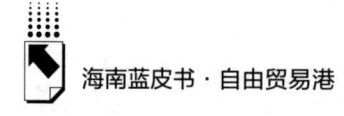

字技术、数字平台等数字密集型企业的发展，减少对大型外国技术公司的依赖，弥合大型数字平台和本地中小微型数字企业之间的数据鸿沟，为中小微企业融入全球数字市场创造公平的竞争环境。

海南自由贸易港推进数据安全有序流动应以尊重国家安全和社会公共利益为底线。数据和跨境数据流动议题作为交叉性议题，囊括了ICT硬件产品的市场准入承诺，与数据流动相关的通信服务、金融服务、计算机相关服务的开放和相关标准的制定，还包括隐私保护、个人信息保护、互联网开放等涉及国家安全和社会公共利益的敏感议题。海南自由贸易港推进数据安全有序流动应在尊重国家主权、维护国家安全和社会公共利益，保护文化多样性的基础上，推动跨境数据流动治理规则形成"最佳实践"，并逐步实现从"软"约束向"硬"承诺的过渡。

（二）推进方向

1. 建设数字基础设施　强化数据要素支撑底座

持续推进5G、高速网络宽带等数字基础设施建设。坚持适度超前的原则，加快5G规模化部署步伐。加快推动海南省第五代移动通信技术（The 5th Generation Mobile Communication Technology，以下简称"5G"）的站址规划，形成5G建设实施方案。以具体应用场景为突破点，依托智慧医疗、智慧旅游、智慧教育等项目及垂直行业应用，推动5G精品网络建设。另一方面，按照工信部"千兆城市"建设标准，全面推进各市县城区光纤宽带提质升级，重点推进对海口复兴城信息产业园、海南生态软件园等科技类重点产业园区宽带网络进行优化升级，在普遍具备提供千兆接入能力的基础上，力争到2023年按需提供万兆接入能力。

申请建设全业务国际通信业务出入口局。全业务国际通信业务出入口局可经营国际语音、国际互联网和国际专线业务，目前仅在北京、上海和广州三个城市设有全业务国际通信业务出入口局，海南省国际互联网业务流量均经由上述三大全业务国际通信业务出入口局绕转出境。随着海南自由贸易港建设的不断推进，海南省国际通信需求将逐渐增大。另外，随着"中国移动海南（文昌）—香港春坎角海底光缆"建成并投入使用，以及其他海上丝绸之路方向海缆的筹备，建议海南自由贸易港可申请建设第四个全业务国际通信业务出入口局，提升网络连接能力和网络质量，吸引跨国公司和互联网企业落户海南，抢占国际信息通信资源制高点，支撑海南自由贸易港的稳步发展，同时积极探索建设数字自由港，进而推动海南发展为区域先进、联通全球的国际海缆枢纽，以满足"一带一路"沿线中国企业的信息化诉求，以及沿线经济体的国际数据通信发展需求。

建设国际信息高速通道。申请直达广州国际通信业务出入口局的国际互联网数据专用通道，构建快速通达全球互联网的企业专用通信线路。加快海南国际海缆基础设施建设，规划建设连接新加坡、马来西亚、日本、韩国等亚太经济体的专用国际海缆，有效满足海南自由贸易港封关运作的国际通信需求。同时，结合海南自由贸易港数据跨境安全有序流动发展情况，鼓励基础电信运营商和其他社会力量筹划更多国际海缆，使海南初步具备区域性国际信息通信枢纽的基础条件。

2. 打造国际数据交易中心　激活数据要素价值

搭建国际数据（数字产品）交易中心平台。明确海南自由贸易港数据产品超市的数据交易场所职能，扩大接入数据商数量和类型，促进地区性数据交易平台与行业性数据交易平台、国际性数据交易平台的互联互通。海南自由贸易港可借鉴苏州"苏商通"的做法，为各类法人及非法人组织提供"标准一致、数据一致、体验一致"的服务。"苏商通"作为政府和企业之间的纽带，主动将各级惠企政策推送给企业。企业登录相关移动端App、门户网站或自助服务终端，即可找到苏州市各类涉企服务，获知各类涉企政策、解读文件和申报通知等，同时可自主申领各类电子化单证。此外，海南自由贸易港可试点出台数据交易场所管理办法，建立健全数据交易规则，降低海南自由贸易港数据产品超市的交易成本，提高交易政策的确定性。

探索离岸数据服务创新试验区。推动"两头在外"数据的自由流动和高效服务，实现数据要素的跨境流通，带动发展跨境电商、国际金融科技、离岸数据服务外包等关联业态，促进国际数据流量在海南自由贸易港集聚和

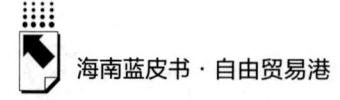

变现。打造"境内关外"数据试验区,畅通境内外数据流动,按照"特定区域、特定对象、特殊授权、特殊监管"的试点思路,允许经过批准在离岸区内从事业务的企业和机构在特定区域内使用相关基础设施,通过国际数据专线开展国际数据服务。

探索数据跨境便利流通机制,开展"正面清单+安全评估"数据跨境试点。可结合海南自由贸易港数字产业发展规划,在旅游业、现代服务业等重点产业和优势产业制定形成低风险跨境流动数据目录,在"正面清单"内的数据,可在不影响国家安全和个人隐私的前提下,实现有限度的安全有序跨境流动。此外,对于处于"正面清单"内、达到一定阈值的数据,按照《数据出境安全评估办法》进行安全评估。

推动"产业+数据"融合发展模式,引进培育企业主体。例如,可利用超大容量海底信息传输光缆等数字基础设施优势,为游戏出海云服务分摊基础设施成本。同时,依托澄迈生态软件园,提供技术赋能,推动国产网络游戏试点审批权下放,打造电竞游戏赛事IP,推进"游戏出海",布局自由贸易港电竞游戏产业生态链。在企业主体方面,可为中小微企业制定阶段性、规模性、精准性减税政策,构建独角兽企业发现机制,制定独角兽企业遴选发现指标体系,针对具有核心技术、成长潜力的数字企业建立独角兽企业培育库。

3.布局网络安全产业 打造网络安全产业基地

与美国、欧盟等发达经济体网络安全企业相比,我国网络安全产业尚不具备明显优势。根据《智慧海南总体方案(2020—2025年)》要求,海南自由贸易港应积极布局数字安全技术产业,推动网络安全技术研发、生态培育和典型示范试验,打造网络安全产业基地。

加强网络安全产业链整合与合作,推动网络安全技术研发。在我国网络安全企业尚不具备显著优势的情况下,海南自由贸易港可主动推动网络安全产业链上下游企业的合作,增强整体实力,优势互补,推动其技术解决方案的更新与升级,进而提高产品的国际竞争力,实现产业链上下游的互利共赢。除此以外,可推动网络安全企业与信息技术企业、电子制造企业、运营商等开展更大范围的技术合作与市场渠道合作,丰富本土网络安全企业服务场景。

建立政府和企业的联动机制。鼓励网络安全企业积极配合、参与和支持海南自由贸易港战略布局，并在网络安全技术行业标准、研发指南、应急保障等领域提出相关建议。充分发挥政府的引导作用，形成地方和企业联动机制，构建国家和企业互动支撑平台，鼓励网络安全企业在全球范围内进行技术合作与交流，及时掌握本行业上下游企业的业务诉求，为企业"走出去"创造良好的外部环境。

完善网络安全企业"走出去"支撑服务体系。网络安全产品、技术水平、国际政治环境、市场环境、法律法规和国际网络空间规则等方面的挑战均是影响网络安全企业和产业发展的重要因素。规划网络安全产业发展，可加强对国际环境、市场规则和法律规定等方面的研究，建立一套关于国际规则、国外政策、法律法规、市场环境、产业资讯等方面的咨询、培训、分析和评估等一体化的服务体系，协助企业做好风险分析和防范，提升企业风险防控意识和能力，鼓励和支持企业参与国际标准化组织活动和标准制定，推动企业进行国际交流，构建企业间交流服务平台，分享企业走出去取得的经验和教训，避免走弯路，为网络安全企业"走出去"做好服务支撑工作。

4. 追踪研究高标准国际规则　率先试点国内数据治理规则

对接国际高水平经贸规则，进行制度集成创新，促进生产要素的自由便利流动是《海南自由贸易港建设总体方案》的关键点之一。另外，《海南自由贸易港法》第四十二条规定："海南自由贸易港依法建立安全有序自由便利的数据流动管理制度，依法保护个人、组织与数据有关的权益，有序扩大通信资源和业务开放，扩大数据领域开放，促进以数据为关键要素的数字经济发展。"基于此，海南自由贸易港在国际层面应主动追踪研究并探索试点国际高标准经贸规则；在国内层面应率先助力数据治理国内规则的落地。

通过海南自由贸易港建设推动数据出境安全评估机制平稳落地，探索个人信息保护认证机制和标准合同条款。在数据出境安全评估方面，根据《数据出境安全评估办法》规定，重要数据和一定规模以上的个人数据需经

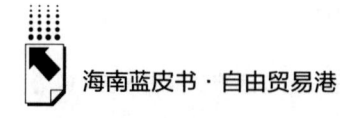

过安全评估后方可出境。然而，目前中国尚未出台统一的重要数据目录。海南自由贸易港应率先在具有相对优势的产业领域试点出台重要数据清单，引入数据分析模型，试点"机器分类+人工审核"的数据分级分类模式。此外，在个人信息保护认证机制方面，可尝试探索个人信息保护认证机制，明确认证机构资质，探索技术认证的标准和要点，细化技术验证和现场审核的权责；在标准合同条款方面，可试点、澄清、优化个人信息出境标准合同，以提高其可操作性、确定性、一致性，尽量避免标准合同与商业合同之间的潜在冲突。

对CPTPP、DEPA等高标准跨境数据流动规则进行实时追踪研究。现阶段，中国跨境数据流动治理规则尚且处于起步阶段，在一定时期内，中国的国家安全理念、产业发展阶段和国内规制基础与美欧主导的跨境数据流动规则仍存在一定差距。与此同时，DEPA作为全球首个专门数字经济协议，具有开放性、灵活性、高效性、前瞻性等优势，为中国参与跨境数据流动全球治理提供了新方案和新路径。海南自由贸易港应主动加强对CPTPP、USMCA、DEPA内的市场准入要求、规则和纪律要求进行评估，考察现阶段国内的立法情况和监管现状与相关条款的差异，重点关注中国和相关经济体在跨境数据流动议题上存在的利益共同点。与此同时，中国应就相关产业和行业的适应程度进行分析，就可能出现的各类问题进行风险评估，并制定相应的风险预警机制。

参考文献

［1］陈月华、崔玉华：《借力"一带一路"加快我国网络安全企业走出去》，http://www.sic.gov.cn/News/91/8414.htm，2017年8月30日。

［2］董学耕：《海南：加快数据要素市场培育创新数据产品超市》，《中国电子报》2022年3月4日。

［3］海南自由贸易港：《智慧海南总体方案（2020—2025年）》，2020年8月14日。

［4］易永豪、唐俐：《我国跨境数据流动法律规制的现状、困境与未来进路》，《海南大学学报》（人文社会科学版）2022年第6期。

［5］中共海南省委自由贸易港工作委员会办公室：《海南自由贸易港建设白皮书》（2021年6月~2022年5月），https://www.hnftp.gov.cn/xwzx/ywsd/202207/P020220729369431239021.pdf，2022年7月29日。

［6］《2022年第一季度5G云测平台监测报告》，中国信通院官网，http://www.caict.ac.cn/kxyj/qwfb/qwsj/202205/P020220505407978078250.pdf，最后访问日期：2023年6月3日。

［7］Andrenelli A. and López-González J., "3D Printing and International Trade: What is the Evidence to Data?", *OECD Trade Policy Paper* No. 256, 2021.

［8］Gao H. S., "Data Regulation with Chinese Characteristics," *SMU Centre for AI & Data Governance Research Paper* No. 2019/04, Singapore Management University School of Law Research Paper No. 28/2019, In M. Burri (Ed.), Big Data and Global Trade Law (pp. 245-267). Cambridge: Cambridge University Press. doi: 10.1017/9781108919234.017, Available at SSRN: https://ssrn.com/abstract=3430284 or http://dx.doi.org/10.2139/ssrn.3430284.

［9］UNCTAD, *Digital Economy Report 2021: Cross-border Data Flows and Devel-opment: For Whom the Data flow*, Geneva: United Nations Conference for Trade and Development, 2022.

专题报告
Special Topic Reports

B.8
海南自由贸易港现代产业体系建设报告

沈玉良 邹家阳[*]

摘　要： 《海南自由贸易港建设总体方案》确定了海南自由贸易港现代产业体系建设的基本框架，并将旅游业、现代服务业、高新技术产业、热带特色高效农业作为海南现代产业体系中的四大主导产业，这四大主导产业的增加值占全省GDP比重由2020年的53%提升至2022年的70%。本报告构建并测算了海南现代产业体系成长指数，发现2022年其指数快速增长，主要原因是各主导产业和相关经济指标全面快速增长。2024年海南自由贸易港要进一步围绕四大主导产业，充分利用全岛封关的有利时机和封关前后的海南自由贸易港制度安排，提档升级旅游业，发展壮大现代服务业，加快发展高新技术产业，做强做优热带特色高效农业，

---

[*] 沈玉良，上海社会科学院世界经济研究所研究员，主要研究方向为国际贸易理论与政策；邹家阳，上海WTO事务咨询中心统计分析部业务咨询师，主要研究方向为产业和贸易统计分析。

培育壮大种业、深海、航天等未来产业，加快构建开放型、生态型、创新型现代产业体系。

关键词： 现代产业体系　主导产业　成长指数

本研究报告以《海南自由贸易港建设总体方案》为依据，分析海南现代产业体系建设的总体进展，特别是四大主导产业的推进路径和方式，提出构建海南开放型、生态型、创新型现代产业体系建设思路。

一　现代产业体系建设进展

《海南自由贸易港建设总体方案》要求以旅游业、现代服务业和高新技术产业为发展主体，建设现代产业体系。海南自由贸易港创建以来，以旅游业、现代服务业、高新技术产业和热带特色高效农业为主导产业的现代产业体系初具规模。

（一）海南产业结构变动及与现代产业体系之间的关系

从2018年海南成立自贸试验区到2020年建设自由贸易港以来，尽管受到疫情等不利因素的影响，海南地区生产总值还是出现了比较快的增长，从2018年的4832.05亿元增加到2022年的6818.22亿元。

从三大产业的增加值看，2018年海南第一产业增加值为1000.11亿元，第二产业增加值为1095.79亿元，第三产业增加值为2736.15亿元，三大产业增加值占地区生产总值的比重分别为20.7∶22.7∶56.6。到2022年海南第一产业增加值为1417.79亿元，第二产业增加值为1310.94亿元，第三产业增加值为4089.49亿元，三大产业结构为20.8∶19.2∶60.0。尽管2018~2022年海南地区生产总值年均增长率为7.13%，但三大产业结构变动相对比较小。同我国整体以及国内其他省市的产业结构相比较，海南产业结构有

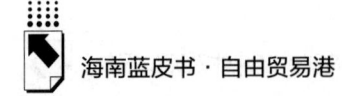

两个明显的不同特征，一是第一产业增加值所占比重相对偏高，比全国平均水平高 13.7 个百分点，说明第一产业在本省 GDP 中的贡献还是比较大。二是第二产业所占比重相对较低，全国平均水平为 39.9%，比海南高出 20.7 个百分点。这说明海南跨过以工业为主导产业的过渡阶段，而直接转型为以服务业为主导的产业结构。①

从三大产业结构看，海南是否遵循产业结构变动的一般规律，即第一产业转向第二产业，再从第二产业转向第三产业？我们认为从长期看，海南产业结构转型也应该符合这种发展规律，最主要的原因，一是与人均 GDP 的增长和恩格尔系数的变化有着直接关系，第二产业和第三产业增加值相对比重提高是一个客观趋势；二是三大产业之间的劳动生产率存在明显的差异，因而促成劳动力收入水平的差异，在社会分工的条件下，劳动力自然向劳动生产率高的部门转移。

但由于每个区域存在着要素禀赋的差异，因而三大产业结构的变动不仅会受到资源的约束，也会受到特定制度安排的影响。海南目前在产业转型中的问题不是结构问题，而是产业内部发展不够充分，对外开放度偏低的问题。②

尽管海南第一产业占比较高，但海南第一产业发展还处于初中级阶段，农产品产业链不长，附加值不高。第二产业高新技术所占比重相对较低，而且尚未形成具有国际影响力的工业制造品。第三产业以旅游业为主，中低端服务业占比高，为第一和第二产业提供服务的高端服务业发展缓慢。③

因此，海南发展现代产业体系主要不是产业结构的变动，而是根据三大产业本身的特点，聚焦海南优势产业，通过技术创新，形成具有海南自由贸易港特色的现代产业体系。

---

① 傅国华、马恺阳、张德生：《构建现代产业体系背景下海南自由贸易港产业结构优化研究》，《海南大学学报》（人文社会科学版）2022 年第 2 期，第 93 页。
② 钟业昌主编《中国（海南）自由贸易试验区发展报告（2019）》，社会科学文献出版社，2019。
③ 陈文晖：《海南产业发展和空间布局优化》，《开放导报》2019 年第 3 期。

（二）海南现代产业体系建设进展

从海南现代产业体系建设进展整体来看，旅游业、现代服务业、高新技术产业和热带特色高效农业作为主导产业，发展速度加快。

首先，从产业投资看，海南在现代产业体系建设中摆脱"房地产依赖症"，到2022年，非房地产投资占比较2017年提高18.2个百分点，其中产业投资年均增长12.4%。其次，旅游业、现代服务业、高新技术产业、热带特色高效农业四大主导产业规模不断增大，从2019年的2665.42亿元增加到2022年的4772.74亿元，年均增长15.68%，四大主导产业增加值占全省GDP的比重由2020年的53%提升至2022年的70%。最后，四大主导产业内部结构进一步优化，旅游业打造知名旅游品牌，中国国际消费品博览会已经成为全球具有一定知名度的博览会。打造国际航空枢纽，推动旅游消费提档升级。现代服务业加快发展金融、现代航运、新型离岸贸易等新业态，其在海南现代服务业中的比重不断提升。大力培育高新技术企业，特别是围绕种业、深海和航天三大未来产业，提升产业迭代升级能力和根植性。大力发展热带特色高效农业，到2023年底，17个重点农业产业培育发展工作将全面开展，试点产业链将不断健全，入选国家优势特色产业集群等产业融合发展平台的重点产业争取达到10个。

从现代产业的国际化水平来看，"两个基地"、"两个网络"和"两个枢纽"建设提升了海南现代产业的国际化水平，使海南成为以国内大循环为主体、国内国际双循环相互促进新发展格局的战略支点。"两个基地"是中国企业进入国际市场的总部基地和海外企业进入中国市场的总部基地。"两个网络"是空海国际交通网络和国际经贸合作网络。"两个枢纽"是西部陆海新通道的国际航运枢纽和面向太平洋和印度洋的航空区域门户枢纽。

（三）四大主导产业推进进程

第一，旅游业。扩大旅游消费的内涵和外延，提升旅游服务附加值，进一步推进国际旅游消费中心建设。一是进一步充分利用和优化离岛免税政策，提升离岛免税服务质量，离岛免税销售额五年超1300亿元。二是进一步充分发挥医疗旅游的潜力。博鳌乐城国际医疗旅游先行区作为我国当前仅有的"医疗特区"，享有"特许医疗、特许研究、特许经营、特许国际医疗交流"等优势政策，已成为全球药械产品进入中国最重要的快捷通道。该先行区内共批准19家医疗单位获得特许药械使用资质，并有超过3万名患者享受了特许药械服务。2023年第一季度特许药械的使用人次快速增长至3177人次，较上年同期增幅达48.2%。到2023年6月，该先行区有25家医疗机构正式运营，另外还有24家医疗机构正在建设或筹建中，公立、民营和国际医疗单位共同组成了形态多样且优势互补的医疗产业新格局。2022年先行区医疗机构接待医疗旅游人数18.9万人次，同比增长48.5%；2023年一季度接待医疗旅游人数64391人次，同比增长59.72%。三是教育成为海南自由贸易港旅游业的新亮点，陵水黎安国际教育创新试验区已经批准并正式开设了6所中外合作办学单位，并开始接收学生入学。其中海南比勒费尔德应用科学大学是中国境内第一个国外高校独立办学的机构，2023年正式招生。

在海南自由贸易港的建设中，高端购物、医疗和教育等境外消费的回流正逐步成为其最具吸引力的特色。

第二，现代服务业。生产性服务业在全省GDP中的比重不断提升，研发投入不断增加，对海南自由贸易港现代产业支撑作用日益明显。海南2022年生产性服务业增加值为1671.25亿元，占现代服务业增加值（2124.70亿元）的78.66%。现代服务业中的九大行业中，批发业，信息传输、软件和信息技术服务业，科学研究和技术服务业及现代教育和医疗健康服务业四个行业增加值保持上升势头，同比增幅均超过10%。2022年，海南省规模以上现代服务业企业研发投入55.69亿元，其中信息传输、软件和信息技术服务业企业研发投入力度最大，全年共投入研发费用43.05亿元，同比增长91.4%，拉动全省规模以上现代服务业企业研发投入增长62.9个百分点。

第三，高新技术产业。海南自由贸易港以国家科研平台为依托，大力开展具有原创性和引领性的科研工作，并引进和培育不同性质的研发单位，致力在种业、深海和航天科技创新领域取得新成就。

种业科技重点聚焦全球动植物种质资源引进中转基地建设，积极推进南繁种业发展。一是在基础设施建设方面，国家（三亚）隔检中心（一期）完成主体结构施工，正在进行幕墙工程和机电工程等项目施工。在海关总署支持下，三亚凤凰国际机场获得进境植物种苗指定监管场地资质。种质资源隔离检疫基地建设进展顺利。二是初步形成了中转基地中央部门间、中央与地方政府之间的制度集成创新体系。海关总署正在推进《全球动植物种质资源引进中转基地海关监管方案（试行）》的修订。强化了监管一致性和监管互认，依据"谁审批、谁监管"原则进一步明确监管责任，促进口岸进出境便利化。海南省政府建立了中转基地生物安全制度体系，为海南省落实生物安全属地责任提供了保障。探索制度集成创新，不仅进一步完善"常规引种"业务流程制度安排，还助力落实全国首例以企业为主体的"特许引种"业务。通过中转基地基础设施建设和制度创新，中转基地建设的成效显著。一是主动对接市场主体，引种科研成果初见成效，引种通道逐步畅通。二是推进资源保育设施建设，促进多元化科研成果转化。重点推进全球动植物种质资源鉴定评价及确权交换中心、国家三角梅种质资源库、国家野生稻种质资源圃、国家动植物基因库和国家级农作物种质资源圃项目建设。三是围绕南繁主要粮食作物、热带作物、畜禽、水产主导产业，精选优质种质资源。

深海科技集中精力在"深海进入、深海探测、深海开发"方面努力取得科研突破，致力于建立国家级深海技术创新中心，并重点提升具有开放共享特点的国家深海科研试验能力。深海科技主要以崖州湾科技城为依托，科技城规划面积为12.3平方公里，重点布局"一城一港"两个区域。"一城"即深海科技城，规划面积12平方公里；"一港"即南山港，规划面积0.3平方公里，是高水平建设深海科技城、打造深海科创高地的基础支撑，正加快推进科考功能改造，逐步实现由传统货运港向科考母港转变。截至目前，"一城一港"在建深海领域重大科技基础设施和产业平台20项。加快构建深海科研技术体系。一是积极融入国家科技创新体系，例如联合中国海洋大学共同建设崂山实验室海南基地。二是系统谋划重大科研平台项目。全力推进深海科技创新公共平台建设，目前项目整体形象进度已完成94.3%，设备采购进度约92.4%。加快建设南海地质科技创新基地、深海化合物资源中心等重大项目。三是启动南山港科考功能改造与科考服务能力提升工作。不断完善港口服务基础设施，新建国内首座公共科考码头及科考船维修保障泊位，计划2023年底前建成投用，目前整体形象进度已完成70%；配套建设2580平方米科考实验仓库，初步建成科考服务码头保障基地。截至2023年5月，南山港完成295航次科考船服务，同比增长299%，先后为中科院等60余家科研院所、高校和企业提供科考服务。四是大力支持深海领域科研攻关。累计支持220项深海科研项目，涉及深海装备与探测、海洋清洁能源和新材料等深海科技领域关键核心技术。五是协商海洋领域平台运营。着力培育深海科技产业集群。聚焦"深蓝"特色产业，探索推动深海生物资源及新能源、新材料开发应用等深海科技高值产业培育。截至2023年4月底，科技城累计注册海洋产业类企业1075家。中船集团、招商局集团、大唐集团等央企及山东东宝重工、明阳智慧能源、山东未来机器人等涉海科技创新龙头企业落户科技城。

航天科技依托文昌国际航天城，加快建设航天发射及相关服务、航天高端产品研发制造、航天大数据开发应用等产业。旨在建立集科技创新、商业航天、航天产业及国际合作于一体的新基地。[1] 一是加快搭建各类航天产业科技创新公共平台，特别是海南省航天技术创新中心建设。海南省航天技术创新中心是经海南省政府同意，由文昌国际航天城管理局成立的新型研发机构，是省级科技创新平台，通过航天技术创新中心建设加快构建火箭、卫星、数据三大领域的创新链、产业链、人才链，打造空间科技创新战略高地。二是提高民营企业在航天科技的参与度。2022年7月由海南国际商业航天发射有限公司投建的海南商业航天发射场项目启动，这是中国首个开工

---

[1] 《走海南特色航天发展道路，文昌国际航天城全力打造"四地"》，半月谈，2022年9月8日，https://www.xinhuanet.com/comments/2022-09/08/c_1128922952.htm。

建设的商业航天发射场,是海南服务和融入航天强国战略的重大标志性项目。三是进一步开放航天科技的合作平台。国家航天局已经在航天城挂牌设立"国家航天局高分辨率对地观测系统海南数据与应用中心""国家航天局卫星数据与应用国际合作中心""金砖国家遥感卫星星座数据与应用中心(中国)",为打造航天产品和卫星应用服务的进出口基地提供制度支持。2023年一季度,文昌国际航天城园区实现营业收入40.65亿元、税收收入2.14亿元、固投完成13.45亿元,分别是上年同期的3.39倍、2.3倍、1.79倍。截至目前,园区1633家企业中,航天类企业205家,占比12.6%。

第四,热带特色高效农业。海南聚焦热带特色高效农业,促进产业规模化、标准化、品牌化和国际化发展。《海南省"十四五"推进农业农村现代化规划》是海南建设中国特色自由贸易港以来,发布的首个专注于农业农村现代化的规划。一是为保障国家粮食安全、建设国家南繁硅谷、打好种业翻身仗等国家战略,海南规划建设南繁科技城、国家南繁科研育种基地、全球动植物种质资源引进中转基地、国家现代农业产业园、国家热带农业科学中心五大平台。2022年,海南省农业农村厅出台《海南省热带特色高效农业全产业链培育发展三年(2022—2024)行动方案》,明确三年内聚焦农业主导产业,实施水稻、冬季瓜菜、水产养殖、天然橡胶、南繁种业等17个产业全产业链培育发展任务,争取5个重点产业入选国家优势特色产业集群和现代农业产业园。二是科技打造热带特色高效农业,2022年7月,农业农村部基因编辑创新利用重点实验室(海南)在三亚崖州湾科技城揭牌成立。该实验室的目标是进行基因编辑工具底盘技术原始创新、共性衍生技术研发、基因编辑产品创制和产业化应用,通过跨领域合作共同开发我国自主知识产权的基因编辑系统,在新品种培育方面取得新进展,构建基于自主知识产权的基因编辑工具、技术和产品研发和产业化的新型产业链,加快解决基因编辑技术所面临的技术障碍,在种业关键核心技术领域做出新的贡献。三是推动热带特色高效农业的品牌化和国际化。培育外向型农业企业,2家企业获评国家级农业国际贸易高质量发展基地。实施品牌强农战略,出台了

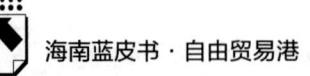

海南区域公用品牌规划和三年行动方案，发布荔枝、杧果、咖啡、火龙果等公用品牌生产标准、质量标准、储运标准、质量追溯等指标，通过支持引导企业开展国际认证、加强中欧地理标志国际互认等措施不断提升海南省农产品质量安全水平。

二 现代产业体系评价指标和评估

为了更好反映现代产业体系推进进程，本文通过建立指标体系，以现代产业体系成长指数量化分析海南现代产业体系发展进程。

（一）指标体系

根据《总体方案》对现代产业体系的建设要求，本文将设定规模性、质量性、国际化和生态化四个方面的指标，规模性指标主要以增加值作为指标，包括产业增加值、四大主导产业增加值及四大主导产业增加值占产业增加值的比重。质量性指标重点以专利为指标，包含专利、发明专利及发明专利占专利比重三个方面。产业国际化指标主要以贸易指标为主，包含货物贸易、服务服务以及高新技术贸易等方面的指标。生态化指标以单位GDP能耗为主。

根据不同指标在海南现代产业体系中的重要程度，我们对不同指标设定了不同的权重，具体分指标权重见表1。

表1 海南现代产业体系成长指数指标

指标	指标权重	分指标	分指标权重
规模性指标	0.5	产业增加值（亿元）	0.1
		四大主导产业增加值（亿元）	0.3
		四大主导产业增加值占产业增加值的比重（%）	0.1
质量性指标	0.2	专利（件）	0.05
		发明专利（件）	0.1
		发明专利占专利比重（%）	0.05

续表

指标	指标权重	分指标	分指标权重
国际化指标	0.25	进出口贸易（亿元）	0.02
		出口贸易（亿元）	0.03
		高新技术贸易（亿元）	0.05
		高新技术贸易出口（亿元）	0.05
		进出口贸易占GDP比重（%）	0.02
		高新技术贸易占贸易比重（%）	0.05
		高新技术贸易出口占出口比重（%）	0.03
生态化指标	0.05	单位GDP能耗（吨标准煤/万元）	0.05

资料来源：作者自制。

海南现代产业体系成长指数指标的测量方法是首先以2019年为基期的标准化计算，对各指标以2019年为基期进行标准化计算如式（1）。

$$y_{it} = \frac{x_{it}}{x_{i,2019}} \tag{1}$$

其中，t表示年份，i表示指标类别，x_{it}为海南省各年各指标的原始数值，y_{it}为海南省各年各指标以2019年为基期进行标准化后的数值，$y_{it} \geq 1$。

其次，根据不同指标对现代产业体系的重要性进行加权计算，然后对各年各指标按照所赋权重进行加总如式（2）。

$$z_t = \sum_i y_{it} \times w_i \tag{2}$$

其中，w_i为海南省各指标的权重且$w_i \in [0,1]$，z_t为海南省当年的各指标加权总和值。

最后，通过式（2），以2019年作为基期，测算2020~2022年度海南现代产业体系年度成长指数。

（二）海南现代产业体系成长指数（2022）

从测量结果看，以2019年为基期，2022年海南现代产业体系成长指数为1.58。相比2021年，2022年，海南现代产业体系成长指数明显提高。这主要体现在三个方面，一是在海南现代产业体系成长指数指标中，大部分指标都出现比较明显的正增长，四大主导产业增加值年均复合增长率达到21.4%，大大高于产业增加值8.5%的增幅。

从体现质量性指标的专利数量的增长情况来看，海南专利申请量从2019年的9302件增加到2022年的17273件，其中发明专利增长尤为明显，年均复合增长率达到26.3%。

从体现国际化指标的国际贸易来看，无论是国际贸易（货物贸易和服务贸易）绝对额还是相对比重看，都有不同程度的增长，特别是国际贸易出口和高技术产品出口明显加快，高技术产品出口的年均复合增长率达到40.4%。

表2 2019~2022年海南现代产业体系成长指数与指标情况

年份	成长指数	规模性指标	质量性指标	国际化指标	生态化指标
2019	1.00	0.50	0.20	0.25	0.05
2020	1.00	0.58	0.24	0.14	0.05
2021	1.37	0.77	0.36	0.21	0.04
2022	1.58	0.81	0.35	0.39	0.04

资料来源：作者计算获得。

（三）指数局限和改善

建立海南现代产业体系成长指数指标是一种尝试，其目的是试图从定量的视角分析海南现代产业经济体系建设的进程，为政策建议服务。

由于数据获得具有局限性，所以对海南现代产业体系成长指数的描述还不够准确。一是四大主导产业中没有进一步细分产业，特别是没有依据CPC 2.1版在主导产业中进一步细分重点产业，例如现代服务业是一个比较大的概念，也没有区域的统计定义，这需要通过进一步细化产业，对海南现代产业体系中的现代服务业有一个明确的概念和统计依据。二是相关指标与现代产业体系之间的匹配问题。例如专利与现代产业体系之间的关系，目前指标使用了海南申请专利数和发明专利数，尽管四大主导产业的增加值占海南GDP的70%，但也不一定平均分布在不同产业。这需要对每个细分产业的专利数与相应的产业匹配。贸易和环境指标也是如此。三是权重指标需要进一步细化，如果有四大主导产业更进一步的细化数据，这样可以形成总体成长指数和每个主导产业的成长指数，这样对政策制定更有价值。

2024年度，项目组将与海南省相关部门合作，进一步收集可公开的数据，优化指标体系，为海南自由贸易港现代产业体系建设提供决策参考。

三 2024年现代产业体系推进思路和建议

海南应充分发挥自由贸易港优势，把更高开放水平作为现代产业体系的主要特征，把生态绿色低碳作为现代产业体系的鲜明底色，把科技创新驱动作为现代产业体系的根本动力，加快构建开放型生态型创新型现代产业体系，筑牢高质量发展的实体经济根基。[①] 2024年，海南要进一步聚焦四大主导产业，在扩大规模的基础上，以科技引领现代产业体系高质量发展，以国际化嵌入全球价值链体系，以生态、绿色、低碳为现代产业体系的鲜明特征。

第一，四大主导产业的规模扩张依然是海南现代产业体系的重要任务之一。目前四大主导产业增加值总和尚未超过5000亿元，而四大主导产业本身是一个相对比较大的概念，因而如果分摊到某个具体细化的产业，其产业规模依然比较小。因此，即使在四大主导产业中，也要对其内部的产业发展进行评估。首先，根据CPC 2.1版对四大主导产业内部的产业体系进行细分，例如联合国产品总分类（CPC）1.0版涉及的服务部门中初级420个，次级

---

① 曹远新：《构建开放型生态型创新型现代产业体系》，《海南日报》2023年6月7日。

946个，而CPC 2.1版分别增加到475个和1254个。① 其次，对现有主导产业中的细分产业进行评估，看目前海南现代产业究竟集中在哪些细分产业，其细分产业的国际竞争力如何？最后，提出针对性的方案，这个在海南热带特色高效农业产业细分中已经有了好的经验，可以以现代服务业作为重点，与海南自由贸易港的制度安排以及国内外市场结合，形成更具操作性的行动方案。

第二，继续围绕三大科技领域，实现基础研究和应用研究方面的突破性进展。从2021年海南省获得国家专利数和具体领域看，尽管这几年海南国家专利数在不断增加（2021年为951项），但在国内省市排名中还是相对靠后，2021年为第30名。而且这些专利主要集中在微生物或酶（C12N）、医用或梳妆用的配制品（A61K）、化合物或药物制剂（A61P）、新植物或获得新植物的方法（A01H）、数据处理（G06F）、园艺或林业（A01G）、动植物体的保存或杀生剂（A01N）、杀虫剂或除草剂（A01P）、测试或分析材料（G01N）、微生物（C12R）、畜牧业或渔业（A01K）和电子商务和管理系统（G06Q）等领域。② 说明海南在种业科技方面已经具备了一些实力，但在深海科技和航天技术方面的科技创新依然比较弱。

在种业科技方面，要进一步集聚国内外种业科技企业，特别是具有影响力的龙头企业，在国内外重点种业领域中形成较大的影响力。现代种业已迈入以常规育种、现代生物技术育种及信息化育种为核心的新时代，也掀起了以全基因组选择、基因编辑、合成生物及人工智能等技术融合发展为标志的新一轮种业科技革命。海南要抓住新一轮种业科技革命带来的机遇，使海南成为全球种业科技的重要组成部分。要推动动植物种质资源进出境制度集成创新，在安全和风险控制的前提下促进动植物种质资源进出境便利化，探索在南繁科技城建立引进国外优质种质资源的绿色通道，建立拥有自主知识产权的生物育种材料与商品种子进出口的"白名单"制度。

---

① United Nations, *Central Product Classification （CPC）*. Version 2.1 ［DB/OL］. https：//digitallibrary. un. org/record/3900378.
② 陈立新、张琳、黄颖：《2021年海南省国家发明专利统计分析报告》，https：//wap. sciencenet. cn/blog-681765-1332492. html? mobile＝1。

在推动深海科技方面，需要加快建设一系列重要的功能平台，包括深海科技创新公共平台、国家海洋深海综合试验场、南海地质科技创新基地等。这些平台将成为推动深海科技创新的核心，为深海科研提供重要的技术支持和实验环境。以平台建设推动企业的原创科技，推动深海科技产业项目落地建设。扎实推进深海科技产业培优育强。依托深海化合物资源中心，重点建设深海生物样本采集、深海样品生产改造、生物活性筛选鉴定等专业平台，引入龙头企业、重点项目，进一步拓展深海化合物产业生态圈。持续优化深海科技创新创业生态。

在航天科技领域，要在加快推进现有项目和平台的基础上，要加快吸收国内外航天科技优质企业，以海南商业航天发射场项目建设为契机，加速实现航天城发射区、高新区和旅游区的协同发展，着重建设火箭链、卫星链和数据链三大产业的同步发展机制，探索发展"航天+"产业。通过航天科技生态的构建，加快火箭链、卫星链和数据链中的核心科技突破。

第三，充分利用海南自由贸易港的制度优势以及先行先试，推进海南现代产业体系的国际化和高质量化。一是要充分利用海南自由贸易港制度安排优势，特别是税收制度安排和加工增值免税制度，加快扩大现代产业体系规模。二是以"两个基地""两个网络""两个枢纽"为依托，通过有针对性地推出符合海南现代产业体系建设的各项计划，有目的地推进规则、规制、管理、标准等制度型开放。三是以海南自由贸易港制度安排推进为核心，对标《全面与进步跨太平洋伙伴关系协定》（CPTPP）、《数字经济伙伴关系协定》（DEPA）等国际高标准经贸规则，选择现代产业体系中的重点领域作为"小切口"，推动海南自由贸易港制度系统集成，加快建设具有世界影响力的中国特色自由贸易港。

参考文献

[1] 傅国华、马恺阳、张德生：《构建现代产业体系背景下海南自由贸易港产业结

构优化研究》，《海南大学学报》（人文社会科学版）2022年第2期。
［2］钟业昌主编《中国（海南）自由贸易试验区发展报告（2019）》，社会科学文献出版社，2019。
［3］陈文晖：《海南产业发展和空间布局优化》，《开放导报》2019年第3期。
［4］《走海南特色航天发展道路，文昌国际航天城全力打造"四地"》，半月谈，2022年9月8日，https：//www.xinhuanet.com/comments/2022-09/08/c_1128922952.htm。
［5］曹远新：《构建开放型生态型创新型现代产业体系》，《海南日报》2023年6月7日。
［6］United Nations, *Central Product Classification*（*CPC*）. Version 2.1 ［DB/OL］. https：//digitallibrary.un.org/record/3900378。
［7］陈立新、张琳、黄颖：《2021年海南省国家发明专利统计分析报告》，https：//wap.sciencenet.cn/blog-681765-1332492.html?mobile=1。

B.9
海南自由贸易港税收制度推进报告

陈明艺[*]

摘 要： 《海南自由贸易港建设总体方案》提出了"零关税、低税率、简税制、强法治、分阶段"的原则，逐步建立与高水平自由贸易港相适应的税收制度。此后，中央和海南省陆续颁布了以个人所得税、企业所得税和生产设备"零关税"为代表的税收政策，吸引人才和经营企业落户海南，鼓励性产业快速发展，离岛免税规模已位居全球免税市场前列；洋浦保税港区加工增值免税政策扩围惠及多家企业，降低了企业成本。2024年是全岛封关运作之前的关键节点，需要以"简税制、低税率、严征管"为原则，激励优势产业发展，进一步减税降税负，提高征管效能、为"五税合一"做好制度安排，推进税制完善和政策优化。

关键词： 个人所得税 零关税 五税合一

《海南自由贸易港建设总体方案》正式发布以来，在中央部门的大力支持和全省上下的不懈努力下，海南自由贸易港建设的各类政策文件陆续出台，初步形成了具有竞争力的政策和制度体系。2020~2021年海南颁布了多项税收政策，极大地激励了海南自由贸易港（以下简称"自由贸易港"）建设。2021年6月至2023年6月，国际局势跌宕起伏，国内经济也发生了较大波动，这一时期从中央到地方的一系列政策，尤其是日益完善和优化的

---

[*] 陈明艺，上海社会科学院经济研究所副研究员，主要研究方向为财税理论与政策、宏观经济理论与政策。

税收制度政策的实施，不仅凸显了完善合理的税收制度保障对社会经济发展的激励作用，而且彰显了海南自由贸易港发展的重要性和前瞻性。

一 海南自由贸易港税收政策主要特征和推进

（一）个人所得税制度持续优化

2020年6月，财政部、国家税务总局颁布了《关于海南自由贸易港高端紧缺人才个人所得税政策的通知》（财税〔2020〕32号），给予在海南自由贸易港工作的高端人才和紧缺人才，其个人所得税实际税负超过15%的部分给予免征的优惠政策。为落实财税〔2020〕32号文件内容，海南随后出台了四项配套政策，在2020年出台的两项政策的基础上，2022年9月15日海南省政府颁布了《海南自由贸易港享受个人所得税优惠政策高端紧缺人才清单管理暂行办法》（琼府〔2022〕31号，以下简称《暂行办法》），根据海南省吸引高端人才和紧缺人才的发展情况，修订了财税〔2020〕32号文件的相关内容，提出自2023年1月1日起，在海南享受"15%"个人所得税优惠政策的个人需要在一个纳税年度在海南自贸港累计居住满183天。[1] 2023年12月23日，海南省财政厅等部门发布了《关于进一步明确落实海南自由贸易港高端紧缺人才个人所得税优惠政策有关事项的通知》（以下简称"新办法"），进一步提供了累计居住满183天的计算方法、规定了享受优惠的人才名单确认流程等，为实施"新办法"提供了执行细则。[2] 其中，海南省政府和海南省财政厅发布的有关政策及时准确地反映了当时的情况，为海南吸引高端人才提供了有力支持。主要特点有以下几点。

---

[1] 《海南自由贸易港享受个人所得税优惠政策高端紧缺人才清单管理暂行办法》（琼府〔2022〕31号），海南自由贸易港官网，https://www.hnftp.gov.cn/zczdtx/rczc/202209/t20220925_3272747.html。

[2] 参见海南自由贸易港官网，https://www.hnftp.gov.cn/zczdtx/sszc/202303/t20230301_3369338.html。

第一,《暂行办法》对"183天"给出了清晰合理的范围。《暂行办法》的最大亮点在于将财税〔2020〕32号文件中规定的"连续缴纳社保6个月"调整为"累计居住183天",并且清晰规定因职业特点造成居住不满183的行业特定人员,其个税的处理方式。关于因职业特点一个纳税年度内在海南自由贸易港累计居住不满183天的航空、航运、海洋油气勘探等行业特定人员,在满足《暂行办法》第三条第二款的同时,一个纳税年度内在海南自由贸易港以单位职工身份连续缴纳职工基本养老保险(与中国签订社会保障协定的国家中免缴人员除外)6个月以上(须包含本年度12月当月),并与在海南自由贸易港注册且实质性运营的企业或单位签订1年以上的劳动合同、聘用协议或可提供其他同等条件劳动人事关系证明材料的,由本人在规定的时间内向税务部门提交申请并说明情况,经由海南省人力资源社会保障部门组织评审认定通过后,可享受优惠政策。主要内容参见表1。

表1 吸引人才的海南自由贸易港个人所得税政策概要

发布单位	文件名称	主要内容
海南省人民政府	《海南自由贸易港享受个人所得税优惠政策高端紧缺人才清单管理暂行办法》(琼府〔2022〕31号)	对在海南自由贸易港工作并享受优惠政策的高端人才和紧缺人才实行清单管理。享受优惠政策应满足下列条件①一个纳税年度内在海南自由贸易港累计居住满183天。②属于海南省各级人才管理部门所认定的人才或一个纳税年度内在海南自由贸易港收入达到30万元人民币以上(海南省根据经济社会发展状况实施动态调整)。③因职业特点一个纳税年度内在海南自由贸易港累计居住不满183天的航空、航运、海洋油气勘探等行业特定人员,在满足以上条款的同时,一个纳税年度内在海南自由贸易港以单位职工身份连续缴纳职工基本养老保险(与中国签订社会保障协定的国家中免缴人员除外)6个月以上(须包含本年度12月当月),并与在海南自由贸易港注册且实质性运营的企业或单位签订1年以上的劳动合同、聘用协议或可提供其他同等条件劳动人事关系证明材料的,由本人在规定的时间内向税务部门提交申请并说明情况,经由海南省人力资源社会保障部门组织评审认定通过后,可享受优惠政策

续表

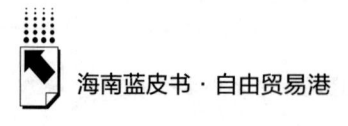

发布单位	文件名称	主要内容
海南省财政厅等部门	《关于进一步明确落实海南自由贸易港高端紧缺人才个人所得税优惠政策有关事项的通知》（琼财支财〔2022〕1211号）	在琼府〔2022〕31号文件的基础上，具体规定了：①来源于海南自由贸易港的所得，主要包括：来源于海南自由贸易港的所得，是指高端紧缺人才从海南自由贸易港取得的综合所得（包括工资薪金、劳务报酬、稿酬、特许权使用费四项所得）、经营所得以及经海南省认定的人才补贴性所得，相应税款在海南自由贸易港缴纳。②减免税额计算，分别就居民个人综合所得减免税额、居民个人经营所得减免税额、非居民个人相关所得减免税额给出了具体计算标准。③关于在海南自由贸易港累计居住满183天计算方法。享受海南自由贸易港个人所得税优惠政策的高端紧缺人才，一个纳税年度内在海南自由贸易港累计居住满183天，指高端紧缺人才一个纳税年度内（自公历1月1日至12月31日止），在海南自由贸易港实际停留天数满183天。进入和离开海南自由贸易港的当天，均按1天计算停留天数。一个纳税年度内有多次进出的，合并累计计算。④制定了高端紧缺人才名单的确认和反馈流程。⑤明确了部门间联合管理和服务

资料来源：海南自由贸易港官网，http://www.hnftp.gov.cn/zcfg/zcwj/bwzc/，作者整理后所得。

第二，科学合理的减免税额计算方式。明确了来源于海南自由贸易港的所得主要是指高端紧缺人才从海南自由贸易港取得的综合所得（包括工资薪金、劳务报酬、稿酬、特许权使用费四项所得）、经营所得以及经海南省认定的人才补贴性所得，相应税款在海南自由贸易港缴纳。具体表现为不同的减免额的计算方法。

（1）居民个人综合所得减免税额计算

减免税额＝（综合所得应纳税额－综合所得应纳税所得额×15%）×海南自由贸易港综合所得收入额÷综合所得收入额

（2）居民个人经营所得减免税额计算

减免税额＝（经营所得应纳税额－经营所得应纳税所得额×15%）×海南自由贸易港经营所得应纳税所得额÷经营所得应纳税所得额

(3) 非居民个人相关所得减免税额计算

非居民个人工资、薪金所得减免税额=（工资、薪金所得应纳税额-工资、薪金所得应纳税所得额×15%）×海南自由贸易港工资、薪金所得收入额÷工资、薪金所得收入额

非居民个人劳务报酬、稿酬、特许权使用费所得减免税额=海南自由贸易港应纳税额-海南自由贸易港应纳税所得额×15%

非居民个人经营所得减免税额=（经营所得应纳税额-经营所得应纳税所得额×15%）×海南自由贸易港经营所得应纳税所得额÷经营所得应纳税所得额

根据以上三种情况，"新办法"分别给出了合理的减税税额计算方式和结果，这一方法得到了广泛认可。

第三，进一步加强了部门之间的联合管理和服务协调性。《暂行办法》和"新办法"明确了由海南省人力资源社会保障部门与相关部门定期沟通，将享受个人所得税优惠政策的名单提交给税务部门；依托海南省社会管理信息化平台，以上有关部门应加强事中事后监管，对享受个人所得税优惠政策情况实施随机抽查，并采取相应的征收管理工作。信息化大数据功能和作用日益显著。如果存在争议，则由海南省各级人力资源社会保障部门牵头协调解决。关于人才所属企业或单位在海南自贸港是否开展实质性运营存在异议或争端的，则由海南省市场监督管理部门牵头协调解决。

（二）企业所得税制度不断完善

为进一步鼓励海南自贸港企业发展，在财税〔2020〕31号文件[①]的基础上，近两年，海南陆续发布了补充公告，使得相关政策逐步具体和可执行。具体参见表2。

---

① 《关于海南自由贸易港企业所得税优惠政策的通知》（财税〔2020〕31号），海南自由贸易港官网，https://www.hnftp.gov.cn/zczdtx/sszc/202209/t20220925_3272663.html。

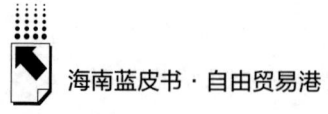

表2 2022年海南自由贸易港企业所得税政策概要

发布单位	文件名称	主要内容
国家税务总局、海南省税务局、海南省财政厅、海南省市场监督管理局	《关于海南自由贸易港鼓励类产业企业实质性运营有关问题的补充公告》（公告2022年第5号）	1."生产经营在自由贸易港"，是指企业在自由贸易港拥有固定生产经营场所和必要的生产经营设备设施等，且主要生产经营地点在自由贸易港，或对生产经营实施实质性全面管理和控制的机构在自由贸易港；以本企业名义对外订立相关合同 2."人员在自由贸易港"，是指企业有满足生产经营需要的从业人员在自由贸易港实际工作，从业人员的工资薪金通过本企业在自由贸易港开立的银行账户发放；根据企业规模、从业人员的情况，一个纳税年度内至少需有3名（含）至30名（含）从业人员在自由贸易港均居住累计满183天 3."账务在自由贸易港"，是指企业会计凭证、会计账簿和财务报表等会计档案资料存放在自由贸易港，基本存款账户和进行主营业务结算的银行账户开立在自由贸易港 4. 存在下列情形之一的，视为不符合实质性运营：①不具有生产经营职能，仅承担对内地业务的财务结算、申报纳税、开具发票等功能；②注册地址与实际经营地址不一致，且无法联系或者联系后无法提供实际经营地址
海南省发展改革委	《海南自由贸易港鼓励类产业目录（2020年版）界定指引》（琼发改产业〔2022〕885号）	鼓励类产业企业减按15%征收企业所得税是中央赋予海南自由贸易港的重要政策。鼓励类税收政策的"自行判别"有困难。该文以通俗易懂的语言对目录条目进行逐一解读，供相关部门和企业参考判定经营业务是否属于鼓励类产业
国家税务总局、海南省税务局	《关于做好海南自由贸易港鼓励类产业企业实质性运营管理服务工作的通知》（琼税发〔2022〕102号）	准确把握政策标准：①生产经营在自由贸易港的标准；②人员在自由贸易港的标准。企业一个纳税年度内至少需有3名（含）至30名（含）从业人员在自由贸易港均居住累计满183天。其中，从业人数不满10人的，一个纳税年度内至少需有3人（含）在自由贸易港均居住累计满183天；从业人数10人（含）以上不满100人的，一个纳税年度内至少需有30%（含）的人员在自由贸易港均居住累计满183天；从业人数100人（含）以上的，一个纳税年度内至少需有30人（含）在自由贸易港均居住累计满183天。从业人数的计算：包括与企业建立劳动关系的职工人数和企业接受的劳务派遣用工人数 《补充公告》已明确由省市场监督管理局牵头建立争议协调解决工作机制，为解决企业实质性运营争议问题提供了途径。附件"实质性运营自评承诺表"，已明确由省市场监督管理局牵头建立争议协调解决工作机制，为解决企业实质性运营争议问题提供了途径

资料来源：作者自制。

逐步明确和精准的政策，极大地促进了政策实施。根据《海南自由贸易港建设总体方案》要求，财税〔2020〕31号文提出了实质性运营的要求。2021年3月，海南省税务局等联合发布《关于海南自由贸易港鼓励类产业企业实质性运营有关问题的公告》（公告2021年第1号，以下简称"一号公告"）。"一号公告"明确了适用对象、提出了判定实质性运营的标准，为自由贸易港早期政策安排的平稳落地奠定了基础。为进一步增强政策的确定性，海南省税务局会同省财政厅、省市场监督管理局等部门，研究完善实质性运营判定标准，对"一号公告"规定加以补充，而2022年第5号公告的颁布进一步稳定市场主体预期，确保既促进自由贸易港市场主体高质量发展，又避免空壳公司违规享受税收优惠，防范出现行业性、系统性税收风险。

具体而言，细化了四方面内容：第一，扩大了适用对象范围。第二，完善了具体判定标准。第三，增加了负面规定。不具有生产经营职能，仅承担对内地业务的财务结算、申报纳税、开具发票等功能；注册地址与实际经营地址不一致，且无法联系或者联系后无法提供实际经营地址等情形，不属于实质性运营。第四，明确了后续监管要求。一方面，明确享受自由贸易港鼓励类产业企业所得税优惠政策的企业，在办理年度汇算清缴时提交"实质性运营自评承诺表"，还权还责于市场主体，促进纳税遵从。另一方面，建立实质性运营联合核查工作机制和争议协调解决工作机制，强化部门联合监管，加强风险防控，保障合法经营市场主体权益。

同时，鼓励类产业目录界定指引的优化促进了产业结构调整。自由贸易港除了拥有连接开放的功能之外，同时也负担着国内产业结构调整引领的职责。要想更好地发挥区域经济对于整体经济发展的带动作用，必须要建立完善的现代化产业集群。自由贸易港内具有明显特色的税收制度体系能够形成这种因为差异化生成的精准施策效应，并且这种以一定行业领先为基础形成的非均衡式发展布局是目前适应我国供给侧结构改革工作最为适宜的做法。对于交通运输业、旅游业发展而言，各种进口环节税收的减免，能够进一步推动海南自由贸易港的交通运输和旅游行业的发展。各类实质性的运营企业能够很好地推动海南自由贸易港对产业结构的快速优化和调整。

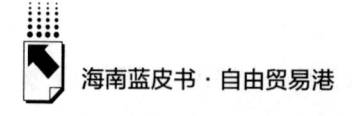

（三）离岛免税政策持续发力

2020年6月，财政部、海关总署、税务总局发布的《关于海南离岛旅客免税购物政策的公告》（财政部公告2020年第33号），极大地促进了离岛免税业务发展。截至2023年，海南省政府、中央有关部门相继出台的政策效果也十分明显。2021~2023年的有关政策参见表3。

表3 2021~2023年离岛免税政策概要

发布单位	文件名称	主要内容
海南省政府	《海南自由贸易港免税商品溯源管理暂行办法》（琼府办〔2021〕40号）	(1)对免税商品物码溯源系统建设、溯源码的规划和推广应用、再次销售防控等免税商品溯源管理体系建设进行统一规范 (2)溯源码是免税商品的唯一标识，包含"海南离岛免税商品溯源码"字样、防伪二维码、海南免税专属LOGO，以及"关税未付、禁止倒卖"警示语。溯源码加贴在离岛免税商品最小包装单元上，具有防撕毁破坏功能，即使揭底也能留痕保留溯源信息。免税经营企业通过物码溯源系统申请溯源码号段，并关联企业信息，系统生成溯源码后发放给免税经营企业。企业在入库环节加贴溯源码并激活，在销售环节从海关监管系统关联商品名称、经营主体、经营门店、销售、提货等信息
海关总署、财政部、税务总局	《关于增加海南离岛免税购物"担保即提"和"即购即提"提货方式的公告》（海关总署 财政部 税务局公告2023年第25号）	增加"担保即提"和"即购即提"提货方式。①离岛旅客凭有效身份证件或旅行证件和离岛信息在海南离岛免税商店(不含网上销售窗口)购买免税品时，除在机场、火车站、码头指定区域提货以及可选择邮寄送达或岛内居民返岛提取方式外，可对单价超过5万元(含)的免税品选择"担保即提"提货方式，可对单价不超过2万元(不含)且在本公告附件清单内的免税品选择"即购即提"提货方式。②使用"担保即提""即购即提"方式购买的离岛免税品属于消费者个人使用的最终商品，应一次性携带离岛，不得再次销售

资料来源：作者自制。

如表3所示，为进一步提升旅客的购物体验、促进旅游消费，海关总署、财政部、税务总局于2023年3月发布了《关于增加海南离岛免税购物

"担保即提"和"即购即提"提货方式的公告》，海南离岛旅客免税购物增加"担保即提"和"即购即提"提货方式。不断提高购物便利度的离岛免税政策已成为海南自由贸易港最亮眼的政策。该公告规定，使用上述两种方式购买的离岛免税品属于消费者个人使用的最终商品，应一次性携带离岛，不得再次销售。

同时，明确和加大了处罚力度。离岛旅客使用上述两种方式提货，自购物之日起，离岛时间不得超过30天（含）；对于超过30天未离岛且无法说明正当理由的，三年内不得购买离岛免税品。对于构成走私行为或违反海关监管规定行为的，由海关依照有关规定予以处理，构成犯罪的，依法追究刑事责任。

2020年7月，海南推出了离岛免税购物新政，将免税购物额度从每人每年3万元提高到10万元。大幅提高的额度全面激发了海南离岛免税购物政策的活力。经过数轮普法与执法活动，离岛免税"套代购"可能涉嫌走私违法犯罪的法治观念已经深入人心。但是很多人在这方面仍然缺乏法律意识，因此新政策的实施进一步明确了处罚力度，强化人们的法治观念。

（四）"零关税"政策逐步扩大实施范围

《海南自由贸易港法》和《海南自由贸易港建设总体方案》提出，在2025年前实行"一负三正""零关税"清单，其中包括对海南自贸港进口营运用交通工具及游艇实行"零关税"正面清单管理。自2021年政策实施以来，享受"零关税"的进口营运用交通工具及游艇的范围已涵盖多功能乘用车、多用途货车、滑翔机、直升机、货运飞机、游艇、帆船、集装箱船、甲板货船、散货船、成品油船等多类交通工具。截至2023年6月，已实施"零关税"的政策有三大类：原辅料"零关税"政策；自用生产设备"零关税"政策；营运用交通工具及游艇"零关税"政策。相关政策参见表4。

据悉，"零关税"三张清单持续扩容增效，截至2023年6月底，海南省主管部门审核具有营运用交通工具及游艇"零关税"进口资格企业共计

表4 2021~2023年"零关税"政策概要

发布单位	文件名称	主要内容
海南省交通运输厅	《关于印发〈海南自由贸易港"零关税"营运车辆管理实施细则（试行）〉的通知》（琼交规定〔2021〕272号）	1. 全岛封关运作前，在海南自由贸易港注册登记的"零关税"营运车辆管理适用本实施细则。本细则所称营运车辆，是指用于道路班线客运、包车客运、旅游客运、城市公交、小微型客车租赁经营服务和符合新能源要求的巡游出租汽车、网络预约出租汽车经营服务的"零关税"客运车辆，用于道路货运(含普通货物运输、专用运输和大件运输)、危货运输经营服务的"零关税"货运车辆 2. "零关税"营运车辆可从事往来内地的客、货运输作业，始发地及目的地至少一端须在海南自由贸易港内，在内地停留时间每自然年度累计不得超过120天（按照自然日计算，不计次数）。其中从海南自由贸易港到内地"点对点""即往即返"的客、货车不受天数限制
财政部、海关总署、税务总局	《关于调整海南自由贸易港原辅料"零关税"政策的通知》（财关税〔2021〕49号）	1. 增加鲜木薯、氯乙烯、航空发动机零件等187项商品至海南自由贸易港"零关税"原辅料清单，具体范围见附件。原辅料"零关税"政策其他内容继续执行《财政部 海关总署 税务总局关于海南自由贸易港原辅料"零关税"政策的通知》（财关税〔2020〕42号）的有关规定 2. 海南省相关部门应结合海南自由贸易港发展定位和生态环境保护要求，充分评估产业实际需要，引导企业合理使用"零关税"原辅料
财政部、海关总署、税务总局	《关于调整海南自由贸易港自用生产设备"零关税"政策的通知》（财关税〔2022〕4号）	对《关于海南自由贸易港自用生产设备"零关税"政策的通知》（财关税〔2021〕7号）第二条所指生产设备，增列旋转木马、秋千及其他游乐场娱乐设备等文体旅游业所需的生产设备，按照《中华人民共和国进出口税则(2022)》商品分类，包括：旋转木马、秋千和旋转平台，过山车，水上乘骑游乐设施，水上乐园娱乐设备等8项商品

资料来源：作者自制。

2715家，目前已有254家企业开展进口业务，累计进口货值59.3亿元，减免税款14.8亿元[①]；进口享惠商品已覆盖基础设施建设、加工制造、研发

[①] 梁冰、赵莎等：《海南自贸港第二架"零关税"大型货运飞机通关放行》，海口日报网，http://szb.hkwb.net/epaper/read.do?m=i&iid=10648&eid=128427&sid=835679。

设计等重点行业领域，对降低企业的经营成本、推动产业聚集、稳定经济大盘发挥了积极作用。下一步，海口海关将扩大"一线放开、二线管住"试点范围，持续推动"零关税"三张清单、加工增值免税等政策扩大体量，为全岛封关运作开展更高水平压力测试。

（五）洋浦保税港区的引领示范效果突出

2021年7月8日，海关总署印发了《海关对洋浦保税港区加工增值货物内销税收征管暂行办法》（署税函〔2021〕131号，以下简称《征管暂行办法》），就纳税人享受加工增值免征关税政策的具体程序作出明确说明。在特定区域（目前为洋浦保税港区、海口综合保税区、海口空港综合保税区）的鼓励类产业企业生产的不含有进口料件或者含有进口料件且加工增值超过30%（含）的货物，出区内销的，免征进口关税。海口海关随后于7月13日发布《洋浦保税港区加工增值货物内销税收征管海关实施暂行办法》（海口海关公告2021年第2号，以下简称"海口海关2号公告"），对《征管暂行办法》中的部分事项和具体申报流程作出进一步细化规定。

海南自由贸易港加工增值货物免关税政策扩围，持续释放政策红利。《征管暂行办法》实施前，货物从洋浦保税港区进入境内区外地方，应按进口规定征收进口关税、进口环节增值税和消费税；境内区外的货物进入洋浦保税港区，视同出口，适用退税。《征管暂行办法》实施后，在洋浦保税港区的鼓励类产业企业生产的，没有使用进口料件，或者使用进口料件且在区内加工增值超过30%的货物（含30%，下同），从洋浦保税港区进入海南省内其他地方或者内地其他城市，都可以免征关税，但进口环节增值税和消费税仍需按规定缴纳。

加工增值免征关税政策自2021年12月1日起扩展至海口综合保税区、海口空港综合保税区，自2022年12月2日起正式获批进一步扩大到海关特殊监管区域外的重点园区试点实施（以下简称"政策实施区"）。

加工增值免征关税政策扩围，惠及多家企业。根据公开的新闻资料，自海南加工增值免征关税政策扩围以来，多家企业已经享受到了加工增值免征关税政策的红利：2023年1月，一批加工增值30%免关税医疗器械在海口海关所属海口港海关顺利完成"二线出区"放行，货物价值178.1万元，销往广州。2023年3月，一批免关税药品在海口海关所属海口港海关顺利完成"二线出区"，800盒氯雷他定片销往云南昆明。

（六）航班保税航油政策逐步细化

2021年2月，财税〔2021〕2号文件①提出，对以洋浦港作为中转港从事内外贸同船运输的境内船舶，允许其在洋浦港加注本航次所需的保税油；对其在洋浦港加注本航次所需的本地生产燃料油，实行出口退税政策。对不含税油（上述保税油和本地生产燃料油）免征关税、增值税和消费税。在此基础上，2021年7月，财政部、海关总署、税务总局、民航局联合发布《关于海南自由贸易港进出岛航班加注保税航油政策的通知》（财关税〔2021〕34号）提出，全岛封关运作前，允许进出海南岛国内航线航班在岛内国家正式对外开放航空口岸加注保税航油，对其加注的保税航油免征关税、增值税和消费税，自愿缴纳进口环节增值税的，可在报关时提出。该政策的出台，进一步降低了自由贸易港航空运输业经营成本，有利于吸引更多的人流、物流向海南集聚，推动自由贸易港建设不断取得新成绩。

海南省政府于2021年12月14日发布《关于印发〈海南自由贸易港船舶保税油经营管理暂行办法〉的通知》（琼府办〔2021〕70号，以下简称《通知》），其中"船舶保税油经营"是指在海南省辖区内为国际航行船舶及以洋浦港作为中转港从事内外贸同船运输的境内船舶加注保税油的经营行为（以下简称"保税油经营"）。《通知》中的"保税油"，是指经海关批准未办理纳税手续进境、由海关实施监管的燃料油，未办理纳税手续是指未缴纳进口关税、进口环节增值税、消费税。

---

① 《财政部、海关总署、税务总局联合发布〈关于海南自由贸易港内外贸同船运输境内船舶加注保税油和本地生产燃料油政策的通知〉》（财税〔2021〕2号），海南自贸港官网，https：//www.hnftp.gov.cn/zczdtx/sszc/202209/t20220925_3272675.html。

《通知》规定，在海南省政府的统一管理下，前期在洋浦经济开发区申请保税油经营资格试点的企业，应在洋浦经济开发区注册，并具备下列五项条件：①完备的企业章程、财务管理制度等内部控制制度，以及专业的经营团队；②拥有或租赁符合相关技术和安全条件的双底双壳供应船舶至少2艘，单船载重吨位不少于1000吨；如采用租赁方式的，合同期限不得少于3年；③在海南省内拥有符合安全技术条件、满足海关监管要求，库容不低于8000立方米的油罐，且具备接卸和转运保税油的配套设施；如采用租赁方式的，租赁合同期限不得少于3年；④具有可持续发展能力，稳定的燃料油采购渠道；⑤申请企业和其投资主体3年内未被列入严重失信主体名单，未发生较大及以上火灾、安全、环境污染事故，以及走私油品等违法行为。

《通知》强调保税油经营企业必须依法经营，严禁发生13项行为。海南省商务部门、洋浦经济开发区管委会应建立定期检查及不定期抽查制度，建立企业的信用档案制度；设立并公布举报电话、电子邮箱或微信公众号，接受对违反《通知》行为的举报和投诉。洋浦经济开发区管委会每年度组织对保税油经营企业经营情况进行检查（以下简称年检），探索建立保税油经营企业的网上年检制度，年检情况报海南省商务部门备案。保税油经营企业停歇业一般不超过12个月，一个许可期内不得超过1次停歇业。企业保税油经营资格的有效期为3年。企业需要继续从事保税油经营活动的，应在许可有效期满前3个月内，向海南省商务部门提出延续申请，对仍具备经营条件的企业准予批复。

《通知》规定由海南省人民政府对保税油经营资质实行统一管理，总量控制；并就申请从事海南自由贸易港保税油经营资格的企业经营条件、许可管理、经营规范、监督管理等方面做了具体要求，进一步完善、细化了"保税油"的管理，为保税油的经营及安全监督工作做了周密规划，统筹推进保税油的运营管理、企业服务等工作。《通知》将海南省省内国际航行船舶保税加油许可权下放至海南省人民政府，是为了进一步加快海南自由贸易港船舶保税油业务发展，规范经营行为，明确监管责任。

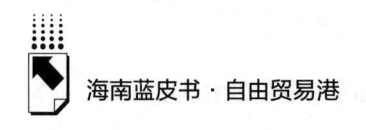

二 海南自由贸易港税收制度实施成效

2021~2023年中央有关部门和海南省政府及有关部门持续发布的重要税收政策一共12项,从顶层设计到具体实施路径,制度保障日益完善,政策框架不断完善和日益优化,不断释放的政策红利显著推进了海南经济发展。

第一,所得税优惠政策吸引人才和市场主体快速集聚增加。2022~2023年,个人所得税的优惠政策不断细化,吸引了大量人才继续涌入海南省。据椰网报道,2022年海南引进人才超10万[1]。海南营商环境优化提升。全国工商联调查显示,海南省营商环境全国排名前移4位。市场主体增速连续34个月保持全国第一。全国首个营商环境建设厅揭牌成立。营商环境的优化,税收政策红利效应不断放大,海南省经营主体不断增长,2023年第一季度,海口新增经营主体超20万户。其中,现代服务业新增户数同比增长40.31%,热带特色高效农业新增户数同比增长23.98%,高新技术产业新增户数同比增长5.82%,旅游业新增户数同比增长73.68%。新增注册市场主体稳中有升,新兴产业市场主体增速加快,见证着海口聚焦发展四大主导产业,加快构建现代化产业体系的坚实步履。经营主体增长是一项事关全方位推动高质量发展的基础性、战略性、牵引性工程[2]。这印证了海南自由贸易港一系列"组合拳"政策实现了目标,为提前封关打下坚实基础。

第二,不断优化的税收政策激励了进出口总额总体上涨。海南自由贸易港在全球的影响力不断增强,进出口贸易总额处于持续增长中。2022~2023年,虽然全球经济社会波动加剧,对海南自由贸易港发展带来一定影响,但海南贸易总体规模增加。这说明,海南自由贸易港要发展必须更大力度对外开放,在更高层次和更大规模上融入全球市场,成为我国经济双循环的关键节点之一。

---

[1] 《2022年海南引进人才超10万》,椰网,2023。
[2] 刘晓婵、陈晓洁:《海口聚焦四大主导产业培育壮大经营主体,激活经济发展"一池春水"》,《海口日报》2023年5月30日。

第三，离岛免税业务在全球的份额从2%增长到17%。尽管2022年我国社会经济运行遇到了重大挑战，但是不断优化的"离岛免税政策"为海南自由贸易港发展提供了强劲的动力，海南离岛免税业已成为21世纪全球旅游零售业独特的成功范例。海南目前已成为全球第一大香化品牌免税市场，离岛免税销售额于2020年和2021年分别同比增长了127%和84%，均创下了历史新高。

在离岛免税购物政策方面最大的变革之一是2023年3月免税购物商品的取货方式有了重大调整。这些改进措施主要涉及两个关键领域："担保即提"和"即购即提"。"担保即提"即离岛时严格的担保和检查，此措施将进一步促进手表和珠宝等顶级奢侈品的销售，而且伴随着"即购即提"政策的实施，游客每次出岛都可以直接购买限量香水、箱包、服装、丝巾、太阳镜、皮带、体育用品等产品。消费者此前只能订购以上商品，而零售商必须在消费者离开岛屿之前包装并运送到机场、海港或指定的自提点。

这些措施能提高游客成为购物者的转化率，并降低物流成本。离岛免税行业是我国政府将旅游支出留在国内、促进国内消费的保障。作为一个市场，海南离岛免税行业有自己的原则、独特的客户群（主要是中国人），并且是"大趋势"的重要组成部分，即最大量化中国国内消费。海南离岛免税行业在品牌方面发挥了双重作用，即它本身就是一个量大且有价值的渠道，同时它也向遍布于中国广袤土地上的消费者展示了"无价"的形象。日益优化的"离岛免税政策"为其日益高涨的全球自由贸易港地位给予了制度保障。

第四，所得税、增值税等优惠政策促进了规上企业的利润在波动中上升。为了加快发展自由贸易港，2022~2023年海南陆续出台了一系列税收政策，细化了人才吸引政策、企业所得税优惠政策征管措施、"零关税"政策等，这些政策在对标国际最高水准自由贸易港政策的基础上，充分体现了海南自由贸易港特色，因此显著推动了海南自由贸易港发展。由图1可知，股份制企业增加值当月同比增长率在波动中呈增加态势，外商及港澳台地区投资企业增加值当月同比增长率在2022年经历了国内外环境的考验后，再次

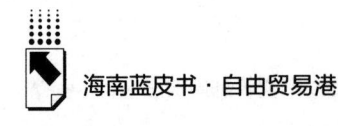

大幅提升，尤其是2022年12月至2023年3月，增幅排名居全国第一，成绩十分亮眼。

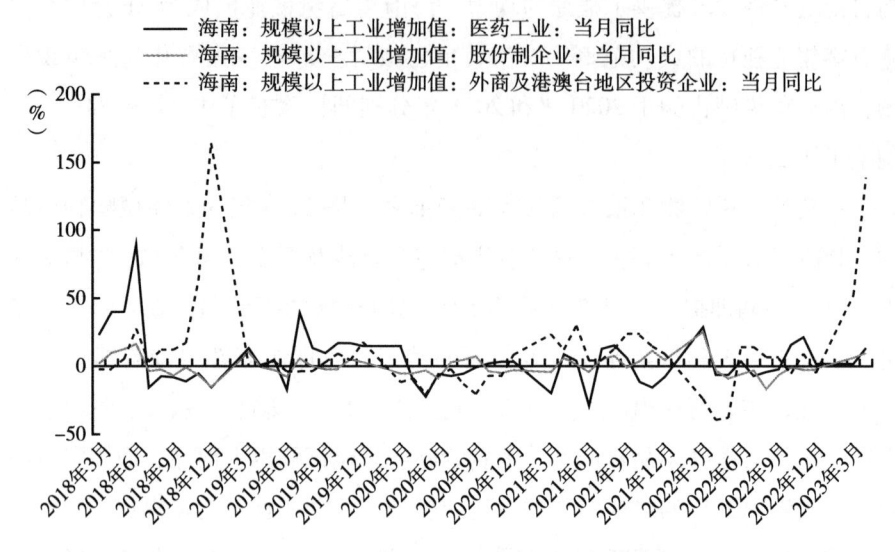

图1　2018年3月至2023年3月海南省规模以上工业增加值月度同比增长率

高新技术产业以及以旅游业为龙头的现代服务业的产业结构不断优化，其中旅游业保持较快发展，但现阶段经济总量相对较小，2022年至今经济增速略高于全国平均值。海南省上市公司数量较少，行业分布广泛，上市公司主要集中在海口市。为此，海南自由贸易港需要进一步聚焦重点产业，加快培养公司上市。

三　推进海南自由贸易港税收制度思路与政策建议

《海南自由贸易港建设总体方案》提出，按照零关税、低税率、简税制、强法治、分阶段的原则，构建特殊的税收制度安排。①"简税制"的重

---

① 《海南自由贸易港建设总体方案》，海南自由贸易港官网，https://www.hnftp.gov.cn/zcfg/zcwj/zyzc/202006/t20200602_3023773.html。

要表现之一,是实现由以增值税为主的流转税体系向销售税的转变,即于2025年之前实现增值税、消费税、车辆购置税、城市维护建设税和教育费附加五项税(费)合一,代之以在货物和服务零售环节开征的销售税。本报告基于2025年封关运作的背景,就海南自由贸易港税收制度推进提出优化思路和政策建议。

特殊的税收制度是海南自由贸易港建设的一大关键,其中一大目标是海南在2025年前实现"五税合一",启动在货物和服务零售环节征收销售税相关工作,这是海南自由贸易港初步实现自由便利化的一大基础。这一方案是自1994年我国"分税制"改革后税收制度迎来的最大变革,为此相应的难点也需要给予重视和研究。

(一)推进海南自由贸易港税收制度的整体思路

1. 以"简税制"为原则,逐步优化税收政策

相较于增值税,销售税在单一环节征收,避免了重复征税,减少了对生产和分销等前端和中端环节的干扰,避免税收因素对中间交易环节的影响,更加体现中性原则,有利于激发经营主体活力。

2. 以"低税率"为原则,突出自由贸易港优势

首先,从自由贸易港的内在特征来看,海南自由贸易港销售税应设置低税率。其次,从降低征管成本的角度考虑,海南自由贸易港销售税应设置低税率,可以参考内地增值税税率;零售商品,尤其是零售服务适用税率不宜高于增值税税率水平。否则不仅有可能增大税收风险,也不利于体现海南发展的低税负竞争优势。

3. 以"严征管"为原则,推进征管现代化

降低征纳成本是实现征管现代化的必要条件。"五税合一"后,大大减少了以增值税为代表的多环节征税形成的征纳成本,因此开征销售税是海南自贸港发展的代表性制度改革。与此同时,销售税在商品和劳务的最终销售环节开征,在征收管理层面增加了零售环节的逃税风险。为此,在加大税法宣传力度的基础上,应根据不同商品和劳务的交易特点采取相应的税收征管

措施，税务部门要积极与银行、司法部门合作，建立健全以"信用+风险"为基础的新型监管机制，既严格征税，又避免影响经营者的正常生产经营。

（二）优化税制推进海南自由贸易港发展的政策建议

海南已初步搭建了自由贸易港税收制度框架，为2025年之前封关打下了良好基础。2024年是顺利实现这一目标的关键一年，在秉承"简税制""低税率""严征管"三大原则基础上，海南需要从激励优势产业发展、提高征管效能、关注自由贸易港与内地税制整体衔接等方面推进税制完善和政策优化。

1.聚焦优势产业，完善自由贸易港税收制度

构建现代化税收制度是建立海南自由贸易港制度的代表性措施。现代税收制度推动了海南自由贸易港税制改革创新，有利于优化政府财权和行政权的划分，改善营商环境、促进产业发展。具体到税制改革方面，在"简税制、低税率、严征管"的原则下，聚焦优势产业，探索海南自由贸易港高质量发展的关键路径。要推动财权与行政权的科学匹配，科学分配自由贸易港各项财政收入的分配比例，特别是协调中央税收、地方税收和中央与地方共享税收的设置，有助于缓解地方财政纵向失衡，从根本上解决岛内地方财政不稳定、不可持续发展的问题。

借鉴全球自由贸易港的成功经验，全球众多自贸港主要通过以低税率为核心的税收政策降低税负，吸引国际资本和企业投资，聚焦发展优势产业，例如英国、加拿大、新加坡和中国香港等国家和地区的自贸港，普遍执行低于20%的企业所得税率。以新加坡为例，针对本国土地资源匮乏和重工业基础薄弱的劣势，新加坡通过不断降低公司所得税税率（从1999年的26%逐步降到17%）以及无资本利得税，吸引全球资本，重点发展国际运输服务、商品进出口服务等第三产业，缔造了全球最活跃的自贸区。

与此同时，OECD自2012年启动的国际税收改革"双支柱"方案取得了重要进展，在税率方面对自贸区提出了更高要求，即倡导15%的最低企业所得税税率。海南自贸港在确定低税率的同时，充分考虑了"双支柱"方案，设置了15%的企业所得税和个人所得税优惠政策；这一制度设计使

得海南成为全球最具吸引力的自贸港。

2.进一步简税制、提升税收征管效能

减税降负和各种政策正在自由贸易港如火如荼地推进，吸引各类经营主体到海南进行长期战略布局。与此同时，我们发现，来自有关部门的税收优惠政策按大类划分有38项，汇总的自由贸易港税收政策电子版近600页。从减轻征纳成本角度出发，后续应进一步减税降负，简化政策，提高征管效能。

封关之后开征的销售税是"五税合一"后形成的新税种，这将引起我国税制的重大变化。海南自贸港实施销售税改革，目的是为了优化营商环境、税负水平具有竞争力，这就需要税制设计简洁、税率低，对海外收益汇回免征所得税。相应地，简税制能够有效低税收征纳成本，提高征管效率，同时显著降低企业的经营成本，进而增强企业活力。为此，2024年税务部门需要与有关部门积极沟通，为简化税制做相应准备，包括提前为经营主体做出税务安排等。

3.跟踪全球自贸港政策，持续优化离岛免税政策

2020年以来，海南的离岛免税行业迅猛发展，但是与世界最大免税市场韩国比较，则能发现有一些可以借鉴和汲取的经验。《海南自由贸易港旅游零售市场白皮书2022版》指出，韩国作为世界大型免税市场，在很大程度上已经形成对单一市场主体——中国消费人群的过度依赖。这一点要引起海南自由贸易港各级政府的重视。海南省国际经济发展局等机构在旅游、投资和商业推广等方面作出的不懈努力，以及海南南海网传媒股份有限公司等媒体机构的鼎力相助，让海南免税购物行业在中国享有盛誉。要进一步优化自由贸易港政策，合力打造多元化市场。海南离岛免税行业的未来前景十分乐观。在过去五年，该行业共实现1300多亿元人民币的销售额，且该行业还存在巨大的发展潜力。

"文化+商业+旅游"的组合无疑是海南未来成功的关键，因为中国消费者越来越重视体验，而不仅仅是交易。习近平总书记强调把海南自由贸易港打造成展示中国风范的靓丽名片，为此，我们需要从税收角度不断优化政策，打造世界一流的离岛免税政策和环境。

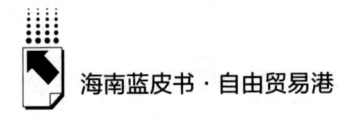

封关将成为变革的突出驱动力，加快海南韧性重塑，逐浪前行全岛封关的同时简并增值税和消费税，启动零售环节征收销售税工作。从而建立以海南自由贸易港开放高地建设为创新导向，并紧密连接内地与世界经济的，促进我国在新发展阶段高质量发展的新型现代税制。

参考文献

［1］周晓梦、黄翔、李双言：《海南自由贸易港跨关区保税油直供业务首次突破万吨大关》，《海南日报》2023年3月9日。

［2］杜爽、汪德华、马珺：《海南自由贸易港销售税制度设计建议：基于最小化征纳成本的量》，《国际税收》2022年第9期。

［3］《2022年海南引进人才超10万》，椰网，2023。

［4］刘晓婵、陈晓洁：《海口聚焦四大主导产业培育壮大经营主体，激活经济发展"一池春水"》，《海口日报》2023年5月30日。

［5］王惠平、赵蓓文主编《海南自由贸易港发展报告（2021）》，社会科学文献出版社，2021。

B.10 海南自由贸易港社会治理推进报告

张虎祥*

摘　要： 作为自由贸易港建设的重要依托，海南在跨越式发展进程中不断推进社会治理创新，防范化解各种社会风险，已经取得了积极进展，但跨越式发展所形成的多阶段、多形态社会叠加，变动迅速的社会流动以及常态化的社会风险等，以及在治理理念、治理资源、治理能力等方面存在的短板，迫切要求海南自由贸易港进一步加强社会治理韧性建设，充分发挥党领导社会治理的制度优势和组织优势，持续优化多主体协同的社会治理网络；优化完善数字化治理的路径与方式；推动社会组织建设和民众参与发展，探索激发社会力量参与社会治理的路径和方式；加大对各种自媒体及网络社群的引导和规范力度，加强网络信息监测和预警；探索形成非常态社会体系常态化运作的实践机制。

关键词： 社会治理　多形态社会　韧性建设

在国家治理体系和治理能力现代化实践中，社会治理具有极为重要的地位和作用。作为自由贸易港建设的重要依托，自中共中央、国务院发布《海南自由贸易港建设总体方案》以来，海南在持续推进建设以贸易自由和投资自由为重点的自由贸易港政策制度体系的同时，也在实践中持续探索优化和完善自由贸易港社会治理的体制机制、实践路径，以有效应对自由贸

---

* 张虎祥，上海社会科学院社会学研究所副研究员，主要研究方向为社会治理。

港建设在社会治理领域所面临的风险与挑战,并由此进一步提升社会治理能力和现代化水平。近年来,在实现经济社会跨越式发展的同时,海南紧扣自由贸易港建设需要,持续推进党建引领下的海南社会治理创新实践,持续提升社会治理效能,为自由贸易港经济社会建设提供了有力的保障和支撑。

一 探索与海南自由贸易港发展相适应社会治理新模式

自2018年开始,海南逐步探索、推进具有中国特色的自由贸易港建设,有关海南自由贸易港建设的相关文件、政策与规定不断出台并落实。近年来,在"打造共建共治共享的社会治理格局"的实践中,海南自由贸易港持续创新社会治理,尤其是在体制机制完善、治理模式探索以及治理现代化等方面取得了积极的进展和成效。

(一)社会治理的海南实践:与自由贸易港建设相适应

近年来,伴随着自由贸易港的建设,海南社会治理持续推进,已然形成了与自由贸易港建设相适应的社会治理体制和治理格局,主要体现在以下几方面。

首先,不断强化党建引领下社会治理的体制。海南通过优化党的建设体制机制,推动有效市场和有为政府更好结合,突出制度集成创新,激发基层创造活力,持续推动市域社会治理改革创新。在实践中,海南持续构建城乡一体的区域化党建工作新格局,通过党建联席会议制度不断提升市、县(市、区)、乡镇(街道)、村(居)四级联动的严密性和有效性;同时,持续加强基层党建,借助社区党建工作协调机制及时应对、解决基层现实问题,创新完善"一核两委一会"乡村治理结构,探索打造党建引领城市基层治理模式;不断扩大提升党组织工作的覆盖面和有效性,以商圈楼宇党建联盟来促进不同行业、不同隶属关系的党组织互联互通;聚焦海南自由贸易港新产业新业态新模式,拓展提升党建工作在新产业如跨境电商、离岸金融、直播带货、快递物流等领域的覆盖面和渗透水平，做好微商电商、快递员等新职业群体党建工作。

其次，不断完善和优化社会治理"三位一体"机制建设。近年来，海南各级政府积极探索以海南社会管理信息化平台为核心、以综治中心为枢纽，以网格化服务管理、矛盾纠纷多元化解为手段的"三位一体"机制建设：社会管理信息化平台汇聚党政军警民等群体的信息资源，实现各系统资源共享、协同应用，为政府相关部门在综治、边海防、生态环保、农业农村、社会治安、交通运输、应急救援、海关监管、出入境、信息安全监管等领域履行社会管理和服务职能提供了有力支撑。综治中心形成了省、市（县）、镇（街道）、村（社区）全覆盖的综治中心运行架构，相应的硬件建设和制度"软件"同步推进。网格化管理逐步推进，各地结合实际，按照一定户数或地域面积，将城乡社区严格划分为更加精细的管理服务网格，依托专兼职网格员队伍开展管理、提供服务，形成"人在网中走，事在格中办"的运行机制，为进一步创新社会治理奠定了基础。完善的网格体系在维护公共安全、强化民生保障服务等方面取得了积极成效。[1]

再次，不断推动创新城乡社区治理模式，夯实社会治理基础。城乡社区是社会治理的基础单元，也是社会治理的基本领域。近年来，海南在推动城市与乡村社区自治的同时，着力推进法治与德治相结合，有效提升了社区治理效能：首先是将法治融入社区治理，广泛推行一村（居）一法律顾问，开展村（居）法治宣传、法律咨询、纠纷化解等活动，着力推进法治村庄建设，不断增强人民群众的法律意识，使得法律服务更便捷、纠纷疏导更有效、矛盾化解更及时；其次是提升社区自治水平，着力推进"大家的事情大家商量着办"，将扫黑除恶、禁毒、乡村振兴等工作纳入社区公约、村规民约，把政府治理意愿、城乡社区发展要求内化为民众自觉意识与行为，在

---

[1] 沈晓明：《全面践行总体国家安全观 努力建设更高水平的平安自由贸易港》，《人民日报》2021年4月20日，第10版。

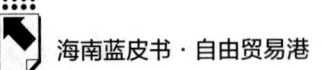

推进基层协商治理中提升民众和社区自我管理、自我服务的水平，着力提升民众参与社区治理的主动性、积极性和有效性；最后是注重用德治提升社区治理效能，通过挖掘传统文化资源的治理价值，以家庭为社区治理载体，推进家庭家教家风建设，如开展"最美家庭""绿色家庭"创建活动，引导广大民众向上向善。

最后，培育社会力量，构建共建共治共享的社会治理格局。近年来，海南着力培育社会组织，引导社会力量参与社会治理实践。首先是创造适宜的政策环境，推动社会组织量质提升，通过改革社会组织直接登记制度、创设社会组织孵化器等举措优化发展环境。目前海南省各类社会组织近9000个，初步形成门类齐全、层次多样、覆盖广泛的社会组织体系，在促进社会建设、提升社会功能和疏解社会矛盾等方面发挥了重要作用。其次是整合资源提升社区公共服务能力，积极探索推进以大社区综合服务为代表的社区治理新模式，在推动社区社会组织发展的同时，引入专业社会工作者，为群众开展物质帮扶、心理支持、能力建设、社会融入等服务，进一步提升了服务群众的内涵与水平。最后是创新机制促多元合作，依托政策资源、政府购买、公私伙伴关系等机制创新，培育政府、企业、社会"伙伴关系"，整合各方治理资源，共同破解社会治理难题。[①]

（二）海南自由贸易港社会治理成效：政府、市场与社会有效协同

治理效能是反映社会治理水平的关键性指标，是治理主体围绕实现治理目标所展现的治理能力及取得的治理绩效，包含了主体能力、制度建设、行动效应及社会效益方面。近年来，海南自由贸易港社会治理效能不断提升，形成了政府、市场与社会有效协同的格局。

在主体能力建设上，随着自由贸易港建设的不断推进，海南政府效率始终居于国内前列。近五年来，在省级地方政府效率排名方面，海南始终保持

---

① 姜维、程良波：《构建海南自由贸易港社会治理新格局》，《新东方》2021年第1期，第1~6页。

在前八,仅次于北上广浙等发达地区,三亚等城市也在市级地方政府效率排名中位居前列。

在制度建设上,海南在形成"三位一体"新机制的同时,社会治理效能也助力营商环境的优化与完善。全国工商联发布的2022年度万家民营企业评营商环境调查结果显示,海南营商环境在全国各省(区、市)的排名比上一年上升4个位次。[①]《2022城市营商环境创新报告》中,海口以市场机制改革、对外开放提升等2个创新亮点,入选"2022城市营商环境创新城市";万宁以社会信用服务新模式、审管法信一体联动机制等创新举措,入选"2022城市营商环境创新县(市)"。

在行动效应上,海南在防控风险、化解矛盾等方面持续取得积极成效。2022年,全省刑事立案数为近14年来最少,命案发案数为建省以来同期最低;2018年以来,海南共受理矛盾纠纷107226件,调解成功率达96.5%。政治社会安全稳定状况持续保持建省以来最好水平,有力服务保障海南全面深化改革开放和中国特色自由贸易港建设。

在社会效益上,近年来,随着平安海南建设的持续推进,居民的安全感持续提升。近五年,人民群众安全感综合指数从2018年的93.67%上升到2021年的98.24%(省统计局调查数据),创历史新高。

二 海南自由贸易港社会治理推进面临的挑战及现实问题

建设自由贸易港既是国家战略,也是海南推进全面深化改革开放的新征程。当前及今后一段时期内,国内外环境的变动性、复杂性及不确定性持续增加,也对海南自由贸易港的社会治理提出了新的挑战,主要体现在以下三方面。

---

① 鲍坤子:《全国工商联发布2022年度万家民营企业评营商环境主要调查结论》,《中华工商时报》2022年11月7日,第2版。

（一）海南自由贸易港多维社会形态带来的挑战

由于历史性原因，海南错过了改革开放后迅速融入全球金融市场体系的机会，农业社会向工商业社会转型进程明显落后于长三角和珠三角地区。海南多数地区至今仍没有过硬的产业作为经济发展的基础，因此，海南自由贸易港的整体规划是发展非金融的高端服务业。但从全球发展的历史经验来看，从农业社会直接跨越到后工业化社会，这个过程极为罕见。[1] 可以说，正是在这一时空压缩的跨越式发展进程中，不同发展阶段的社会形态并存、交织且相互影响并由此形成了自由贸易港社会形态的复杂性，极易出现"在技术、经济、商业领域已经进入到后工业社会，政府和社会管理领域主要依赖工业化时代的科层体制，而文化心态上依然保持着小农社会的心态"等现象，[2] 政府治理体制、官员思想观念与社会大众心态无法适应后工业化社会的迅速发展，尤其是人的现代化无法与跨越式经济发展同步，这种基于现代性获得滞后的"社会堕距"将在相当长时段内存在。[3]

作为自由贸易港，海南以旅游业为主导，同时发展现代服务业、高新技术产业和现代农业等，自由贸易港建设将持续推进现代服务业的发展，大量外来劳动力持续涌入，使得海南又呈现出"流动社会"的变动性特征。伴随着从"自贸区"到"自由贸易港"的功能性转变，海南居民的构成正在发生变化，外来人口的流动性和人口导出的趋势使"人户分离"现象十分普遍。2020年全国人口普查数据显示，全省人口中，人户分离人口为3498161人；其中，省辖区内人户分离人口为835883人，流动人口为2662278人。流动人口中，跨省流动人口为1088143人，省内流动人口为

---

[1] 林琳：《敢闯敢试　大胆创新——海南高水平对外开放压力下四大冲突及解决路径的思考》，《今日海南》2022年第11期，第49~51页。

[2] 强世功：《双重社会转型时代的国家治理难题》，《文化纵横》2020年第2期，第26~35页。

[3] 张虎祥、仇立平：《中国社会治理转型及其三大逻辑》，《探索与争鸣》2016年第10期，第57~63页。

1574135 人。[1] 与之相联系的是，2019 年游客达到 8311 万人，疫情三年每年游客也在 6000 万人以上；《海南省"十四五"旅游文化广电体育发展规划》提出，2025 年全省旅游总人数达到 1.1 亿人，每年增长 20% 以上。未来五年，海南的商务旅游、养老旅游、留学、医疗旅游及外来务工、高端科研人才等将持续流入。这种高速率、大规模、构成复杂的流动人群，在激发海南自由贸易港发展活力的同时，也面临着原住居民与外来人口之间难免会因为日常生活方式与习惯、文化价值观念与行为方式等而产生碰撞乃至于矛盾和冲突，这些都直接对社会治理提出了新的更高要求。

在跨越式发展及流动社会背景下，常态化的风险社会将是海南自由贸易港社会形态的重要特征。当前及今后一段时间内，疫情、区域冲突等非传统风险或将常态化存在，对自由贸易港社会治理提出了严峻的挑战。从实践来看，自由贸易港建设发展意味着要最大限度地实现贸易、投资、人流、物流、资金流及数据等资源要素自由便利且安全有序地流动，而这些发展资源和经济要素通过"流动"推动经济社会发展的同时，也使得洗钱、走私等违法犯罪活动更加隐秘、更难管控。同时，更高程度的对外开放不仅带来了更为先进的新知识、新理念、新意识，而且不可避免地使传统文化、道德观念甚至意识形态受到冲击，因此防控应对的要求更高、难度加大。这种风险常态化意味着社会生活的不确定性增强，这种不确定性社会[2]的运行对我们的决策机制、应变方式与行动策略提出了颠覆性的挑战；而伴随常态化社会风险而来的是风险的弥散性进一步加强，尤其是我们身处当今超级流动社会[3]的情境下，大规模、高频率与多变动的国际国内流动已然将全体人类纳入风险情境，更为关键的是，这种常态化风险具有联动性，疫情风险、经济风险、安全风险及社会风险往往会外溢到其他领域，进而打乱了人们的正常

---

[1] 海南省统计局、海南省第七次全国人口普查领导小组办公室：《海南省第七次全国人口普查公报（第六号）——城乡人口和流动人口情况》，2021 年 5 月 13 日。

[2] 文军、刘雨航：《不确定性社会的"风险"及其治理困境》，《江苏行政学院学报》2022 年第 3 期，第 54~63 页。

[3] 刘炳辉：《高流动性与低组织化：中国危机治理的根本悖论？》，《文化纵横》2020 年第 2 期，第 47~54 页。

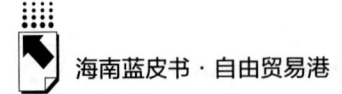

生活、经济生活的正常运行甚至社会秩序，社会的局部或领域、层次的短时或长期失序直接影响到了整体社会系统的正常运作，呈现出片段化、碎片化及缺失性并存的局面，甚至在影响人们生活工作、经济生活的同时引发其他次生风险。[1]

（二）海南自由贸易港社会治理面临的现实问题

社会治理是一项庞大而复杂的系统工程，是政府主导下多元主体相互协调共建社会秩序的活动，须融入地方经济社会发展大局，密切联系省情社情民情，在完善优化体制机制的同时，要不断创新治理理念、提升治理能力、整合治理资源、动员治理力量。如前文所述，在海南自由贸易港社会治理实践中，面对极为复杂的社会发展情势，社会治理也存在着一些现实问题，需要引起重视并加以应对。

首先，治理理念有待进一步转变。由于自由贸易港跨越式发展所带来的"社会堕距"主要体现在政府等治理主体在观念上有所滞后，对多维度社会形态叠加的复杂性缺乏深刻的认识，正如有学者研究发现，部分地方干部对社会治理的理解仍停留在"政府管控""政府维稳"等理念上，认为社会治理就是政府运用行政权力对社会领域、普通民众进行有力的控制、防止社会出现不稳定的因素，对公民参与、社会工作、社会组织等多方社会力量在社会治理中的重要角色缺乏深入理解和认同，制约了海南社会治理体制和机制的创新发展。[2] 也正因如此，海南在建设国际化、法治化、便利化营商环境的过程中，往往会遇到"老办法不管用、新办法不会用、软办法没有用、硬办法不敢用"等问题。

其次，治理能力有待进一步提升。治理主体能力是影响社会治理效能的重要因素。从现实层面来看，目前，除海口、三亚等资源相对比较充足的市

---

[1] 张虎祥：《后疫情时代社会治理面临的挑战及其应对路径》，《上海城市管理》2023年第1期，第50~54页。
[2] 吴方彦：《建设海南自由贸易港社会治理共同体的现实路径》，《南海学刊》2021年第6期，第56~66页。

县外，海南省大部分市县都不同程度地存在缺乏组织机构以及人员编制和资金技术不足等问题；社会组织的资金来源以及人才资源不足，尤其是缺乏高素质的专业人才，比如一些社会组织没有专职的工作人员，只是一些志愿组织的、临时的或者隶属于其他部门的人员，缺乏相关的专业知识及工作能力，也会影响到社会组织的稳定发展；[1] 此外，基层治理人才不足或人才"真空"问题较为严峻，如农村"两委"干部年龄结构老化、能力素质较低等问题普遍存在直接制约乡村治理提质升级，而专兼职网格员队伍普遍存在着年龄、待遇、晋升等方面的问题，也进一步制约了网格化管理内涵和水平的提升。

再次，治理资源有待进一步整合。社会治理"一轴多元"的格局要求多元主体如政府、市场及社会之间紧密配合，充分整合治理资源、发挥不同主体的治理功能和优势。目前，海南自由贸易港通过建立"三位一体"新机制等来推动治理资源共享互联互通，但从行政上看，依然存在着行政区域分割分治市县之间公共资源配置不均衡，政务信息化不同程度地存在分散建设、重复建设以及"重建设、轻管理"和建管责任落实不到位等问题，部门业务系统相互隔阂、数据缺乏关联、资源孤立分散、信息共享共用程度低等问题亟待解决。[2] 此外，市场和社会资源也尚未得到动员和整合，如在小区治理中，小区党组织建设相对滞后，业委会建设和运作、物业公司行为缺乏规范和制约、业主参与不足，党政系统缺乏统筹协调主体，[3] 难以形成长久的治理合力，较为突出地反映了基层社会治理资源整合的现实问题。

最后，治理动员社会化程度有待进一步提升。由于海南社会组织发展起步较晚，当前海南参与社会治理的各类社会组织力量薄弱、规范运行及功能发挥水平不足以及政府监管规范的力量和方式方法也很难适应社会快速发展

---

[1] 董前程、王慧芬：《海南自由贸易港建设背景下社会组织参与社会治理的实现路径》，《长春工程学院学报》（社会科学版）2022年第1期，第11~17页。
[2] 甘露：《海南自由贸易港建设背景下行政效能提升研究》，《新东方》2022年第1期，第21~26页。
[3] 颜冬秋、黎道武：《小区如何实现社会治理现代化？》，《法治时报》2023年1月18日。

的现实，极大制约了社会组织功能在社会治理中的有效发挥；同时，社会公众参与社会治理的意愿、能力及内生动力均有待提高，"政府热、群众冷""党员干部干、群众在旁看"等现象比较突出。正因如此，各类社会组织的力量薄弱使得海南的基层社会治理比较依赖党政主导，社会协同和社会参与力量远远不足，造成了政府公共服务供给不足、政府和社会没能形成良性互动等后果，进一步制约了政府行政职能转变与社会治理体制和机制创新。

三 进一步提升海南自由贸易港社会治理韧性的现实路径

党的二十大报告指出，要完善社会治理体系，健全共建共治共享的社会治理制度，提升社会治理效能，畅通和规范群众诉求表达、利益协调、权益保障通道，建设人人有责、人人尽责、人人享有的社会治理共同体。《海南自由贸易港建设总体方案》提出，着力推进政府机构改革和政府职能转变，鼓励区块链等技术集成应用于治理体系和治理能力现代化，构建系统完备、科学规范、运行有效的自由贸易港治理体系。海南省第八次党代会提出，坚持推进治理体系和治理能力现代化，建设平安法治、文明和谐的自由贸易港。这些中央精神、自由贸易港要求以及省委指示都对海南自由贸易港社会治理提出了新的更高的要求。

如前所述，海南自由贸易港多维社会形态并存共振的挑战及其社会治理实践所显现的现实问题，都亟待社会治理创新的持续深化推进去解决；与此同时，线上线下融合的新社会形态、技术与社会协同联动等社会发展的新趋势，则为社会治理创新提供了广阔空间。海南自由贸易港建设中的社会治理，不仅需要在制度层面规划与创新，更需要结合海南本地传统社会治理的经验特色，从而推进新时代海南自由贸易港的社会治理创新[1]，尤其是要持

---

[1] 杨晔：《海南自由贸易港社会治理的传统经验及其现代转变》，《海南师范大学学报》（社会科学版）2022年第2期，第82~90页。

续提升治理韧性。从理论上看，韧性社会治理致力于高风险社会中社会系统安全稳定运行的韧性建设，聚焦危机应对、系统复原、发展演进等关键环节，力求使社会系统在应对风险冲击时，保持基础机能、快速分散风险、恢复正常运转、推动变革创新。[1] 具体来说，海南自由贸易港韧性社会治理主要应从以下几方面着力实践。

（一）充分发挥党领导社会治理的制度优势和组织优势，持续优化多主体协同的社会治理网络

坚持党的全面领导是中国特色社会主义最本质的特征，社会治理更离不开党的领导。要坚持党建引领社会治理创新，着力构建"一核多元"的社会治理格局，即党委领导下的政府负责及多元主体共同参与的社会治理体制，有效发挥中国共产党的基层党组织体系的灵活作用，通过基层党组织体系的有效运作，有力引领各方社会力量，最终形成社会治理的黏合和共治力量。[2]

要解决海南自由贸易港建设实践中面临的各种风险，应始终坚持党的领导和党建引领。要发挥党的组织优势，在以"最大公约数"推进政治引领的同时，构建联通政府、市场以及社会等社会治理主体的行动网络，并由此形成全社会连接、快速响应的社会治理体系；要着力打造权责明晰、高效联动、上下贯通、运转灵活的社会治理的韧性体系，进一步提升社会治理的韧性和协同性。在此基础上，进一步围绕风险防控优化完善社会治理流程，聚焦事前、事中、事后全流程共建共治的实现路径，强化风险源头、发展过程和应对结果等维度的治理实践流程，不断提升社会抵抗力、恢复力和适应力。

---

[1] 王婷：《韧性社会治理：社会系统安全稳定运行的实践进路》，《光明日报》2020年6月12日，第11版。
[2] 李友梅：《当代中国社会治理转型的经验逻辑》，《中国社会科学》2018年第11期，第58~73页。

（二）要进一步优化完善数字化治理的路径与方式

当前，随着信息技术在社会治理中的广泛应用，数字化治理、智能治理及敏捷治理已然成为重要的社会治理策略和路径：借助新兴技术推动多主体协同治理，通过大数据技术辅助构建一种去中心化的、分布式的、自组织的治理模式，通过发展自组织来提升治理活力和治理效率；同时，利用大数据大规模收集数据的功能可以对突发事件进行风险预测，从而提高社区感知风险、应急响应和灵活决策的能力，化解社会冲突风险。[1] 其中，数字化治理的核心在于（全面广泛）数据采集和（适应性）"算法"设定及治理实践流程的优化完善，是管理及服务模式的再造（"数字孪生"）并由此提升治理的智能化水平。

在实践中，要以信息技术和智能技术为基础，持续优化完善"三位一体"新机制，持续提升治理的智能化水平，在全面整合社会治理各方面信息数据的基础上"拟合"算法并将其转化为对治理活动的全面把握和有效干预。由此，一方面，要破除各相关部门的数据壁垒、打通"数据孤岛"，动态把握研判应对社会治理空间、治理对象等的变动趋势，以此为基础进一步提升社会治理的针对性、有效性；另一方面，持续推进社会网格化融合发展路径，以技术提升倒逼基层治理制度创新，并由此对形式主义和官僚作风进行制度性约束。

（三）要进一步推动社会组织建设和民众参与发展，探索激发社会力量参与社会治理的路径和方式

社会力量参与社会治理，不仅可以优化完善民生服务与治理体系，而且是社会治理体系和治理能力现代化的重要基础。其中，社会组织不仅可以提供专业性服务，也能够促进社会和谐；社会公众则构成社会治理最坚

---

[1] 葛天任、裴琳娜：《高风险社会的智慧社区建设与敏捷治理变革》，《理论与改革》2020年第5期，第85~96页。

实的社会基础，其社会参与度的提升将能够直接提升社会治理的有效性和影响力。正基于此，要持续探索推动社会组织规范化建设与公众参与的路径与方式。

在实践中，要进一步加大培育和发展社会组织，持续完善社会组织管理制度、优化扩展政府购买服务的范围和事项，推进社会组织孵化平台建设，在强化规范化建设的同时，不断提升社会组织的专业化能力和社会化影响，促使其发挥功能性作用；与此同时，尤其要注意培养社区社会组织，在日常生活层面有效引导公众参与社区公共事务，进而以"点"的突破带动"面"的扩展；在社会层面，要持续探索公众有序参与社会公共事务的场景和路径，使社会力量在海南自由贸易港的社会治理共同体建设中发挥重要的作用。

（四）要加大对各种自媒体及网络社群的引导和干预力度，加强网络信息监测和预警

社会心态是一定时期内多数社会成员共享的价值理念、社会态度、社会情绪和社会需求等社会心理内容的集合。作为社会治理的重要内容，积极健康的社会心态，对于维护社会稳定及创新社会治理等都具有重要的价值与意义。心态治理是国家治理的重要内容。由此，必须加强对影响国家意志实现和社会秩序缔结的社会心态进行治理。[①]

在实践中，要建立由党和政府、专业工作者及功能性社会组织等多元主体参与的社会心态治理体系，统筹线上线下、网络与实体空间的社会心态治理，推动覆盖全民的心态服务网格；建立智能化预警防控系统，通过大数据、云计算及人工智能等技术运用以及社会心态动态模型的应用，对自由贸易港公众社会心态的动态变化进行监测、预警并及时干预；进一步规范各类媒体尤其是自媒体、网络社群等社会性媒介的内容与行为，通过贴近生活、贴近社会、贴近群众的接地气宣传报道彰显正能量，让民众真切感受到社会友善尤其是党和政府的责任担当，化解民众的不良社会心态和情绪。

---

① 吕小康：《以社会心态治理助力美好生活》，《光明日报》2023年5月26日，第11版。

（五）探索形成非常态社会体系常态化运作的实践机制

风险常态化意味着社会的非常态运行状态有常态化的可能。经济社会运行的不确定性增强，意味着社会运行常态越来越趋向于非常态化，进而使得社会运行呈现出不稳定状态。换言之，不确定性的增强意味着确定性事件的不确定变化常态化，并直接影响人们对当前及今后社会发展预期的稳定性，也会提升社会发展的不可预期性。由此，面对今后治理环境日益复杂变动的趋势，有必要进一步提升社会治理的弹性水平。

在实践中，要着重形成常态社会运行与非常态变化的协作衔接机制，也就是要将"风险监测—治理响应—干预应对"等环节机制化、常态化。具体来说，就是要将常态治理与应急治理相互转换，实践中的党建引领机制（包括目标指向、力量协调等）、社会动员机制（包括政府、企业、社会组织等）、资源调配保障机制（包括基本生活资料、专业力量以及其他必要资源等），以数字化融合治理所提供的社会网络为支撑，持续提升应对社会风险的有效性。此外，还需要对有效引领公众预期、调适社会心态等方面进行干预，以确保良好的生产生活秩序。

面对百年未有之大变局的加速演进，世界之变、时代之变、历史之变正以前所未有的方式展开，海南自由贸易港建设已经进入战略机遇和风险挑战并存的时期，社会风险的变动性、复杂性及不确定性日益增强。要有效应对这些不确定风险，必须要夯实社会治理的基础，持续推进社会治理创新。党的二十大报告提出，要以中国式现代化为统领，完善社会治理体系，健全共建共治共享的社会治理制度，提升社会治理效能，这为我们在新的历史阶段推进社会治理现代化提供了基本遵循。我们要深刻认识到自由贸易港建设成败，社会治理"系于一身"，正视自由贸易港经济社会发展的变动的现实状况以及实际问题，及时优化完善治理举措，尤其是要在全社会凝聚共识，这也是牢牢把握自由贸易港经济社会发展主动权、推进海南持续稳定发展的重要社会支撑。

参考文献

［1］甘露：《海南自由贸易港建设背景下行政效能提升研究》，《新东方》2022年第1期。
［2］贺尧夫：《社会治理体系和治理能力现代化研究——以海南为例》，光明日报出版社，2023。
［3］姜维、程良波：《构建海南自由贸易港社会治理新格局》，《新东方》2021年第1期。
［4］李友梅：《当代中国社会治理转型的经验逻辑》，《中国社会科学》2018年第11期。
［5］林琳：《敢闯敢试 大胆创新—海南高水平对外开放压力下四大冲突及解决路径的思考》，《今日海南》2022年第11期。
［6］刘炳辉：《高流动性与低组织化：中国危机治理的根本悖论?》，《文化纵横》2020年第2期。
［7］强世功：《双重社会转型时代的国家治理难题》，《文化纵横》2020年第2期。
［8］文军、刘雨航：《不确定性社会的"风险"及其治理困境》，《江苏行政学院学报》2022年第3期。
［9］吴方彦：《建设海南自由贸易港社会治理共同体的现实路径》，《南海学刊》2021年第6期。
［10］张虎祥、仇立平：《中国社会治理转型及其三大逻辑》，《探索与争鸣》2016年第10期。

B.11
海南自由贸易港法治制度推进报告

陈历幸*

摘　要： 根据《海南自由贸易港建设总体方案》，海南自由贸易港法治制度建设以《中华人民共和国海南自由贸易港法》为基础，地方立法权和多元化商事纠纷解决机制为重要组成部分。《中华人民共和国海南自由贸易港法》中的原则性、基础性的法治制度，为相应的具体法治制度建设提供了坚实的依据。地方性法规制定权、经济特区法规制定权和自由贸易港法规制定权的灵活运用，形成了立足自由贸易港建设实际的若干地方立法权法治制度。建立多元化商事纠纷解决机制，则与多种非诉讼纠纷解决方式相对应的具体法治制度的完善密切相关。近期可以考虑推进建设关于货物贸易和服务贸易自由便利的法治制度、关于投资自由便利的法治制度、关于地方立法权的法治制度、关于多元化纠纷解决机制的法治制度等。

关键词： 法治制度建设　海南自由贸易港法　地方立法权　商事纠纷解决机制

近年来，法治制度与自由贸易港建设的密切关联，在理论界与实务界均得到重视，一般认为，完善的法治制度意味着更加自由的市场环境、公平的竞争机制和更低的交易成本，能激发市场参与者的创新创造力和国际合作能

---

* 陈历幸，上海社会科学院法学研究所副研究员，主要研究方向为经济法学、国际经济法学。

力,加快推进自由贸易港国际化建设。[①] 在实践中,抽象的法治理念需要通过具体的法治制度加以体现和落实。2020年6月1日,中共中央、国务院印发《海南自由贸易港建设总体方案》(以下简称《总体方案》),其第二部分"制度设计"第(十)点"法治制度"提出:"建立以海南自由贸易港法为基础,以地方性法规和商事纠纷解决机制为重要组成的自由贸易港法治体系,营造国际一流的自由贸易港法治环境。"这一表述,明确了海南自由贸易港法治制度建设的关键内容,即以2021年6月10日全国人大常务委员会通过、自公布之日起施行的《中华人民共和国海南自由贸易港法》(以下简称《海南自由贸易港法》)为基础,以地方立法权和商事纠纷解决机制为重要组成部分(不限于这两方面,但基于这两方面的重要程度应优先关注)。本报告即依据《总体方案》对于"法治制度"的要求,重点考察近年来海南自由贸易港在以上方面的法治制度建设经验,并就如何协调推进改革决策与法治建设,实现重大改革举措与法治实践的相互促进,通过法治制度建设进一步营造国际一流的自由贸易港法治环境略陈己见。需要指出的是,由于"稳步推进中国特色自由贸易港建设"的重大决策,是2018年4月13日习近平总书记在庆祝海南建省办经济特区三十周年大会上的讲话中郑重宣布的,本报告所考察的海南自由贸易港法治制度,即以2018年4月以后形成的制度为主。

一 《海南自由贸易港法》构建了原则性、基础性的法治制度

《总体方案》第二部分"制度设计"第(十)点中的第31小点提出:"制定实施海南自由贸易港法。以法律形式明确自由贸易港各项制度安排,为自由贸易港建设提供原则性、基础性的法治保障。"

[①] 蔡宏波、钟超:《中国特色自由贸易港的营商环境与法治建设》,《暨南学报》(哲学社会科学版)2021年第6期,第44~51页。

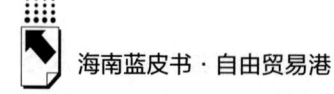

《海南自由贸易港法》共八章五十七条，从贸易自由便利、投资自由便利、财政税收制度、生态环境保护、产业发展与人才支撑等方面，为海南推进高水平制度型开放提供了原则性、基础性的法治制度。

贸易、投资自由便利是海南自由贸易港建设的重点，《海南自由贸易港法》分别对之作出专章规定。在贸易方面，该法规定，国家建立健全全岛封关运作的海南自由贸易港海关监管特殊区域制度，在依法有效监管基础上，建立自由进出、安全便利的货物贸易管理制度，优化服务贸易管理措施，实现贸易自由化便利化；海南自由贸易港对跨境服务贸易实行负面清单管理制度，并实施相配套的资金支付和转移制度。在投资方面，该法规定，海南自由贸易港实行投资自由化便利化政策，全面推行极简审批投资制度，完善投资促进和投资保护制度，强化产权保护，保障公平竞争，营造公开、透明、可预期的投资环境；海南自由贸易港对外商投资实行准入前国民待遇加负面清单管理制度。

在其他方面，针对财政税收，《海南自由贸易港法》规定，设立政府引导、市场化方式运作的海南自由贸易港建设投资基金，并按照税种结构简单科学、税制要素充分优化、税负水平明显降低、收入归属清晰、财政收支基本均衡的原则，结合国家税制改革方向，建立符合需要的海南自由贸易港税制体系。针对生态环境保护，《海南自由贸易港法》规定，海南自由贸易港健全生态环境评价和监测制度，制定生态环境准入清单，防止污染，保护生态环境。针对产业发展与人才支撑，《海南自由贸易港法》规定，海南自由贸易港依法建立安全有序自由便利的数据流动管理制度，国家支持海南自由贸易港探索实施区域性国际数据跨境流动制度安排；海南自由贸易港实施高度自由便利开放的运输政策，建立更加开放的航运制度和船舶管理制度，实行特殊的船舶登记制度，放宽空域管制和航路限制，优化航权资源配置；海南自由贸易港建立高效便利的出境入境管理制度，实行更加开放的人才和停居留政策。《海南自由贸易港法》还规定了若干"综合措施"，如国务院根据海南自由贸易港建设需要授权海南省人民政府审批由国务院审批的土地征收事项，海南自由贸易港建立适应高水平贸易投资自由化便利化需要的跨境资金流动管理制度和多元化商事纠纷解决机制等。

上述原则性、基础性的法治制度，为相应的具体法治制度建设提供了坚实的依据。近年来，海南已经在以下方面的具体法治制度建设上取得了较为显著的成果。

（一）跨境服务贸易的负面清单管理制度

2021年4月23日，经国务院同意，商务部等二十部门联合印发了《关于推进海南自由贸易港贸易自由化便利化若干措施的通知》。该通知涉及服务贸易自由化方面的主要内容包括允许外国机构独立举办除冠名"中国""国家"等字样以外的涉外经济技术展，技术进出口经营活动无须办理对外贸易经营者备案登记。该通知涉及服务贸易便利化方面的主要内容包括建立技术进出口安全管理部省合作快速响应通道，在部分重点领域率先规范影响服务贸易自由便利的国内规制，鼓励创新服务贸易国际合作模式等。我国跨境服务贸易领域首张国家层面的负面清单，即商务部发布的《海南自由贸易港跨境服务贸易特别管理措施（负面清单）（2021年版）》（以下简称《海南服务贸易负面清单》）明确列出对境外服务提供者的11个门类70项特别管理措施。在管理措施所涉之外的领域，海南自由贸易港在跨境服务贸易方面对境内外服务提供者实行平等准入政策。这张清单是对服务贸易管理模式的重大突破，使服务贸易开放度、透明度、可预见度明显提高。

《海南服务贸易负面清单》发布后，为保障其顺利实施，海南省人民政府印发《海南自由贸易港跨境服务贸易负面清单管理办法（试行）》，共四章十三条，与《海南服务贸易负面清单》同时于2021年8月26日起施行。该办法明确了《海南服务贸易负面清单》的适用范围和管理模式，细化了清单内外的管理要求，提出了对《海南服务贸易负面清单》实施的规范、促进和改进措施，强调了对《海南服务贸易负面清单》实施过程的风险防范、统计监测和评估，进一步细分了跨境服务贸易管理部门的工作职责。该

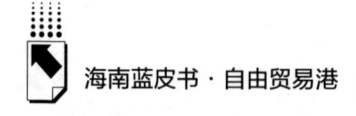

办法的出台,旨在建立健全配套管理制度,加快形成与跨境服务贸易发展相适应的配套政策与制度体系,为《海南服务贸易负面清单》的顺利实施提供法治制度保障。①

(二)投资极简审批制度

2019年3月26日,海南省人大常委会通过了《中国(海南)自由贸易试验区重点园区极简审批条例》,对审批事项和评估事项精简、审批程序和流程优化、监管和服务等内容进行了规定。2019年12月31日,海南省人大常委会制定的《海南经济特区外国企业从事服务贸易经营活动登记管理暂行规定》在服务贸易领域先行先试更加灵活的政策体系和监管模式,即允许外国企业通过更加便捷的登记准入方式在海南经济特区从事服务贸易经营活动,并允许外国企业不设立中国商事主体而直接在海南从事服务贸易经营活动,而在行业准入方面,对外国企业在所属国已获得的相关资质、许可、认证进行备案后予以认可。

投资极简审批制度与监管和风险防范方面的有关规定是相辅相成的。《海南经济特区外国企业从事服务贸易经营活动登记管理暂行规定》建立外国企业获授权代表制度,要求外国企业指定一个获授权代表负责提交、签收登记材料及相关法律文件。该暂行规定还建立交易安全调查制度,规定登记机关及相关行业主管部门发现外国企业在境外的运营情况和资信状况发生可能影响交易安全的变化,可委托具有相关国际业务能力的中介服务机构予以调查,外国企业在接受调查时应予配合。

(三)生态环境准入清单制度

生态环境准入清单,是指基于环境管控单元,统筹考虑生态保护红线、环境质量底线、资源利用上线的管控要求,提出的空间布局、污染物排放、

---

① 《全文来了!海南自由贸易港跨境服务贸易负面清单管理办法(试行)》,搜狐网,2021年8月27日,https://m.sohu.com/a/485976324_124767/。

环境风险、资源开发利用等方面禁止和限制的环境准入要求。生态环境准入清单以清单的方式,确定一个地方在生态环境资源约束下能干什么、不能干什么,通过清单式的硬约束,对某一区域的国土空间开发提出刚性要求。这既是对当地政府及相关部门提出的明确要求,也有助于相关投资单位和社会公众建立良好的心理预期。

党的十九大报告强调,要构建国土空间开发保护制度,坚决制止和惩处破坏生态环境的行为。2018年6月,中共中央、国务院《关于全面加强生态环境保护坚决打好污染防治攻坚战的意见》提出,省级党委和政府加快确定生态保护红线、环境质量底线、资源利用上线,制定生态环境准入清单。海南自由贸易港编制生态环境准入清单,充分结合海南自由贸易港的战略定位和国土空间规划,明确哪些问题与生态环境保护相冲突,哪些地方需要管控、怎么管控等要求,把这些问题和相应的管控要求落实在具体的行业、领域以及具体的空间范围内。[1] 2021年2月,中共海南省委办公厅、海南省人民政府办公厅印发《关于海南省"三线一单"生态环境分区管控的实施意见》,提出要制定全省、五大片区、十八个市县和洋浦经济开发区及各环境管控单元四个层次的生态环境准入清单,并对落实生态环境准入清单提出要求。2021年10月27日,为推进海南省生态环境分区管控制度落地实施,海南省生态环境厅又根据该实施意见,并依据相关法律、法规、政策文件以及国家与地方标准,发布了《海南省生态环境准入清单(2021年版)》,细化具体管控目标等内容。

(四)建设投资基金制度

为规范海南自由贸易港建设投资基金(以下简称自由贸易港基金)管理,提高财政资金使用效益,海南省人民政府办公厅根据《海南自由贸易港法》、《总体方案》和《财政部关于印发〈政府投资基金暂行管理办法〉

---

[1] 王瑞贺主编《中华人民共和国海南自由贸易港法释义》,法律出版社,2021,第120~121页。

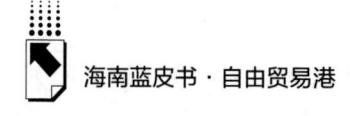

的通知》等有关规定，结合海南省实际，于2021年12月15日发布了《海南自由贸易港建设投资基金管理办法》。

根据该办法，自由贸易港建设投资基金是指由省政府出资设立、按市场化方式运作的省级政府投资基金母基金，基金规模为100亿元，根据投资进度，由省财政分年度通过预算安排出资。自由贸易港建设投资基金按照"政府引导、市场运作、科学决策、防范风险"的原则，通过专业化投资运营管理。自由贸易港建设投资基金管理架构主要包括自由贸易港建设投资基金投资运作联席会议机制、基金出资公司、基金管理公司和托管银行等。自由贸易港建设投资基金主要支持重点产业发展、重点园区发展，支持重大项目建设。

根据该办法，除海南省委、海南省政府确定的重大投资项目外，自由贸易港建设投资基金原则上采用"母—子基金"投资方式运作。自由贸易港建设投资基金出资设立子基金应公开透明，按照征集、申报、评审、决策和公示等程序公开遴选子基金拟合作机构。自由贸易港建设投资基金管理公司负责对子基金申报机构开展尽职调查，组织专家评审，并将通过专家评审的拟合作机构提交基金出资公司审议决策。自由贸易港建设投资基金管理公司应建立风险控制机制，加强对子基金投后管理和服务。海南省财政厅负责对自由贸易港建设投资基金整体投资运营情况开展绩效评价。自由贸易港建设投资基金与中央政府投资基金等共同参股发起设立子基金的，按照国家有关规定执行。海南省工业和信息产业投资基金等海南省政府投资基金可参照该办法执行。

（五）航运和船舶管理制度

为了更好地利用海南的地理优势，促进航运事业发展，《国务院关于在中国（海南）自由贸易试验区暂时调整实施有关行政法规规定的通知》（国函〔2020〕88号）要求，暂时调整实施《中华人民共和国船舶和海上设施检验条例》第十三条第一项有关"从事国际航行的船舶"必须向中国船级社申请入级检验的规定：在中国（海南）自由贸易试验区登记的中国籍国际航行船舶，允许由外国船舶检验机构开展船舶入级检验。2020年9月18

日，交通运输部发布的《关于在中国（海南）自由贸易试验区深化改革开放调整实施有关规章规定的公告》（交法规〔2020〕11号）规定，自即日起至2024年12月31日，暂时调整实施《中华人民共和国国际海运条例实施细则》有关规定：在中国（海南）自由贸易试验区注册企业经营国际客船、国际散装液体危险品船运输业务的审批权限，由交通运输部下放至海南省交通运输厅。

海南海事局于2020年11月3日制定出台《海南自由贸易港国际船舶登记程序规定》，明确在海南全岛依法设立的企业所有、融资租赁或光船租赁的国际船舶注册船籍港为"中国洋浦港"，并以"两级审查"简化国际船舶登记流程，以"并联办理"优化国际船舶登记事项。[①] 2021年6月25日，海南省人大公布《海南自由贸易港国际船舶条例》，对海南自由贸易港国际船舶的船籍、检验机构、登记材料、营运范围、税费等相关事项做出规定。根据该条例，经授权的船舶检验机构可以开展国际船舶法定检验及相应证书的签发工作；国际船舶登记包括船舶所有权登记、船舶国籍登记、船舶抵押权登记、光船租赁登记、船舶变更登记、船舶注销登记、国家规定的其他种类七个种类，符合办理船舶临时登记条件的，国际船舶登记机构审核后颁发临时证书，临时证书有效期届满前可向国际船舶登记机构提交相关证明材料申请延续。

（六）航权开放制度

中国民用航空局（以下简称民航局）2020年6月正式出台《海南自由贸易港试点开放第七航权实施方案》（以下简称《实施方案》），鼓励、支持外航在现有航权安排外，在海南经营客、货运第七航权，以期有利于航空公司在海南开展中转业务，助力国际枢纽建设。

《实施方案》规定的试点内容主要包括以下方面。首先，民航局在现有

[①]《〈海南自由贸易港国际船舶登记程序规定〉解读》，航运在线，2021年6月15日，http://news.sol.com.cn/html/2021-06-15/A6D59B7BFD3A7D88C.shtml。

航权安排之外，鼓励并支持指定外国空运企业（不包括中国香港、中国澳门、中国台湾地区航空公司）在海南省具有国际航空运输口岸的地点经营第三、第四、第五航权（民航局已于2003年批准在海南开放第三、第四、第五航权）以及试点经营第七航权的定期国际客运和/或货运航班。其次，指定的外国空运企业经营上述第三、第四、第五航权航班时，可根据双边航权安排规定的航线表及运力额度，在海南与中国境内除北京、上海、广州以外的具有国际航空运输口岸的地点之间行使客运中途分程权。再次，指定的外国空运企业经营上述第七航权航班时，在海南与中国境内的其他地点之间无串飞或中途分程权。最后，民航局根据宏观调控需要、公共利益考虑或依据试点评估结果，适时调整第七航权试点开放政策。

在申请程序方面，《实施方案》规定，使用第七航权开放试点政策的外国空运企业按照所在国与中国政府之间的双边航空运输协定中的指定条款，由所在国通过外交途径指定其作为经营至中国的国际客货航班的空运企业，由民航局对外国空运企业的指定进行确认。

在管理和监督检查方面，《实施方案》明确了对外航的经济监管和安全监管要求，指定的外国空运企业应遵守中国及民航局的各项法律、法规、规章和政策，并与机场管理机构签订安全及服务协议，由民航局中南局及其派出机构对外航安全运行情况进行监督检查，未达到安全运行要求的，按有关双边航空安全协定和外航运行管理规章采取运行限制措施。[1]

（七）出入境和停居留管理制度

2019年6月，公安部、国家移民管理局出台了关于支持根据海南全面深化改革开放移民与出入境的政策措施，主要有以下几方面。第一，拓展外国人免签入境渠道。完善外国人免签预申报平台，规范外国人免签入境申报

---

[1] 《中国民航局印发〈海南自由贸易港试点开放第七航权实施方案〉 鼓励支持外航在琼经营客货运第七航权》，海南省人民政府官网，2020年6月10日，https：//www.hainan.gov.cn/hainan/5309/202006/e886dbc0d03647169469c1e8d7f32632.shtml；《民航局印发〈海南自由贸易港试点开放第七航权实施方案〉》，《空运商务》2020年第6期，第6页。

标准，将旅行社邀请接待模式扩展为外国人自行申报或者通过单位邀请接待免签入境。第二，扩大外国人免签入境事由。在59国人员入境海南旅游免签的基础上，允许外国人以商贸、访问、探亲、医疗、会展、体育竞技等事由免签入境海南。第三，延长免签外国人在海南的停留时间。积极创造条件逐步实现给予免签入境人员30日以上的停留期间。研究建立国别免签停留政策。第四，评估调整免签国家服务。综合考虑海南对外交往、旅游市场需求，会同有关部门开展综合评估，对适用免签入境政策国家名单适时进行调整。第五，实施更为便捷的高端旅游出入境服务措施。包括实施外国旅游团乘坐邮轮15天入境免签政策，简化琼港澳游艇出入境（港）手续，对前往博鳌乐城国际医疗旅游先行区等海南医疗机构诊疗的外籍患者及其陪护家属，提供申请办理签证或居留许可便利。[1]

（八）土地征收事项管理制度

2020年4月29日，全国人大常委会审议通过《关于授权国务院在中国（海南）自由贸易试验区暂时调整实施有关法律规定的决定》，对在中国（海南）自由贸易试验区内由国务院批准的土地征收事项，由国务院授权海南省人民政府批准。该决定同时要求，由海南省人民政府制定具体授权审批事项管理办法，报经自然资源部同意后实施。为此，海南省人民政府根据国务院的授权要求，于2020年11月25日发布了《海南省实施国务院授权土地审批事项管理办法》，明确征收永久基本农田、永久基本农田以外超过三十五公顷的耕地，以及其他超过七十公顷的土地，由海南省人民政府审批。同时，该办法还规定了以下四个方面的要求。一是省人民政府不得将上述事项委托给市县人民政府或其他机构办理。二是维护被征地农民合法权益，严格耕地和基本农田保护要求，严格生态保护要求，加强规划和标准管控。三是省、市、县（自治县）人民政府和相关主管部门应当严格按照法律法规

---

[1] 王瑞贺主编《中华人民共和国海南自由贸易港法释义》，法律出版社，2021，第162~163页；《公安部通报出台支持海南全面深化改革开放移民出入境、交通管理政策措施》，中国政府网，2019年7月4日，https://www.gov.cn/xinwen/2019-07/04/content_5405865.htm#1。

规定的条件、程序，办理国务院授权的审批事项，确保审批标准不降低、审批质量不下降。四是采取审批事项事中、事后监管措施。①

（九）跨境资金流动管理制度

2021年4月，为深入贯彻党中央、国务院决策部署，中国人民银行、银保监会、证监会、国家外汇管理局发布《关于金融支持海南全面深化改革开放的意见》。关于跨境资金流动管理制度，该意见提出，探索放宽个人跨境交易政策。支持在海南自由贸易港内就业的境外个人开展包括证券投资在内的各类境内投资。允许符合条件的非居民按实需原则在海南自由贸易港内购买房地产，对符合条件的非居民购房给予汇兑便利。探索适应市场需求新形态的跨境投资外汇管理。在风险可控前提下，允许海南自由贸易港内合格境外有限合伙人（QFLP）按照余额管理模式自由汇出、汇入资金，简化外汇登记手续。将海南自由贸易港纳入合格境内有限合伙人（QDLP）试点，给予海南自由贸易港QDLP试点基础额度。

2021年9月1日，海南省政府发布了《关于贯彻落实金融支持海南全面深化改革开放意见的实施方案》，对上述意见加以落实。该实施方案提出：适时扩大贸易外汇收支便利化试点银行范围，支持审慎合规的银行扩大试点企业范围，便利更多信用优良、管理规范的海南自由贸易港企业贸易结算。鼓励优质企业使用人民币进行货物贸易和服务贸易跨境结算。同时，支持海南自由贸易港内银行机构为自由贸易账户优质客户按照"简化流程"办理跨境货物贸易、服务贸易及新型国际贸易跨境结算。海南将积极开展合格境外有限合伙人（QFLP）试点和合格境内有限合伙人（QDLP）试点，允许取得QDLP试点资格的企业开展符合国家政策规定的对外股权投资、证券投资等投资活动。支持海南自由贸易港内银行、证券公司、期货公司、公募基金管理公司、保险公司等金融机构开展跨境资产管理业务试点。鼓励海

---

① 《〈海南省实施国务院授权土地征收审批事项管理办法〉政策解读》，海南省人民政府官网，2020年11月25日，https://www.hainan.gov.cn/hainan/zxjd/202102/2649dfb77d2a405fa6545cac1009b0ee.shtml。

南自由贸易港内符合条件的法人机构率先开展试点,研发资产管理产品,面向境外投资者发行销售。支持在海南自由贸易港内就业的境外个人使用境内合法收入、境外合法外汇收入开展各类境内投资。提升海南居民个人留学学费购付汇、薪金结汇等个人用汇便利化水平。

《海南自由贸易港法》的制定与实施,是在法治框架内进行的顶层设计。在实践中,为改革提供法律依据,固然可以采取一事一议的方式逐项授权,从而有助于推动改革渐进展开,确保重大改革于法有据,但就系统、全面的深层次改革而言,针对某一个或几个问题逐项进行法律授权,可能会影响改革整体推进,且相关授权程序周期较长,不利于改革系统集成、协调推进。这就需要《海南自由贸易港法》这样的在法治框架内的整体性顶层设计,来提供原则性、基础性的法治制度,为改革提供充分法律依据,降低改革过程中调整法律法规的频次,推动改革全面展开,有力促进"大胆试、大胆闯、自主改"。[①]《海南自由贸易港法》的制定与实施,有利于加强法治制度设计的系统性与协调性,避免较为具体的各类法治制度在运行中可能出现的冲突。

二 立法体制的发展在海南形成了若干地方立法权法治制度

《总体方案》第二部分"制度设计"第(十)点中的第 32 小点提出:"制定经济特区法规。在遵循宪法规定和法律、行政法规基本原则前提下,支持海南充分行使经济特区立法权,立足自由贸易港建设实际,制定经济特区法规。"

尽管《总体方案》仅提到经济特区立法权及与之相对应的法律形式,即经济特区法规,但随着我国立法体制的发展,尤其是《海南自由贸易港

[①] 海南省中国特色社会主义理论体系研究中心:《以法治推进海南自由贸易港建设》,《人民日报》2020 年 7 月 9 日,第 9 版。

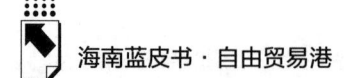

法》的制定和实施，以及《中华人民共和国立法法》（以下简称《立法法》）的修订，海南省人大及其常委会已拥有三种类型的地方立法权，即地方性法规制定权、经济特区法规制定权和自由贸易港法规制定权。此种格局被研究者称为"三重立法权"海南地方立法模式实践范本。[1] 海南省人大及其常委会可以灵活运用地方性法规制定权、经济特区法规制定权和自由贸易港法规制定权。具体地说，根据《立法法》和《海南自由贸易港法》第十条的规定，海南省人大及其常委会为自由贸易港制定法规的权力可以分成三种。

一是地方性法规制定权。根据《立法法》第七十二条、第七十三条的规定，海南省人大及其常委会可以根据海南省的具体情况和实际需要，在不同宪法、法律、行政法规相抵触的前提下，为执行法律、行政法规的规定，针对地方性事务制定地方性法规。

二是经济特区法规制定权。1988年第七届全国人民代表大会第一次会议在建立海南经济特区的决议中，对海南省人大及其常委会给予立法授权，即经济特区法规制定权。经济特区法规制定权在《立法法》第七十四条中也有相应规定，海南省人大及其常委会可以根据海南经济特区的具体情况和实际需要，遵循国家有关法律、全国人民代表大会及其常务委员会有关决定和国务院有关行政法规的原则制定法规，在海南经济特区实施，并报全国人大常委会和国务院备案。经济特区法规可以对法律和行政法规的相关规定作出变通性的规定，但如果有变通性的规定，在报备案时，应当说明对法律、行政法规作出变通的情况。《总体方案》特别强调经济特区法规的制定，主要是因为海南岛全岛均为经济特区的现实决定了制定经济特区法规更便于海南的建设与发展，这也是"全岛一盘棋"在法治方面的具体体现。[2]

三是自由贸易港法规的制定权。《海南自由贸易港法》第十条第一款规

---

[1] 黄少宜：《自由贸易港法规立法创新研究——兼论海南地方立法模式发展》，《太原学院学报》（社会科学版）2021年第5期，第27~34页。
[2] 谭波：《海南自由贸易港社会治理、法治制度、风险防控体系的一体化设计》，《今日海南》2020年第10期，第24~26页。

定,海南省人民代表大会及其常务委员会可以根据本法,结合海南自由贸易港建设的具体情况和实际需要,遵循宪法规定和法律、行政法规的基本原则,就贸易、投资及相关管理活动制定法规(以下称海南自由贸易港法规),在海南自由贸易港范围内实施,从而赋予了海南省人大及其常委会制定海南自由贸易港法规的权限。相应地,2023年3月13日通过的《全国人民代表大会关于修改〈中华人民共和国立法法〉的决定》在《立法法》第八十四条增加第三款:"海南省人民代表大会及其常务委员会根据法律规定,制定海南自由贸易港法规,在海南自由贸易港范围内实施。"

《海南自由贸易港法》授权海南省人民代表大会及其常务委员会结合实际需要,在贸易、投资及相关管理活动方面制定海南自由贸易港法规,这在一定程度上可看作经济特区立法权的升级版,是在法律层面对一揽子立法权的集中"打包"授权。同时,能否用好这种系统性的授权安排,对海南的执行力、立法水平、立法质量是一个很大的挑战和考验。[①]

《海南自由贸易港法》首次规定的"海南自由贸易港法规",及与之相应的海南自由贸易港法规制定权,是我国立法制度史上的重要创新,对授权立法发展具有重大意义,海南自由贸易港法规成为我国法律形式中的新类别。

海南自由贸易港法规与其他授权立法类别的不同之处主要有以下两方面。一方面,授权来源不同。海南自由贸易港法规制定权来源于《海南自由贸易港法》,具有很强的权威性、规范性、稳定性,经济特区法规制定权、浦东新区法规制定权则是以"决定"形式确立,起到补充作用。另一方面,权限范围不同。海南自由贸易港不但可以"就贸易、投资及相关管理活动"制定法规,对法律、行政法规作出变通性规定,而且可以涉及"依法应当由全国人大及其常委会制定法律或者由国务院制定行政法规事项"。应当制定法律的事项,属于《立法法》第八条规定的国家立法保留事

[①] 吴士存:《海南自由贸易港法彰显我国对外开放的信心与决心》,新浪网,2021年6月23日,https://finance.sina.com.cn/china/gncj/2021-06-23/doc-ikqcfnca2611273.shtml。

项，通常来说地方立法无法触及，但海南自由贸易港法规是例外。事实上，"贸易、投资及相关管理活动"涉及的很多方面都属于我国《立法法》第八条第九款"基本经济制度以及财政、海关、金融和外贸的基本制度"范畴，海南自由贸易港法规均可以对之进行调整，只要报请全国人大常委会或国务院批准即可。

《海南自由贸易港法》第十条第二款规定："海南自由贸易港法规应当报送全国人民代表大会常务委员会和国务院备案；对法律或者行政法规的规定作变通规定的，应当说明变通的情况和理由。"这里的"变通规定"，一般认为是指海南自由贸易港法规在遵循宪法规定和法律、行政法规的基本原则基础上，对法律或行政法规的条文进行变通的规定。在立法实践中，通过制定海南自由贸易港法规，不但可以在不违背相关"基本原则"前提下对法律、行政法规的一般条款作出立法变通、适用调整，而且可以根据《海南自由贸易港法》第十条第三款对涉及"依法应当由全国人大及其常委会制定法律或者由国务院制定行政法规事项"（即国家立法保留、行政保留事项）等作出创设、变通，实际上是在坚持法制统一的前提下，赋予了海南更大的地方立法权限。①

海南自由贸易港法规可以涉及"应当由全国人大及其常委会制定法律或者由国务院制定行政法规事项"，这是海南自由贸易港法规与一般地方性法规、经济特区法规、浦东新区法规等的重要区别，对此，《海南自由贸易港法》也规定了有关的报批程序对该立法行为加以约束。关于应当报全国人大及其常委会批准的情形，根据《海南自由贸易港法》第十条第三款，"海南自由贸易港法规涉及依法应当由全国人民代表大会及其常务委员会制定法律或者由国务院制定行政法规事项的，应当分别报全国人民代表大会常务委员会或者国务院批准后生效"。换言之，海南可以围绕推动贸易、投资自由化便利化，重点针对财政、海关、金融和外贸等领域相关的法律规则作出创设、变通，报全国人大及其常委会批准后生效实施。关于应当报国务院

---

① 王瑞贺主编《中华人民共和国海南自由贸易港法释义》，法律出版社，2021，第44页。

批准的情形，可以理解为，如涉及《中华人民共和国宪法》第八十九条规定的国务院行政管理职权的事项，或者根据《立法法》第六十五条为执行法律的规定需要制定行政法规的事项，就属于应当报国务院批准的范围。①

用足用好海南地方立法权，与坚持党中央的集中统一领导和维护国家法制统一，贯彻《立法法》对我国各层级立法活动的原则要求密切相关。其中对《海南自由贸易港法》授予的海南自由贸易港法规制定权的运用尤为关键。《海南自由贸易港法》颁布实施两年以来，海南省人大常委会运用《海南自由贸易港法》的立法授权，先后制定了24件海南自由贸易港法规。2021年7月27日，海南省人大常委会通过《海南省人民代表大会常务委员会关于贯彻实施〈中华人民共和国海南自由贸易港法〉的决议》。该决议要求，充分运用海南自由贸易港法规制定权、经济特区法规制定权和地方性法规制定权，紧贴自由贸易港建设需要，加强立法调研，突出制度集成创新，注重立法之间的衔接，加快制定自由贸易港法规，特别是加快制定贸易、投资及其相关管理活动等方面的法规。着力提高立法质量和效率，积极创新立法机制，丰富立法形式，更加注重"小切口""小快灵"立法，立更多简明管用的法规。积极配合建立高效的自由贸易港法规批准机制，大力推进《海南自由贸易港法》明确的重大制度安排落地实施。

早在《海南自由贸易港法》颁布实施之前，就有研究者指出，要大胆创新立法形式，对自由贸易港建设中一些亟须解决的法律问题，就单个立法事项及时出台单项法规或者法规性决定。②《海南自由贸易港法》颁布实施两年来，海南省人大常委会坚持立法形式创新，深入推进"小切口""小快灵"立法，聚焦实际问题"对症下药"，不拘形式、体例，不追求"大而全""小而全"，不照抄照搬上位法，开门见山、直入主题，需要几条就定几条，切切实实提出有针对性、可操作性的制度设计，使立法更准、更细、

---

① 万宁市人民法院：《如何科学理解和运用"海南自由贸易港法规"？》，澎湃新闻网，2022年5月20日，https：//www.thepaper.cn/newsDetail_forward_18197202。
② 严冬峰：《加快构建海南自由贸易港法治体系》，《海南日报》2020年8月28日，第A11版。

更实。2021年、2022年"小切口""小快灵"立法数量分别达到海南省人大常委会新制定法规数量的60%、78%，《海南自由贸易港反消费欺诈规定》《海南自由贸易港闲置土地处置若干规定》《海南自由贸易港免税购物失信惩戒若干规定》《海南自由贸易港药品进口便利化若干规定》《海南自由贸易港促进种业发展若干规定》等一批"小切口""小快灵"立法项目就是其中的典型。

例如，针对离岛免税购物"套代购"走私的违法成本低，而相关处罚威慑力不足，容易给不法分子可乘之机的问题，海南省人大常委会在出台《海南自由贸易港社会信用条例》的基础上，于2022年1月1日施行了《海南自由贸易港免税购物失信惩戒若干规定》。该规定虽然只有短短十条，但构筑起了"一处失信、处处受限"的联合惩戒机制，对监管对象进行分级分类监管，切实增强对不法投机分子的打击力度，保证对市场主体"守信无事不扰、失信严加监管"。2021年11月1日起施行的《海南自由贸易港反消费欺诈规定》是体现海南"小切口""小快灵"立法的另一典型实践。针对旅游消费欺客宰客的"老大难"问题，海南省人大常委会出台了全国首个反消费欺诈规定，即《海南自由贸易港反消费欺诈规定》，直指海鲜水果销售、健身美容培训、旅游消费等热门行业中存在的缺斤短两、"包厢购物"、虚假宣传等问题，加大惩戒力度，引入"双罚制"，保障海南消费行业的健康发展。

又如，海南省制定的全国首个药品进口便利化法规，即2022年12月1日起施行的《海南自由贸易港药品进口便利化若干规定》，全文仅八条800多字，简单明了地对进口药品通关作出便利化规定，取消《进口药品通关单》，将药品进口申请备案时间提前至进口药品启运环节，免费为企业提供进口药品通关凭证。该规定的施行有利于进一步提升海南自由贸易港药品进口便利化水平、开创更高层次改革开放新格局，让人民群众共享进口药品领域的海南自由贸易港制度红利。①

---

① 邢东伟、翟小功：《海南已制定24件自由贸易港法规　高效有序推进自由贸易港法规体系建设》，《海南日报》2023年6月20日，第005版。

再如，2022年1月1日起施行的《海南自由贸易港闲置土地处置若干规定》明确将"以出让方式取得国有建设用地使用权，超过出让合同约定的竣工日期一年未竣工的"认定为闲置土地，同时，创设阶梯比例征收土地闲置费制度，明确有偿收回闲置土地补偿标准，为解决"半拉子工程"提供了有力的法律依据，有利于破解闲置和低效土地处置难题。[1]

最后，2023年5月1日起施行的《海南自由贸易港促进种业发展若干规定》采取"小切口"立法形式，坚持问题导向，针对畅通种质资源引进、交流、利用渠道和种业创新链、产业链、资金链融合等方面进行制度安排，聚焦种质资源保护利用、育种创新、境外引种通关便利等种业发展立法需求，主要在农作物品种审定自行试验制度、种质资源检疫监管模式、生物育种管理机制、种业人才发展机制四方面进行创新实践。[2]

坚持"小切口""立短法"，即聚焦主要问题，坚持问题导向，力争"条条管用""条条不可或缺"。《海南自由贸易港法》颁布实施以来，"小切口""立短法"成为海南省人大及其常委会坚持的立法导向。这既是海南省委对自由贸易港立法工作提出的要求，也是自由贸易港建设的现实需求。考虑到国家立法体系已经相对完整，一般性地方立法在许多领域无须重复上位法规定。"小切口"立法标志着地方人大立法工作正从粗放型向精细化转变，更包含了地方人大实现立法主导权的新尝试。"小切口"聚焦立法要解决的最主要的问题，增强立法的针对性、时效性、适用性、可操作性，[3] 这也是地方立法权在海南自由贸易港建设中体现出的显著特色。

---

[1] 周亚军：《为自由贸易港建设夯实法治基础》，《人民日报》2022年6月23日，第018版；《〈海南自由贸易港闲置土地处置若干规定〉解读》，海南省人民政府官网，2021年12月4日，https://www.hainan.gov.cn/hainan/zxjd/202112/d039c1aa323a468191d32620c87f1ede.shtml。

[2] 曹文轩：《海南发布自由贸易港促进种业发展规定 围绕4方面进行创新实践》，《人民日报》2023年5月9日，第07版；《〈海南自由贸易港促进种业发展若干规定〉解读》，海南省农业农村厅网站，2023年5月25日，https://agri.hainan.gov.cn/hnsnyt/zt/fzxc/flfgxc/202305/t20230525_3422612.html。

[3] 尤梦瑜：《首批配套法规为何是这4部》，《海南日报》2021年10月14日，第A07版。

三 完善与多种非诉讼纠纷解决方式相对应的具体法治制度

《总体方案》第二部分"制度设计"第(十)点中的第33小点提出:"建立多元化商事纠纷解决机制。完善国际商事纠纷案件集中审判机制,提供国际商事仲裁、国际商事调解等多种非诉讼纠纷解决方式。"《海南自由贸易港法》第五十四条也规定:"国家支持探索与海南自由贸易港相适应的司法体制改革。海南自由贸易港建立多元化商事纠纷解决机制,完善国际商事纠纷案件集中审判机制,支持通过仲裁、调解等多种非诉讼方式解决纠纷。"

由于海南自由贸易港的涉外性较强,后续司法实践中可能具有纠纷多发、利益冲突复杂的特点,单纯依靠诉讼来解决纠纷,不利于处理好公平与效率的关系,也不利于当事人纠纷的解决,因此要建立诉讼与仲裁、调解的有机结合机制。[①] 从《总体方案》的设计来看,主要还是通过强化国际商事仲裁和国际商事调解来构建非诉的纠纷解决方式,构建集调解、诉讼、仲裁于一体的多元化纠纷解决机制。[②]

随着海南自由贸易港建设的深入推进,海南与各个国家和地区的经贸、投资等商事交往日益密切,国际商事纠纷随之增加。就国际商事纠纷案件这一类《海南自由贸易港法》运作中常见的案件类型而言,尤其需要在完善审判机制的同时,通过仲裁、调解等多种非诉讼方式解决纠纷。这方面,海南正在完善与多种非诉讼纠纷解决方式相对应的具体法治制度。

2020年6月11日,海南省委通过《中共海南省委关于贯彻落实〈海南自由贸易港建设总体方案〉的决定》,明确提出健全多元化国际商事纠纷解

---

① 刘道远、闫娅君:《海南自由贸易港法律制度创新建设问题探讨》,《行政管理改革》2019年第5期,第52~58页。

② 谭波:《海南自由贸易港社会治理、法治制度、风险防控体系的一体化设计》,《今日海南》2020年第10期,第24~26页。

决机制,设立涉外民商事法庭,继续引进国际商事仲裁、商事调解等多元纠纷解决机构。2020年6月16日,海南省人大常委会颁布《海南省多元化解纠纷条例》,推进确立多元化国际商事纠纷解决机制。海南积极推动有条件的商会、行业协会、商事仲裁机构等设立多元化国际商事调解组织,目前已设立的国际商事调解中心包括海南国际仲裁院国际商事调解中心、海口国际商事调解中心、三亚国际商事调解中心、中国贸促会(中国国际商会)海南调解中心等。这些国际商事调解机构注重与各级法院、海南国际仲裁院等部门及境内外商事调解组织交流合作,调解员均采取聘用制,其中既有退休法官、资深律师,又有港澳和国外人士。[①] 例如,2018年挂牌的海南国际仲裁院实行以理事会为主导的法人治理结构,理事由省政府从相关领域知名人士中聘任,其中境外人士不少于三分之一,引入外籍和港澳台地区仲裁员、调解员,组建国际化仲裁员队伍。海南还引入香港调解中心、中国国际贸易促进委员会等具有国际影响力的调解机构,创设专门用于化解涉外民商事纠纷的在线多元化解平台——海南涉外民商事在线纠纷多元化解平台(ODR),形成线上线下便利化司法调解机制,探索一站式纠纷解决方式,跨境调解涉外民商事案件。

2023年1月19日,海南省委、省政府办公厅印发《海南自由贸易港国际商事仲裁中心建设方案》。该方案提出,按照法治化市场化方向推进仲裁机构内部治理改革,允许境外知名仲裁及争议解决机构在海南设立业务机构。据此,海南省司法厅于2023年3月9日印发的《境外仲裁机构在海南自由贸易港设立业务机构管理办法》规定,境外仲裁机构经海南省司法厅登记并报司法部备案后,可在海南自由贸易港设立业务机构,就国际商事、海事、知识产权、投资等领域发生的民商事争议开展涉外仲裁业务。[②]

[①]《海南:探索构建与自由贸易港相适应涉外法治体系》,澎湃新闻网,2021年2月18日,https://www.thepaper.cn/newsDetail_forward_11362393。

[②]《允许境外仲裁机构在自贸港设立业务机构 海南自由贸易港国际商事仲裁中心建设稳步推进》,法治网,2023年3月23日,http://www.legaldaily.com.cn/Arbitration/content/2023-03/23/content_8835758.html。

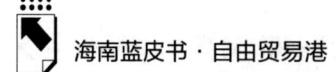

中央全面依法治国委员会办公室出台《关于全面推进海南法治建设支持海南全面深化改革开放的意见》后，司法部支持海南开展律师、公证、司法鉴定、商事调解等八项重点改革。在借鉴先进自由贸易港法律服务经验的基础上，海南省人大常委会于2019年9月修订《海南经济特区律师条例》，在执业范围、组织形式、准入门槛等方面进行法治制度创新。海南省司法厅近年来拓展了境外律师事务所业务范围，吸引大量外国和我国港澳地区律师事务所来琼执业，引进具有一流涉外法律服务专业水平的国内大所在海南创办分所，制定《海南省中外律师事务所联营实施办法》等四个配套办法，构建"1+4+N"涉外法律服务制度体系。2020年12月，"创新专业化、多元化、国际化的涉外律师服务"入选海南省委深改办（自贸港工委办）发布的第十批海南自由贸易港制度创新案例。该创新案例的具体内容包括允许注册会计师、注册税务师、注册造价工程师、专利代理人等其他专业人士成为特殊普通合伙律师事务所的合伙人；普通合伙律师事务所的设立资产数额降至10万元，特殊普通合伙律师事务所的设立人数和设立资产数额分别降至10名以上和100万元；律师业务范围扩大到"代为办理招商引资、商标、专利、商事登记、不动产登记等法律事务"等。①

公证制度是国际通行的前置性预防法律制度。海南省司法厅积极协调并争取司法部批复同意，明确自2019年9月1日起，涉外公证业务办理不再受属地管理限制。②

国务院服务贸易发展部际联席会议办公室于2020年7月31日印发全面深化服务贸易创新发展试点第二批"最佳实践案例"，海南提供的"构建多元化国际商事纠纷解决工作机制"即入选其中。③

---

① 《2020年第十批海南自由贸易港制度创新案例具体内容（上）》，喜马拉雅网，2020年12月12日，https://www.ximalaya.com/sound/364333901。
② 《李永利：十项司法行政服务措施保障海南自由贸易港建设》，人民网，2020年6月16日，http://www.people.com.cn/n1/2020/0616/c32306-31748634.html。
③ 《国务院服务贸易发展部际联席会议办公室关于印发深化服务贸易创新发展试点经验和第二批"最佳实践案例"的函》，商务部网站，2020年7月31日，http://fms.mofcom.gov.cn/article/jingjidongtai/202007/20200702988261.shtml。

同时，在与海南自由贸易港建设相适应的司法体制改革方面，海南近年来也在国家层面相关部署的指引下进行了不少具体法治制度构建上的探索，积累了一定的经验。

2019年2月，中央全面依法治国委员会办公室印发的《关于全面推进海南法治建设支持海南全面深化改革开放的意见》对海南深化司法体制改革提出了明确的要求。一是探索实行跨行政区划案件管辖，规范涉外案件侦查、管辖权限，优化涉外民商事案件级别、区域管辖。二是全面落实司法责任制改革。提升司法专业化水平。重点推进知识产权、旅游消费、生态保护、海事海南、金融与破产等专业法庭和派驻检察室建设。三是提升涉外民商事、刑事、公益诉讼类案件的审理和办理专业化水平。制定发布涉自由贸易试验区和自由贸易港案件审判指引和典型案例，构建域外法查明机制，营造高效司法环境。

2021年1月1日，最高人民法院发布《最高人民法院关于人民法院为海南自由贸易港建设提供司法服务和保障的意见》，对海南深化司法体制改革提出了如下要求。一是完善自由贸易港审判组织体系，加强海南自由贸易港知识产权法院和海南涉外民商事法庭建设。二是调整案件管辖范围，以指定管辖、提级管辖、专门管辖等方式，对涉外民商事、海事、交通运输以及特定刑事案件的管辖进行适当调整。三是推动海事审判"三合一"改革，在海口海事法院逐步推动形成以民商事、行政案件为主，涵盖特定刑事案件的海事案件"三合一"专业化审判机制。四是推动行政案件异地管辖改革和机制创新，全面实行行政案件异地管辖。五是推动涉外民商事审判机制创新，由海南涉外民商事法庭集中审理涉外、涉港澳台民商事案件，鼓励外籍调解员和港澳台调解员参与纠纷化解，探索选任港澳台居民担任人民陪审员参与案件审理。

2021年5月25日，《海南自由贸易港法院建设五年规划（2021—2025年）》（以下简称《五年规划》）正式印发。《五年规划》分为总体要求，创新自由贸易港法院组织体系，创新自由贸易港法院制度机制体系，创新审判管理、基础保障和智慧法院建设体系，着力加强自由贸易港法院队伍建设,加强规划的实施保障六个部分五十七项内容。《五年规划》明确提出,到2025年,适应自由贸易港需求的法院组织体系和工作格局基本形成,保障贸易投资自由、便利、公正、安全的审判能力明显提升。

《五年规划》重点从十一个方面进行制度机制创新,具体细化的制度机制创新内容多达四十六项,尤其突出"专门化审判要求和国际化审判水准"。这些制度机制创新,都紧紧围绕党中央、最高人民法院和海南省委文件精神展开,《五年规划》文本的基本结构,也是按照《海南自由贸易港建设总体方案》中的"五个自由便利、三大现代产业、风险防控"等方面的内容设置的。《五年规划》在"创新自由贸易港法院组织体系"中提出,要"适应行政区划发展,充分考虑自由贸易港区域发展的格局,建立与自由贸易港发展相适应的审判机构,并创新管理机制"。《五年规划》用一个章节的篇幅,提出"创新保障海洋经济发展和海洋维权的机制体系,提升海事审判能力",具体包括"维护国家海洋权益和发展利益""深入推进海事审判'三合一'改革,解决堵点卡点问题""涉海纠纷化解""保障促进邮轮游艇产业发展""司法服务军队和国防建设"等方面的制度机制创新和能力提升。《五年规划》在创新审判管理包括"三化"建设、基础保障和智慧法院建设等方面,都设计了制度机制,明确了任务目标。《五年规划》还提出了全面落实司法责任制,实行人民法院、人民检察院内设机构改革试点,建立法官、检察官员额退出机制等方面的制度。[①]

为建立国际商事纠纷案件集中审判机制,经最高人民法院批准,海南第一、第二涉外民商事法庭于2019年9月26日设立。海南第一、第二涉外民商事法庭按照法院雏形设立,具有独立编制和办公场所,是跨区域管辖涉外民商事案件的专门法庭,按照"南北分工"原则分别管辖海南全省标的额50亿元人民币以下的一审涉外、涉港澳台民商事案件及仲裁司法审查案件,可独立完成涉外民商事案件立案、审判和执行。此外,为改善营商环境,海

---

① 《海南高院:〈五年规划〉搭建"四梁八柱" 四十六项创新彰显责任担当》,央广网,2021年12月1日,https://www.cnr.cn/hn/jrhn/20211201/t20211201_525675583.shtml。

南省高级人民法院全域布局开展环境资源巡回审判，构建"一站式"司法征信服务平台并实行刑事裁判财产性判项集中集约执行。其中，"一站式"司法征信服务平台入选海南省2020年发布的第一批制度创新案例。其整合审判流程公开、裁判文书公开、执行信息公开三大司法公开平台资源，统筹全省立案、诉讼、执行等信息，通过该平台能方便查询到企业、法人代表、自然人等诉讼主体所涉及的全面司法征信信息，包括失信信息、诉讼状况、财产查封情况、工商登记情况等功能内容。[1] 海南省第一中级人民法院建立的一站式国际商事纠纷诉讼、调解、仲裁"三位一体"多元化解机制，在法院的主导下，依托涉外民商事法庭，将诉讼、调解、仲裁有机衔接。2021年7月，一站式国际商事纠纷"三位一体"多元化解机制入选海南自由贸易港第十三批制度创新案例，获第二届"海南省改革和制度创新奖"二等奖。[2] 海南还出台《海南省高级人民法院关于审理申请确认仲裁协议效力案件的裁判指引（试行）及典型案例》，发布《海南第一涉外民商事法庭协议管辖示范条款》中英文版本等。[3]

四 海南自由贸易港法治制度建设的展望

根据《总体方案》，到2025年，初步建立以贸易自由便利和投资自由便利为重点的自由贸易港政策制度体系，海南的营商环境总体达到国内一流水平，适应自由贸易港建设的法律法规逐步完善。这对海南自由贸易港法治制度建设提出了更高要求。必须积极推进自由贸易港国际化建设，尊重国际规则与国际惯例，同时要结合中国实际，坚持基本制度底线与中国特色，从

---

[1] 《"一站式"司法征信服务平台》，海南省人民政府官网，2020年11月12日，http://www.hainan.gov.cn/hainan/ysfwzt/202011/67b4aba4ec0e480385ab7fe48205d5d5.shtml。
[2] 麦文耀、黄君：《我省健全完善国际商事纠纷多元化解机制优化自贸港法治化营商环境》，文昌政法网，2023年5月22日，http://wenchang.hnzhengfa.gov.cn/news/gcdt/show-6603.html。
[3] 邢东伟、翟小功：《构建与自由贸易港相适应基层治理体系〈海南自由贸易港建设白皮书〉发布》，《法治日报》2022年8月3日，第008版。

而为自由贸易港建设提供科学有力的法治制度支持。具体而言，近期可以考虑在以下方面推进海南自由贸易港法治制度建设。

第一，关于货物贸易自由便利的法治制度建设方面，未来海南自由贸易港应当构建统筹"一线"和"二线"架构下的货物安全、高效流动的贸易监管和便利化制度创新体系，在过渡期实现便捷化的"一负三正"清单管理的基础上，要完成预期目标和过渡期安排，应当建立多机构协同下的货物安全和贸易风险制度。首先，要对2017年修订的《中华人民共和国海关法》以及一系列相关法律制度进行调整，以免货物贸易自由和便利化措施欠缺法律依据。其次，是执行这些法律相关的基础设施系统，即国际贸易"单一窗口"需要通过法律、法规对其加以授权，为政府部门间数据进入、分享以及跨境信息交换授权，使之成为法律促进框架和实现国际对接的法律依据，并将海南自由贸易港国际贸易"单一窗口"确立为数字基础设施，实现数据共享和有效监控。再次，就货物监管制度而言，涉及的部门包括农业农村部、国家食品药品监督管理总局、商务部、生态环境部、工信部、国家发改委、中国人民银行、国家外汇管理总局、国家税务总局等部门。这意味着需要进一步明确各部门监管权力的权限范围、运行方式和实施手段，同时，要实现货物有效监管制度上的便利化，也应当考虑如何改变现有的监管机构，通过精简审批制度以实现中央和地方之间的权力优化配置。最后，要与相关的制度安排衔接，这些制度安排必须建立在多机构协同形成制度创新的规则体系上。

第二，关于服务贸易自由便利的法治制度建设方面，未来海南自由贸易港应着力构建具有自由贸易港特色的服务贸易清单制度，形成比《自由贸易试验区外商投资准入特别管理措施（负面清单）（2021年版）》更少限制、更为开放的服务贸易负面清单制度。以信息传输、软件和信息技术服务业为例，《自由贸易试验区外商投资准入特别管理措施（负面清单）（2021年版）》要求"增值电信业务的外资股比不超过50%（电子商务、国内多方通信、存储转发类、呼叫中心除外），基础电信业务须由中方控股（且经营者须为依法设立的专门从事基础电信业务的公司）"，但增值电信服务和基础电信服务的对外开放不仅会促进电信服务市场的充分竞争，而且会对其他新型服务贸易业态（尤其是以数据为主要生产要素的服务贸易业态）产生积极影响，特别是推动以数字服务化为重点内容的数字贸易发展。考虑到《总体方案》中开展在线数据处理与交易处理等业务，开展国际互联网数据交互试点的要求，以及《海南自由贸易港法》中"有序扩大通信资源和业务开放"的要求，应当在具有自由贸易港特色的跨境服务贸易负面清单制度中进一步放开增值电信业务乃至基础电信业务的外资股比，进一步推进服务业全方位的开放和数字贸易的开展。同时，海南自由贸易港要逐步形成与跨境服务贸易负面清单相配套的国内规则体系，建立较为完整的事中事后管理法治制度，并确立有效的监管措施，推动跨境服务贸易负面清单制度在告知、资格要求、技术标准、透明度、监管一致性等方面的具体法治制度的不断完善。

第三，关于投资自由便利的法治制度建设方面，未来海南自由贸易港应细化《总体方案》和《海南自由贸易港法》中的"市场准入承诺即入制"，确立以产业为导向的投资开放模式。相应地，海南自由贸易港国际投资领域的开放须直接对标国际公认的高水平国际投资规则，这些规则涉及投资准入（准入前国民待遇、负面清单），公平竞争（国有企业、业绩要求、环境条款、劳工条款）和权益保护（外汇转移、金融服务、征收补偿、税收、最低待遇标准、透明度、投资授权、政治分支机构、仲裁裁决的执行）。与高水平贸易投资协定相比，我国现有的《自由贸易试验区外商投资准入特别管理措施（负面清单）（2021年版）》的自由化程度还比较低，涵盖的领域还比较少，然而，由于涉及国内规则调整的复杂性，短期内国内很难形成与高水平投资协定匹配的投资制度安排，也很难在海南自由贸易港全面试点。因而，需要海南自由贸易港根据国家战略、区域发展和海南的产业特色和核心竞争力，提出重点产业的投资自由化，明确需要试点的具体产业，尝试给予这些具体产业的外资准入后国民待遇。也就是说，对每一项试点的产业，要列出市场准入后外资的"不符措施"，明确哪些需要继续保留，哪些需要在海南自由贸易港率先取消，哪些需要形成新的制度安排，形成可预见性的限制政策措施。总之，要结合海南的实际情况，建立与国际高水平投资规则相匹配的投资自由便利法治制度。适时依据《海南自由贸易港法》第三章"投资自由便利"，制定体系较为完整的《海南自由贸易港投资条例》，其中的投资涵盖直接投资和间接投资，内容涉及投资的设立、取得、扩大、管理、经营、运营、出售等，重点解决内外资一致的禁止类和限制类业务范围。

第四，关于地方立法权的法治制度建设方面，海南立法机关应当与全国人大常委会充分沟通，提请全国人大常委会在总结实践经验的基础上适时以决定的形式明确涉及海南地方立法权若干关键法律术语如"基本原则""变通规定"的内涵与外延，避免出现实际运行中经济特区法规、海南自由贸易贸港法规从形式到内容均逐渐趋同于地方性法规的状况。并且，进一步明确可以就哪些事项（包括对于国家层面尚无规定的事项在何种范围内）制定经济特区法规、海南自由贸易港法规，同时探索设置关于研究论证有关事项的程序。此外，《总体方案》中有"研究简化调整现行法律或行政法规的工作程序，推动尽快落地"的表述，考虑到其被列入"2025年前重点任务"，而目前的相关进展仍有不足，也有必要通过与全国人大常委会、国务院的充分沟通，争取能够先由国务院尽快出台简化有关工作程序的特别规定，从而逐步改变"调法调规"仅能依照《立法法》《行政法规制定程序条例》所规定的制定和修订法律、行政法规的法定程序进行的状况。

第五，关于多元化纠纷解决机制的法治制度建设方面，未来海南自由贸易港应细化纠纷解决便利化的规则。多元化纠纷解决机制使当事人寻求解决纠纷的程序畅通、便利，是司法便利化的延伸。[①] 海南自由贸易港建设中，应当逐步形成完备的社会矛盾解决机制，包括在大规模团体诉讼、公共利益诉讼方面提供适当的法律程序；适应现代社会信息化的要求，通过有效的诉

[①] 刘道远、闫娅君：《海南自由贸易港法律制度创新建设问题探讨》，《行政管理改革》2019年第5期，第52~58页。

讼程序和机制设置，提供可实施的纠纷解决程序规则等。同时，为建立国际商事纠纷案件集中审判机制，今后应推动最高人民法院国际商事法庭与海南第一、第二涉外民商事法庭对接，加强涉外民商事审判机构与国际商事仲裁、调解机构的有效衔接，建设国际商事争端解决中心，进一步向境外商事调解机构开放，允许境外调解员参与商事调解工作，完善国际商事审判、国际商事仲裁和国际商事调解等方面的海南自由贸易港法治制度，例如自由贸易港国际商事法庭制度、临时仲裁制度等。①

以上是海南自由贸易港法治制度建设不断推进的过程，也是以贸易自由便利和投资自由便利为重点的自由贸易港政策制度体系逐步确立、适应自由贸易港建设的法律法规逐步完善的过程。海南自由贸易港法治制度建设所涉及的规范是综合、立体的，其所共同形成的特定体系将协调推进改革决策与法治建设，实现重大改革举措与法治制度实践的相互促进，形成海南自由贸易港法治新格局。

参考文献

[1] 钟业昌主编《中国（海南）自由贸易试验区发展报告》，社会科学文献出版社，2020。
[2] 王惠平主编《海南自由贸易港发展报告（2021）》，社会科学文献出版社，2021。
[3] 王惠平主编《海南自由贸易港发展报告（2022）》，社会科学文献出版社，2022。
[4] 王瑞贺主编《中华人民共和国海南自由贸易港法释义》，法律出版社，2021。
[5] 刘云亮：《中国特色自由贸易港法治创新研究》，法律出版社，2022。
[6] 刘道远、闫娅君：《海南自由贸易港法律制度创新建设问题探讨》，《行政管理改革》2019年第5期。

---

① 王淑敏、李忠操：《海南自由贸易港拟建国际商事法庭应重点聚焦国际化改革》，《政法论丛》2019年第3期，第133~147页；曹晓路、王崇敏：《海南建设自由贸易港的临时仲裁机制创新研究》，《海南大学学报》（人文社会科学版）2018年第3期，第1~7页。

［7］郑蕴：《中国海南自由贸易港投资自由便利制度——兼论〈海南自由贸易港法〉》，《经贸法律评论》2021年第4期。

［8］谭波：《海南自由贸易港社会治理、法治制度、风险防控体系的一体化设计》，《今日海南》2020年第10期。

［9］邢东伟、翟小功：《海南已制定24件自由贸易港法规 高效有序推进自由贸易港法规体系建设》，《海南日报》2023年6月20日，第005版。

B.12
海南自由贸易港风险防控体系推进报告

彭 羽*

摘　要： 《海南自由贸易港建设总体方案》确立了风险防控体系的基本框架，通过制定实施有效措施，有针对性地防范化解贸易、投资、金融、数据流动、生态和公共卫生等领域的重大风险。在贸易风险防控方面，海南高标准建设开放口岸和"二线口岸"基础设施，依托全岛"人流、物流、资金流"信息管理系统、社会管理监管系统、口岸监管系统"三道防线"，推进海南社会管理信息化平台建设，加强反走私综合治理工作，确保全方位构筑近海、岸线、岛内三道防护圈。同时，海南在投资、金融、数据流动、生态和公共卫生等领域风险防控体系建设方面也取得了重要进展和成效，守住了不发生系统性风险的底线。下一步应在借鉴国际经验的基础上，进一步优化风险防控体系建设。

关键词： 风险防控体系　贸易风险防控　国际经验

本研究分析了海南自由贸易港在贸易、投资、金融、数据流动、生态和公共卫生等领域重大风险防控体系的总体建设进展和成效，并梳理和总结了新加坡贸易风险防控体系建设的经验，在此基础上，提出进一步优化海南自由贸易港风险防控体系的政策建议。

---

* 彭羽，上海社会科学院世界经济研究所副研究员，主要研究方向为国际贸易理论与政策。

一 海南自由贸易港风险防控体系建设进展

《海南自由贸易港建设总体方案》（以下简称《总体方案》）的制度设计中明确提出要建立风险防控体系，制定实施有效措施，有针对性地防范化解贸易、投资、金融、数据流动、生态和公共卫生等领域重大风险。紧紧围绕《总体方案》的任务要求，海南自由贸易港分步骤、分阶段有效推进各领域的风控防控体系建设，坚决守住了不发生系统性风险的底线，并取得重要成效。

（一）贸易风险防控建设进展

贸易风险防控方面，海南自由贸易港高标准建设开放口岸和"二线口岸"基础设施，依托全岛"人流、物流、资金流"信息管理系统、社会管理监管系统、口岸监管系统"三道防线"，推进海南社会管理信息化平台建设，加强反走私综合治理工作，确保全方位构筑近海、岸线、岛内三道防护圈。

1. 高标准推进开放口岸和"二线口岸"基础设施建设

全岛封关运作项目建设是海南自由贸易港建设的标志性和基础性工程，也是贸易风险防控的重要基础设施。2022年初，推进海南全面深化改革开放领导小组办公室印发《海南自由贸易港全岛封关运作准备工作任务清单》，明确了口岸规划与建设、非设关地布局与建设、税收政策安排、重大风险防控以及"五自由便利、一安全有序流动"等11个方面60多项重点任务，标志着全岛封关运作准备工作全面启动。2023年，海南自由贸易港进一步加快封关运作软硬件建设，启动25个封关运作项目建设，总投资约117亿元，涉及8个对外开放口岸、10个"二线口岸"和非设关地73个船管站、15个海警工作站硬件设施建设，以及信息化监管平台建设①。

---

① 《今年海南将深化重点压力测试，优化全岛封关运作项目服务保障》，海南省人民政府官网，https://www.hainan.gov.cn/hainan/5309/202302/3f9dc104ee5542d98dac129562b805ef.shtml。

2. 通过海南社会管理信息化平台构建全链条综合防控体系

2018年11月以来,海南社会管理信息化平台汇聚融合各类数据资源,构建起从态势感知到大数据研判再到联勤联动高效应急处置的全链条综合防控体系,并不断形成和完善以下三大功能。

一是强化对人流、物流、资金流的监管。依托人脸识别手段,将人脸数据与人员系统存储的数据进行比对,主动识别、掌控进出岛人员基本情况。二是充分发挥社会治理和综合服务功能。汇聚党政军警民等群体的信息资源,实现各系统资源共享、协同应用,为相关部门履行社会管理和服务职能提供有力支撑。三是充分发挥统一指挥调度功能。建设社管平台指挥中心,与省、市、县各级联勤联动单位和一线可视化指挥调度点位实现互联互通,建立了自上而下的预警指挥、联动处置体系[①]。目前,海南省社会管理信息化平台已经初步具备态势感知、分析研判、指挥调度、综合服务等功能,实现了对人流、物流、资金流的24小时监控,在实战中充分运用异常情况预警、人员锁定、信息筛查等功能,查处了一批涉及自由贸易港风险防控的案件,取得了一定实效[②]。

3. 加强反走私综合治理工作确保实现三道防护圈全方位构筑

首先,推进反走私综合执法站建设。目前,全省64个反走私综合执法站已经全面正式运行,在未设立口岸查验机构的区域设立综合执法点,对载运工具、上下货物、物品实时监控和处理,可以有效防控走私及其他违法犯罪行为,实现了近海、岸线、岛内三道防护圈的全方位构筑。其次,实施离岛免税商品溯源管理制度。采集记录免税商品进口、流通、消费等环节信息,实现来源可查、去向可追、责任可究,严厉打击离岛免税"套代购"行为。最后,加强纵向和横向执法合作。积极与中央及国家有关部门开展合

[①] 《海南社会管理信息化平台构建全链条综合防控体系》,海南省人民政府官网,https://www.hainan.gov.cn/hainan/5309/202204/dad6e188e4624a5e8198254306d8d4e3.shtml。

[②] 《海南以强有力的风险防控确保自由贸易港建设始终沿着正确方向前进》,海南省人民政府官网,https://www.hainan.gov.cn/hainan/5309/202304/1af4e38ef777491b8cc52c09c390751c.shtml。

作,联合部署打击"套代购"走私等专项行动,并建立琼粤桂反走私联防联控机制,初步形成打击走私、防控风险的合力。

(二)投资风险防控建设进展

海南自由贸易港正式运行以来,出台了《海南自由贸易港外商投资准入特别管理措施(负面清单)》,以及《海南自由贸易港外国人工作许可特别管理措施(负面清单)(征求意见稿)》和《海南自由贸易港外国人工作许可负面清单管理办法(试行)(征求意见稿)》等多个与投资(包括人员)准入相关的负面清单。市场准入范围的扩大,意味着投资的开放度提高,同时也带来更大程度上的事中事后监管风险。对此,海南自由贸易港坚持将风险防控能力建设摆在首位,确保在安全监管的前提下,逐步推动投资自由化和投资便利化。

以《海南自由贸易港外国人工作许可特别管理措施(负面清单)(征求意见稿)》和《海南自由贸易港外国人工作许可负面清单管理办法(试行)(征求意见稿)》的出台为例,文件总体上坚持以不发生系统性风险为前提,循序渐进地推进外国人工作许可的开放。一是明确将关乎国家安全的行业、岗位纳入负面清单管理,确保国家安全风险总体可控。例如,在国防安全方面,"公共航空运输公司法定代表人、通用航空公司法定代表人禁止准入";在网络和数据安全方面,"互联网新闻信息服务单位主要负责人、总编辑禁止准入"等[1]。二是明确将可能产生社会风险的行业、岗位纳入负面清单管理;建立工作许可配额管理制度,防止外来人员冲击本地劳动力市场,确保社会风险总体可控。三是明确将可能带来投资风险的行业、岗位纳入。例如,境内期货及其他衍生品业务禁止准入等,确保投资风险总体可控。

---

[1] 《我省相关部门负责人和专家解读〈负面清单〉和〈管理办法〉》,海南省人民政府官网,https://www.hainan.gov.cn/hainan/zmgzcjd/202111/ea1ee6c3c1854b5dbbed4a707eab795c.shtml。

（三）金融风险防控建设进展

围绕《海南自由贸易港建设总体方案》任务要求，海南自由贸易港在金融风险防控方面的进展如下。一是加强金融消费者权益保护建设。在全国率先成立海南自由贸易港金融消费权益保护协会，推进"一站式"金融纠纷多元化解机制建设，截至2023年3月，成功调解各类金融消费纠纷案件289件[①]。二是在全国首创开展资金信息监测系统建设，建设首个实时采集银行资金交易数据平台，实施监测每一笔进出岛资金交易信息，实现包括对特定自然人和法人的多维查询功能，对涉嫌走私、洗钱和逃汇等实施预警、处置。三是推动重大风险化解处置，金融高风险态势得到根本性扭转。在持续完善反洗钱、反恐怖融资和反逃税制度体系和工作机制的同时，严厉打击非法金融活动，推动建立打击免税商品"套代购"走私协作机制，出台《海南省电信网络诈骗和跨境赌博"资金链"治理工作实施方案》，切实守护好老百姓的"钱袋子"。

（四）网络安全和数据安全风险防控建设进展

围绕《海南自由贸易港建设总体方案》中关于网络安全和数据安全风险防控的任务要求，海南自由贸易港坚实推进依法管网治网工作。一是建立健全法规制度。组织编制《海南自由贸易港网络与数据安全条例》等法律法规，制定出台《海南省实施〈突发公共卫生事件应急条例〉办法》《海南省政务服务事项目录管理办法》《海南省一体化政务服务平台电子证照应用管理实施办法》等系列制度政策，持续加强网络治理的法规制度支撑。二是加快建设网络治理体系。搭建"海南省网络综合治理统一平台"，建立常态化工作机制，充分调动多元主体力量，深度整合各方资源，逐步构建多主体参与、多手段结合的网络综合治理格局。三是加大网络生态治理执法力度。开展整治小程序违法违规收集使用个人信息专项行动，依法关闭违法违

[①] 参见http://hi.people.com.cn/n2/2023/0427/c231190-40395859.html。

规网站平台，注销违法违规账号，清理查删各类违法违规信息，有效树立网络新风正气①。

（五）公共卫生风险防控建设进展

围绕《海南自由贸易港建设总体方案》中关于公共卫生风险防控的任务要求，海南自由贸易港加快推进了疾病预防控制体系建设、公共卫生防控救治体系建设、公共卫生应急体系建设、重要卫生应急物资储备和产能保障体系建设。具体来说：一是成立公共卫生安全风险防控专项工作组，定期召开会议，分析研判风险，动态调整公共卫生领域风险点及风险等级。二是组建监测预警、风险评估专家库，完善疫情的发现、筛查、报告、处置以及信息发布等流程。三是加强突发公共卫生事件预警协作，建立一体化的防控网络。四是加强国际卫生检疫合作和国际疫情信息收集，建立同周边国家和"一带一路"沿线国家疫情信息与卫生措施通报机制和联合应急处置机制。经过海南自由贸易港运行三年来的建设，基本构建和形成了覆盖公共卫生预防、救治、保障和应急的公共卫生风控防控体系。

（六）生态风险防控建设进展

围绕《海南自由贸易港建设总体方案》的任务要求，海南自由贸易港在以下方面推进了生态风险防控建设。一是全力推进污染防治攻坚和国家生态文明试验区建设，生态文明试验区建设年度任务圆满完成。二是建立健全生态环境安全风险防控工作机制，持续加强重大动植物疫情和外来入侵物种防控，重大动物疫病群体免疫密度均达到90%以上，全省设立77个植物检疫性病虫害疫情监测点，不断完善生物安全突发事件应急处置。三是提升突发生态环境应急事件准备与响应能力，三亚、屯昌两个医疗废物处置设施建成投产，满足全省医疗废物处置需求，严格禁止洋垃圾入境。此外，2022

---

① 沈晓明：《加快构建适应中国特色自由贸易港建设需要的网络综合治理格局》，澎湃新闻，https://m.thepaper.cn/baijiahao_19162964。

年11月30日,海南省第六届人民代表大会常务委员会第三十九次会议通过《海南自由贸易港生态环境保护考核评价和责任追究规定》,在全国率先以地方立法形式健全生态环境保护考核评价和责任追究制度,构建一套海南自由贸易港建设背景下全新的目标指标体系。其中,生态环境保护目标指标体系主要包括生态环境质量、资源利用效率、国土空间开发保护格局、环境治理能力、应对气候变化、绿色生产生活、公众满意程度、生态环境保护督察整改情况等方面的多个综合性指标。

二 国际自由贸易港风险防控体系经验借鉴:以新加坡 AML/CFT 风控体系为例

目前,在反洗钱(AML)监管和合规方面,新加坡是金融行动特别工作组(FATF)的成员,也是亚洲/太平洋反洗钱小组(APG)的成员。作为亚太地区重要的国际金融中心城市,新加坡通过建设健全的反洗钱法律法规体系,确保其不成为洗钱和恐怖主义融资的"法外之地",保持其作为亚太地区金融中心的良好声誉,新加坡在反洗钱(AML)和打击恐怖主义融资(CFT)方面的风险防控经验值得海南自由贸易港借鉴。

(一)推动 AML/CFT 法律法规体系不断完善

新加坡关于反洗钱的法律主要是《腐败、贩毒和其他严重犯罪(没收权益)法》(CDSA,1992年颁布,2020年修订)。其中,第5条"设立可疑交易报告办公室",用于直接负责接收和分析任何相关可疑交易报告。第43条"金融机构保留记录"和第44条"原始文件登记",则对金融机构的记录保存和可疑交易报告的原始文件登记方面提出要求,并进一步明确了不遵守合规规定的处罚措施。这为新加坡金融监管机构及时发现和预防洗钱行为,提供了健全清晰的法律法规保障。

表1 新加坡"CDSA（2020年修订版）"涉及防止洗钱的部分主要条款

对应条款	条款名称	条款内容
第5条	可疑交易报告办公室（Suspicious Transaction Reporting Office）	政府将设立一个"可疑交易报告办公室"，负责接收和分析：①根据第(3)分节或根据第45(1)节的要求向可疑交易报告干事披露的任何事项；②根据第60(60)条向可疑交易报告干事提交的任何报告，或根据第4条转交可疑交易报告干事的任何报告；③根据第62(62)条向可疑交易报告干事提交的任何报告；④根据第68(1)条向可疑交易报告干事提交的任何现金交易报告；⑤根据2006年《赌场管制法》第200条制定的根据任何条例向可疑交易报告干事提交的现金交易报告；⑥根据《2019年宝石和贵金属（防止洗钱和恐怖主义融资）法案》第17条提交给可疑交易报告官的任何现金交易报告；⑦根据《2015年典当行法》第74A条提交给可疑交易报告官的任何现金交易报告
第43条	金融机构保留记录（Retention of records by financial institutions）	(1)金融机构必须在适用于该文件的最短保留期内保留每份金融交易文件，或保留其副本。(2)根据本节规定需要保留文件的金融机构必须以合理可行的方式保存和储存文件。(3)金融机构如违反第(1)或(2)款，即属犯罪，一经定罪，可处以不超过10000美元的罚款。(4)本节不限制金融机构保留文件的任何其他义务
第44条	原始文件登记（Register of original documents）	(1)如果法律要求金融机构在适用于该文件的最短保存期结束之前发布金融交易文件的原件，则该机构必须保留该文件的完整副本，直到期限结束或原件被退回，以先到者为准；(2)金融机构必须备存根据第(1)款发布的文件登记册；(3)金融机构如违反第(1)或(2)款，即属犯罪，一经定罪，可处以不超过10000美元的罚款

资料来源：作者根据新加坡《腐败、贩毒和其他严重犯罪（没收权益）法》（CDSA，1992年颁布，2020年修订）原始文件整理。

关于资助恐怖主义问题，新加坡于2002年制定出台了《恐怖主义（制止提供资助）法》[TERRORISM (SUPPRESSION OF FINANCING) ACT 2002]，该法案于2020年修订。该法明确禁止为恐怖行为提供或收集财产、禁止为恐怖主义目的提供财产和服务、禁止为恐怖主义目的使用或拥有财产、禁止处理恐怖分子的财产等行为及相应的惩罚措施，并对披露和举报，扣押、冻结和没收恐怖分子财产等进行了明确规定。

2019年，新加坡政府通过了《支付服务法》（PSA），该法于2020年1

月生效,详细阐明了对支付服务提供商的监管要求。随后,还发布了《关于防止洗钱和打击资助恐怖主义的PSN01通知的准则—指定支付服务》以及《PSN01公告防止洗钱和打击资助恐怖主义—指定支付服务》[1],要求支付服务提供商必须实施强有力的控制,以监测和阻止非法资金在新加坡金融体系内流动。这种控制包括金融机构需要查明和了解其客户(包括受益所有人),定期进行账户审查,以及监测和报告任何可疑交易。金融机构对支付服务提供商在反洗钱(AML)和打击恐怖主义融资(CFT)方面的要求,包括以下内容:风险评估和风险缓解;客户尽职调查;依赖第三方;代理账户和电汇;保存记录;可疑交易报告;内部政策、合规、审计和培训等。

(二)建立数字平台打击洗钱和恐怖主义融资行为

近年来,随着金融机构对反洗钱和打击恐怖主义融资风险意识的不断增强,新加坡的反洗钱和打击恐怖主义融资的防御能力也得到加强。但是,目前仍然存在的一个不足在于,金融机构之间不得就涉及其客户的潜在可疑活动相互发出警告。因此,单个金融机构对其客户风险状况的了解受到其他金融机构信息收集共享的限制。对此,犯罪分子利用这一弱点,通过持有不同金融机构账户的实体网络进行交易,这样单个金融机构就缺乏足够信息及时检测和阻止非法交易。如果能进一步促进金融机构共享超过特定风险阈值的客户信息,打破这些金融机构间的"信息孤岛",则可以更有效地发现和阻止犯罪活动,从而进一步加强AML/CFT风险防控体系建设。

正是基于以上背景,新加坡金融管理局(MAS)于2021年10月宣布,引入一个数字平台和授权监管框架,供金融机构共同分享有关客户和交易的相关信息,以防止洗钱(ML)、恐怖主义融资(TF)和扩散融资(PF)。该数字平台即"合作共享洗钱/恐怖主义融资(ML/TF)信息和案例"

---

[1] 参见https://www.mas.gov.sg/regulation/notices/psn01-aml-cft-notice---specified-payment-services。

(COSMIC)平台，COSMIC平台由新加坡金融管理局和新加坡六大商业银行（星展银行、华侨银行、大华银行、渣打银行、花旗银行和汇丰银行）共同创建，由新加坡金融管理局统一运营，其具有强大的安全功能，以防止未经授权的访问信息。新加坡金融管理局在立法中规定，金融机构只允许出于打击ML、TF和PF的目的而分享这种信息，金融管理局将监督金融机构遵守这些要求，并对违规金融机构进行相应处罚。COSMIC平台是全球第一个以结构化格式分享资料的集中平台，以便与数据分析工具无缝整合，这有助于金融机构高效、大规模地协作。COSMIC平台的监管框架也是独一无二的，明确规定了在允许或授权信情况下需要共享的信息类型。新加坡金融管理局在其风险监测中使用COSMIC平台的信息来监测在金融系统中运行的非法网络行为，并针对这些活动进行及时的监督干预。COSMIC平台将分阶段建设，首期聚焦的重点风险领域包括滥用法人、基于贸易的机器学习和扩散融资三个领域（见表2）。

表2 新加坡COSMIC平台聚焦的重点风险领域

领域	内容
滥用法人	在国际上，滥用法人清洗非法收益并掩盖其来源是主要的金融犯罪问题。这对新加坡来说也是一个重大风险。新加坡警察部队商业事务部（CAD）和新加坡金融管理局（MAS）观察到空壳公司被用来清洗可疑或非法资金流的案例，例如：诈骗，以及利用幌子公司逃避联合国安理会的制裁
基于贸易的机器学习	国际贸易是新加坡经济增长的重要引擎。然而，对于寻求跨境转移非法收益的犯罪分子来说，全球贸易也是一个有吸引力的幌子，因为这些收益可能隐藏在大量资金流动中。减少基于贸易的机器学习的洗钱活动，对于新加坡的金融机构继续参与并促进合法的全球贸易至关重要
扩散融资	新加坡在全球范围内的金融和贸易联系也很容易被用来进行扩散融资，即为制造大规模杀伤性武器提供非法融资以及逃避国际制裁。此类案件涉及利用幌子公司和中间人来掩盖犯罪活动

资料来源：FI-FI InformationSharing Platform for AML/CFT CONSULTATION PAPER P013-2021, October 2021, https://www.moneylaundering.com/wp-content/uploads/2021/10/Singapore.ProposedReg.AML_.100121.pdf。

三 进一步优化海南自由贸易港风险防控体系的建议

从进一步优化海南自由贸易港风险防控体系来看，应在借鉴新加坡等全球自由贸易港国际经验基础上，构建覆盖进出口全流程链条的风险防控体系，基于海南社会管理信息化平台构建跨部门的风险防控体系，构建基于企业主体和业务属性结合的风险防控体系，以及加强港口网络安全等新兴风险领域的防控体系建设。

（一）构建覆盖进出口全流程链条的风险防控体系

由于货物贸易的风险可能发生于进出口中的任何一个环节，风险评估和基于风险的执法也可能在进出口过程中的多个不同时点发生，因此应强调构建全流程覆盖的风险防控体系。以海南自由贸易港进口为例，风险的防控会覆盖从货物到达海南进口港之前，一直到货物正式接收入境到海南自由贸易港之后一段时间。首先，在货物到达海南自由贸易港进口港前，应要求进口商和承运人在货物抵达前提交货物电子信息，且所有进口货物都要进行风险筛查。在筛查结果基础上，特定商品要在抵达海南港口或在外国港口装运前进行进口安全扫描和检测。其次，当货物到达海南港口时，进口商要提交进口文件，且为保证进口安全和贸易执法，货物可能接受额外的扫描和检查。最后，货物进入海南自由贸易港关境后，贸易执法活动可能通过审计和其他入境后的调查继续进行。

（二）基于海南社会管理信息化平台构建跨部门的风险防控体系

根据国家相关部门对安全监管的要求，结合海南自由贸易港的实际情况，建立多部门协同参与的综合风险管理机制，建立覆盖货物、投资、金融、公共卫生等多个领域一体化的风险监测、风险识别和风险防控综合监管体系。在此基础上，发挥海南社会管理信息化平台汇聚融合各类数据资源的优势，通过综合风险管理机制进行风险筛选和风险防控。此外，还应在国家相关部门的支持下，开展自由贸易港执法信息交流、指导与协作，共同防范自由贸易港运行中的风险。例如，在金融风险防范方面，按照我国反洗钱法律法规要求，做好自由贸易港反洗钱、反恐怖融资和反逃税工作，防范非法资金跨境、跨区流动。加强自由贸易港内与国家相关金融监管部门、金融情报机构和银行监管机构之间的信息交换，作为查明和核实自由贸易港内非法金融活动的基础。

（三）构建基于企业主体和业务属性结合的风险防控体系

从货物风险防控来看，应借鉴新加坡等国际先进自由贸易港的经验，构建企业分级管理制度。具体来说，需建立企业分级评估框架，根据自由贸易港区内企业的基本背景、具备跟踪和追踪货物移动及识别差异功能的库存系统、适当的数据存储和备份、货物处理程序、处理与货物有关的事故、正当储存货物、集装箱及运输场所的安全措施和访问控制、保护货物完整性的措施、危机管理和业务连续性的措施以及企业的合规记录等对企业分级，对高评级企业实行高度便利化措施，将监管重心锁定在低评级企业。在企业分级管理框架下，海南自由贸易港执法机构通过提前获取货主、进口商和货物的信息，以评估潜在的进口货物安全和贸易执法风险，并重点将执法工作集中于被确定为较高风险的货主和货物。相反，那些被认为风险较低的进口货物（例如，海关AEO高级认证企业的货物）是不太可能被定位为海关执法对象，进而可以申请加急处理，从而在防控风险的前提下提高贸易自由便利化水平，并释放更多监管资源对风险较高的进口货物进行监管，最终实现贸易安全监管。

（四）加强港口网络安全等新兴风险领域的防控体系建设

随着数字技术在港口及运输领域的广泛应用，港口作为关键基础设施，其网络安全的重要性凸显。港口运行面临复杂的网络环境，网络安全可能影响港口运营的效率以及进行特定安全作业的能力。为更好地加强港口网络安全等新兴风险领域的防控体系建设，首先，应进行港口网络安全评估，建议按照港口安全标准，对港口的软硬件设施进行安全评估，这些评估的目的是识别物理结构、人员保护系统和业务流程中可能导致安全事件的漏洞。其次，制订网络安全计划，核心是对港口设施的云服务提供商进行审查，包括：实施影响港口资产的所有安全政策、流程和程序，包括对安全敏感信息和其他敏感信息实施的处理或存储安排等。最后，实施港口网络安全管理办法，包括指定专门负责识别港口和港口设施网络安全的个人为网络安全官，以及制定管理港口网络安全事件或违规行为处罚的具体实施办法。

参考文献

[1] McLinden Gerard, Fanta Enrique, Widdowson David and Doyle Tom., "Border Management Modernization," Washington, DC: The World Bank, 2010.

[2] WCO (World Customs Organization). WCO Customs Risk Management Compendium, Brussels: WCO, 2011.

[3] Widdowson, D., Managing customs risk and compliance: an integrated approach. World Customs Journal, 2020 (2).

[4] Wilcox-Daugherty, L., Customs modernization handbook: Applying risk management in the cargo processing environment. USAID, 2018.

[5] Widdowson, D., Risk-based compliance management-Making it work in border management agencies. The World Bank, 2012.

[6] Widdowson,D., Blegen, B., Kashubsky, M., & Grainger, A., Review of accredited operator schemes: An Australian study. *World Customs Journal*, 2014 (1).

[7] Singapore Customs and the Immigration & Checkpoints Authority of Singapore, 'Singapore's 'Whole-Of-Government' Approach to Coordinated Border.

[8] Management: Maintaining Its Edge Amidst New Challenges', WCO News, No. 78. Singapore Customs, "From Regulation to Partnership: Transforming Trade Facilitation with TradeFIRST", inSYNC, 11

[9] Lavissière, A., Rodrigue, J-P., "Free ports: towards a network of trade gateways," Journal of Shipping and Trading, 2017 (7).

[10] de la Peña Zarzuelo I. Cybersecurity in ports and maritime industry: "Reasons for raising awareness on this issue." *Transport Policy*, 2021 (100).

后　记

《海南自由贸易港发展报告（2023）》是海南省社科联（社科院）和上海社会科学院组建团队共同研究的成果。

专家团队在本报告写作过程中进行了多次调研，得到海南省委政策研究室、海南省商务厅、海南省发展和改革委员会、海南省财政厅、海南省农业农村厅以及海口市和三亚市人民政府等单位的大力支持。

本报告在编写、出版过程中，海南省社科院副院长詹兴文、李星良提出了很多建设性的建议。中国社会科学院世界经济研究所东艳研究员、海南省委深改办副主任许建鹏、海南省发展和改革委员会副主任陈小华、海南省政府研究室副主任王鹏等专家，组成评审小组，对书稿进行了认真审读和评议，提出了很好的意见和建议。社会科学文献出版社为本书的编辑出版工作付出了辛勤的劳动。正是在大家的共同努力下，《海南自由贸易港发展报告（2023）》才得以高质量如期与读者见面，在此一并表示衷心的感谢！

《海南自由贸易港发展报告（2023）》编写组

2023 年 6 月 15 日于海口

Abstract

In 2023, the Hainan Free Trade Port focused on the design of customs operation policies, project construction, stress testing, and other core tasks to strengthen weakness and filling gaps. Efforts were made to ensure the convenience of connectivity with the mainland. It aims to build a high-standard "second-line ports", establish a comprehensive and efficient integrated customs clearance management system that promotes multi-party coordination, accelerate the development of both hardware and software for customs operations, and optimize the information technology construction plan for island-wide customs operations. By June 1, 2023, 80% of the first batch of projects on the island's customs operation list have been achieved, with the first 31 projects expected to be finished by the end of 2023.

Regarding the improvement of business environment, Hainan province has established the first Business Environment Construction Department in China, which provides institutional support for the implementation of the "Regulations on Optimization of the Business Environment in Hainan Free Trade Port". In response to the concentrated commencement of projects in the Hainan Free Trade Port, the Provincial Government Office has issued several measures to deepen the reform of the "streamlined approval" system in the field of engineering construction projects, further optimizing the business environment for such projects.

Through innovative policies of the Free Trade Port systems, Hainan has accelerated the formation of a modern industrial system, enhanced its level of openness, and promoted the high-level development of the industrial system. The proportion of Hainan's international trade (including goods and services trade) to

GDP increased from 21.1% in 2019 to 34.7% in 2022, with a compound annual growth rate of 40.4% for high-tech product exports. In the process of building a modern industrial system, Hainan's four leading industries, including tourism, modern services, high-tech industries, and efficient tropical agriculture, have increased their share of the provincial GDP rising from 53% in 2019 to 70% in 2022. Furthermore, the internal structure of these four leading industries has been further optimized, with the tourism industry continuously enhancing its added value and establishing renowned tourism brands. The China International Consumer Goods Expo has become a globally influential event. Emerging modern service sectors such as finance, modern shipping, digital trade, and new offshore trade have also flourished. By fully utilizing national research platforms, Hainan has conducted original and leading scientific and technological research, introduced and cultivated various types of research and development institutions, and established innovation hubs in seed industry, deep-sea exploration, and aerospace technology, thereby enhancing the capacity and rootedness of industrial iteration and upgrading. In addition, tropical efficient agriculture has transitioned towards specialization, scalization, brandization, industry ecologicalization, and ecology industrialization.

In 2024, the construction of the Hainan Free Trade Port will focus on the full-scale operation of island-wide customs, further advancing the institutional arrangements of the Free Trade Port. Efforts will be made to promote the high-quality development of Hainan's modern industrial system and accelerate the construction of a Chinese-characterized Free Trade Port with global influence. Regarding island-wide customs operations, there will be a focus on completing the construction of modern port infrastructure with high quality, accelerating the implementation of regulations related to island-wide customs operations, and further enhancing port capacity. Hainan will fully utilize its geographical advantage as the intersection of mainland China and Southeast Asia's most active markets, as well as its unique open policy advantage. Efforts will be made to expedite the construction of "two bases," "two networks," and "two hubs" to facilitate the high-quality development of Hainan's modern industrial system and promote the high-quality development of Hainan's modern industrial system in serving and integrating into the new development pattern and facilitating the dual circulation domestically and internationally.

Keywords: Hainan Free Trade Port; Facilitation of Elements; Modern Industrial System; Island-wide Customs Operations

Contents

Ⅰ General Report

B.1 Report on Hainan Free Trade Port Development (2022-2023)
Shen Yuliang et al. / 001

Abstract: In 2023, Hainan Free Trade Port will focus on the core tasks of policy and system design, project construction, stress testing, etc., build a "second-tier port" with high standards, and create an integrated customs clearance management system with multi-party linkage and collaborative efficiency. Accelerate the construction of seal hardware and software projects, optimize the island-wide seal operation information construction plan. Through the institutional innovation of the free trade port in 2023, Hainan has improved the level of opening up to the outside world and further accelerated the construction process of Hainan's modern industrial system. In 2024, the construction of Hainan Free Trade Port should complete the construction of modern port infrastructure with high quality, accelerate the implementation of the system related to the island-wide closure, and further strengthen the port capacity building; With the further implementation of the institutional arrangement of Hainan Free Trade Port as the starting point, the high-quality development of Hainan's modern industrial system will be promoted, and the construction of a free trade port with Chinese characteristics with world influence will be accelerated.

Keywords: Hainan Free Trade Port; Free Facilitation of Elements; Modern Industrial System; Island-wide Lockdown Operation

Contents

Ⅱ Topical Reports

B.2 Report on Hainan Free Trade Port Trade
Freedom and Facilitation Promotion　　　*Peng Yu* / 057

Abstract: According to the task requirements of the *General Plan for the Construction of Customs Free Trade Port* in the field of free and convenient trade in goods, Hainan has promoted the pilot program of "first-line" liberalization and "second-line" control outside the special customs supervision area. The local legislation of the free trade port will improve the facilitation of drug import customs clearance, increase the delivery method of duty-free shopping on outlying islands, expand the policy spillover effect, and accelerate the implementation of projects under the first negative list in the field of cross-border service trade. From June 2022 to May 2023, the scale of Hainan's trade in goods has maintained rapid growth, and the degree of economic extroversion has further increased. On the basis of the rapid growth in the previous year, the import and export of Hainan's service trade continued to maintain a rapid growth trend, and the growth rate far exceeded the national average. For the next step of development, it is recommended to speed up the introduction of the top-level system design of the "second-line" port supervision system, continue to play the role of the "single window" in the precise supervision of trade, and further optimize and improve the existing processing value-added duty-free system.

Keywords: Trade Freedom and Facilitation; "First-line Liberalization Second-line Control"; Special Customs Supervision Areas

B.3 Report on the Promotion of Investment Freedom and
Facilitation in Hainan Free Trade Port　　　*Liu Chen* / 073

Abstract: It is an important task to comprehensively promote the investment

279

freedom and facilitation and promote the optimization and upgrading of industrial structure in the construction of Hainan's free trade port. Since 2022, important progress has been made in the liberalization and facilitation of investment in Hainan Free Trade Port, including updating the Catalogue of Guidance for Industries Encouraging Foreign Investment, implementing the Market Access Commitments for Ready-to-Enter, systematically designing the basic rules for overseas higher education institutions in Hainan Free Trade Port, clarifying measures for the development of headquarter economy, and creating a curator of innovation in intellectual property rights system, among other aspects. The above measures have not only promoted the growth of the number of foreign investments, but also the continuous optimization of the structure of foreign investments, laying the foundation for the agglomeration of advantageous industries. On this basis, policy recommendations include: benchmarking the international high-standard negative list model and changing the enumeration mode of the negative list in the Pilot Free Trade Zone; expanding investment cooperation with ASEAN countries and introducing large-scale enterprises and the headquarters economy; promoting the diversification of foreign-invested industries for the key industries of Hainan's free-trade port; benchmarking the international high-standard economic and trade rules and improving the mechanism of transnational review of infringement of intellectual property rights; and improving the principle of competitive neutrality and standardizing the supervision and management mechanism of state-owned enterprises.

Keywords: Hainan Free Trade Port; Foreign Investment; Investment Facilitation; Negative List

B.4 Report on the Facilitation of Cross-border Transfer of Funds in Hainan Free Trade Port　　　　*Lv Wenjie* / 100

Abstract: To Facilitate cross-border free transfer of funds is an important issue of institutional reform in Hainan Free Trade Port, and it is also the foundational aspect for Hainan Free Trade Port to promote trade and investment liberalization and facilitation. The Hainan Free Trade Port has basically formed a "three-in-one" institutional framework system at the national, ministerial and provincial levels for financial reform, in which the reform of cross-border transfer of funds plays an important role in Hainan's financial opening up. This report summarizes the institutional progress in the field of cross-border transfer of funds since 2022 and the achievements of related pilot reforms in Hainan Free Trade Port. In 2022, the main institutional progress of cross-border transfer of funds management in Hainan Free Trade Port includes the Yangpu Economic Development Zone's high-level opening-up foreign exchange management reform pilot for cross-border trade and investment, the upgrading of the liberalization and facilitation level of cross-border transfer of funds, expanding the scope of pilot beneficiary enterprises, the release of related policy guidelines and practical scenarios, as well as encouraging market entities to make full use of the related measures. In terms of the effectiveness of institutional reform, this report elaborates on the main results from three aspects: cross-border trade, cross-border investment and financing, and the operation of the Free Trade Account System. Judging from the results and performance of various measures, whether with regards of scale of each pilot measure or the number of pilot enterprises, the reform in the field of cross-border transfer of funds has made quite good progress in Hainan Free Trade Port.

Keywords: Hainan Free Trade Port; Cross-border Transfer of Funds; Liberalization and Facilitation

B.5 Report on Promoting the Free and Convenient Transportation of Hainan Free Trade Port   *Tang Jieying* / 117

Abstract: According to the goal of "Overall Plan for the Construction of Hainan FTP", Hainan FTP explores the innovative international ship registration system, build the basic system framework of shipping management, the pilot opening of the Seventh Freedoms of the Air, etc., and continuously improves supporting policies and measures in terms of finance and taxation to attract the accumulation of market subjects and factor resources, and promote the formation of international shipping hubs and aviation hubs. Benefiting from a series of facilitation policies Hainan FTP achieved a counter-trend growth in cargo transportation, and rapid growth in aircraft maintenance, aircraft leasing, yacht industry and other new industries and new model of industries. The scale and efficiency of transportation in Hainan has improved significantly, but there is still a certain gap comparing with the overall goal of Hainan FTP. Through a comparative analysis with Hong Kong and Singapore international free trade port, the possible path to improve transportation facilation in Hainan FTP is proposed from the aspects of improving the efficiency of external connectivity, improving the level and integration of intra-island transportation, and exploring the establishment of maritime legal rules.

Keywords: Facilitation of Transportation; International Ship Registration System; Efficiency of External Transportation Connectivity

B.6 Report on Talent System Promotion in
Hainan Free Trade Port   *Zhang Juan, Xie Liwen* / 140

Abstract: Talent system is an important aspect of the construction process of Hainan free trade port. Since its establishment, Hainan Free Trade Port has closely focused on the practical needs of industrial and functional development, implemented more open and innovative mechanisms for talent introduction, identification, incentive and service, accelerated the creation of a new highland for talent gathering. Thanks to innovative mechanisms such as the introduction and use of talents, access to overseas talents, work permits, entry and exit of foreigners and talent incentives. By the end of 2022, Hainan Province has completed more than half of the goal of "one million talents entering Hainan". In 2024, Hainan will accelerate the integration with international high-standard economic and trade rules, and first explore rules suitable for the movement of natural persons in China. Optimize the environment for talent introduction, establish and improve international talent introduction institution, and adhere to both talent introduction and service. In addition, Hainan also needs to grasp the impact of technological change on the future trend of talent development.

Keywords: Talent System; Talent Introduction; Hainan Free Trade Port

B.7 Report on the Regulation of Safely and Orderly Cross-border Flow of Data in Hainan Free Trade Port *Gao Jiang* / 162

Abstract: Cross-border data flow is a key driver for the development of the digital economy and digital trade. However, it also poses challenges to national security, personal privacy, and industrial development. Balancing the "security objectives" and "development objectives" is a core issue in the governance of cross-border data flow. With the issuance of laws, regulations, and normative guidelines related to cross-border data flow in China, a domestic regulatory framework of "basic laws + national standards + industry guidelines" has been preliminarily established. Since the promulgation and implementation of the "Hainan Free Trade Port Law," Hainan Free Trade Port has made certain progress in the utilization of public data, the construction of submarine data centers, the opening of value-added telecommunications services, industrial pilot applications, institutional and structural development, as well as risk control. Looking ahead, the safely and orderly cross-border data flow in Hainan Free Trade Port should be based on the principle of equality, inclusive development, as well as respect national security and public interests. In terms of the direction for promotion, Hainan Free Trade Port should continue to strengthen its digital infrastructure and enhance data support. It should establish an international data trading center to activate the value of data elements, develop the cybersecurity industry, and track and study high-standard international rules as well as lead the way in testing domestic data governance rules.

Keywords: Hainan Free Trade Port; Safely and Orderly Data Flow; Institutional Construction

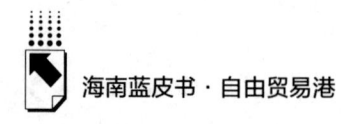

Ⅲ Special Topic Reports

B.8 Report on Construction of Modern Industrial System

for Hainan Free Trade Port   *Shen Yuliang*, *Zou Jiayang* / 182

Abstract: *The Overall Plan for the Construction of Hainan Free Trade Port* establishes the fundamental framework for the construction of a modern industrial system in Hainan Free Trade Port. It has identified tourism, modern services, high-tech industries, and high-efficiency tropical agriculture as the four leading industries in Hainan's modern industrial system. The proportion of these four pillar industries in the province's GDP increased from 53% in 2020 to 70% in 2022. This report establishes and calculates the growth index of Hainan's modern industrial system, finding a rapid increase in the index in 2022, largely due to the comprehensive and rapid growth of the four leading industries and related economic indicators. In 2024, Hainan Free Trade Port should further focus on these four leading industries, making full use of the favorable opportunities presented by the island's closure and the system arrangements of the Hainan Free Trade Port before and after the closure. Efforts should be made to upgrade tourism, develop and strengthen modern services, accelerate the development of high-tech industries, optimize and enhance high-efficiency tropical agriculture with local characteristics, cultivate and strengthen future industries such as seed industry, deep sea, and aerospace, and accelerate the construction of an open, ecological, and innovative modern industrial system.

Keywords: Modern Industrial System; Leading Industries; Growth Index

B.9 Report on the Development of the Tax System

of Hainan Free Trade Port   *Chen Mingyi* / 197

Abstract: *The Overall Plan for the Construction of Hainan Free Trade Port* outlines the principles of "zero tariff, low tax rate, simple tax system, strong rule of law, and phased." It aims to establish a tax system that aligns with high-level free trade port standards. Subsequently, both the central government and Hainan Province have introduced tax policies, including individual income tax, enterprise income tax, and "zero tariff" for production equipment. These policies have attracted talents and business enterprises to Hainan, fostering rapid industry development. As a result, Hainan's offshore duty-free market has become a global leader. The expansion of the processing value-added tax exemption policy in the Yangpu Bonded Port Area has benefited numerous enterprises and reduced their operating costs. 2024 is a key milestone before the island's complete closure for operation. During this period, adhering to the principles of a "simple tax system, low tax rates, and rigorous collection and management" is essential. This approach will stimulate the development of key industries, further alleviate the tax burden, enhance tax collection efficiency, establish the necessary institutional framework for 'five taxes in one,' and advance the refinement of the tax system and policy optimization.

Keywords: Individual Income Tax; Zero Tariff; Five Taxes in One

B.10 Report on Promoting Social Governance of
Hainan Free Trade Port *Zhang Huxiang* / 217

Abstract: As an important support for the construction of the free trade port, Hainan has continuously promoted innovation in social governance, prevented and resolved various social risks, and made positive progress in the process of leapfrog development. However, the multi-stage and multi-form social superposition, rapid social mobility, and normalized social risks formed by leapfrog development, as well as the shortcomings in governance concepts, resources, and capabilities, which have been identified, Urgently demand that Hainan Free Trade Port further strengthen the construction of social governance resilience, fully leveraging the institutional and organizational advantages of the Party's leadership in social governance, and continuously optimizing the collaborative social governance network of multiple entities; Optimizing and improving the path and methods of digital governance; Promoting the construction of social organizations and public participation in development, exploring the ways and means to stimulate social forces to participate in social governance; Strengthening the guidance and standardization of various self media and online communities, as well as network information monitoring and early warning; Exploring practical mechanisms for the normalization of the operation of unconventional social systems.

Keywords: Social Governance; Multiple Forms of Society; the Construction of Social Resilience

B.11 Report on Promotion of the Construction of Rule-of-law System of Hainan Free Trade Port *Chen Lixing* / 232

Abstract: According to Overall Plan for the Construction of Hainan Free Trade Port, Rule-of-law system of Hainan Free Trade Port based on Law of the People's Republic of China on the Hainan Free Trade Port, mainly comprising local regulations and commercial dispute resolution mechanisms. The principled and basic rule-of-law system from Law of the People's Republic of China on the Hainan Free Trade Port provides a solid basis for the construction of corresponding specific rule-of-law systems. The flexible use of the power to formulate local regulations, the power to formulate regulations for special economic zones and the power to formulate regulations for free trade port has formed a number of local legislative power rule-of-law systems based on the actual construction of free trade port. The establishment of diversified commercial dispute resolution mechanisms is closely related to the improvement of specific rule-of-law systems corresponding to various non-litigation dispute resolution methods. In the near future, we can consider promoting the construction of a rule-of-law system for free and convenient trade in goods and services, a rule-of-law system for free and convenient investment, a rule-of-law system for local legislative powers, a rule-of-law system for diversified dispute resolution mechanisms, etc.

Contents

Keywords: Construction of Rule of Law System; Law of the People's Republic of China on the Hainan Free Trade Port; Local Legislative Power; Commercial Dispute Resolution Mechanisms

B.12 Report on Risk Prevention and Control System of Hainan Free Trade Port　　　　　　　　　　　*Peng Yu / 261*

Abstract: Hainan Free Trade Port Construction Overall Plan "established the basic framework of risk prevention and control system, which aims to prevent and resolve major risks in the areas of trade, investment, finance, data flow, ecology and public health through the development and implementation of effective measures. In trade risk prevention and control, Hainan uses high standards to build open ports and "second-line ports" infrastructure, relying on the "three lines of defense" of the island's "people flow, logistics, and capital flow" information management system, social management supervision system, and port supervision system, to promote the construction of Hainan social management information platform, and strengthen anti-smuggling comprehensive management work, to ensure the construction of three protective circles in the near sea, coastline, and on the island in an all-round way. At the same time, Hainan has also made important progress and achievements in the construction of risk prevention and control systems in the fields of investment, finance, data flow, ecology, and public health, and has maintained the bottom line of preventing systemic risks. The next step should be to further optimize the construction of the risk prevention and control system on the basis of drawing on international experience.

Keywords: Risk Prevention and Control System; Trade Risk Prevention and Control; International Experience

社会科学文献出版社

皮 书

智库成果出版与传播平台

❖ 皮书定义 ❖

皮书是对中国与世界发展状况和热点问题进行年度监测，以专业的角度、专家的视野和实证研究方法，针对某一领域或区域现状与发展态势展开分析和预测，具备前沿性、原创性、实证性、连续性、时效性等特点的公开出版物，由一系列权威研究报告组成。

❖ 皮书作者 ❖

皮书系列报告作者以国内外一流研究机构、知名高校等重点智库的研究人员为主，多为相关领域一流专家学者，他们的观点代表了当下学界对中国与世界的现实和未来最高水平的解读与分析。截至2022年底，皮书研创机构逾千家，报告作者累计超过10万人。

❖ 皮书荣誉 ❖

皮书作为中国社会科学院基础理论研究与应用对策研究融合发展的代表性成果，不仅是哲学社会科学工作者服务中国特色社会主义现代化建设的重要成果，更是助力中国特色新型智库建设、构建中国特色哲学社会科学"三大体系"的重要平台。皮书系列先后被列入"十二五""十三五"" 十四五"时期国家重点出版物出版专项规划项目；2013~2023年，重点皮书列入中国社会科学院国家哲学社会科学创新工程项目。

权威报告·连续出版·独家资源

皮书数据库
ANNUAL REPORT(YEARBOOK) DATABASE

分析解读当下中国发展变迁的高端智库平台

所获荣誉
- 2020年，入选全国新闻出版深度融合发展创新案例
- 2019年，入选国家新闻出版署数字出版精品遴选推荐计划
- 2016年，入选"十三五"国家重点电子出版物出版规划骨干工程
- 2013年，荣获"中国出版政府奖·网络出版物奖"提名奖
- 连续多年荣获中国数字出版博览会"数字出版·优秀品牌"奖

成为用户

登录网址www.pishu.com.cn访问皮书数据库网站或下载皮书数据库APP，通过手机号码验证或邮箱验证即可成为皮书数据库用户。

用户福利

- 已注册用户购书后可免费获赠100元皮书数据库充值卡。刮开充值卡涂层获取充值密码，登录并进入"会员中心"—"在线充值"—"充值卡充值"，充值成功即可购买和查看数据库内容。
- 用户福利最终解释权归社会科学文献出版社所有。

数据库服务热线：400-008-6695
数据库服务QQ：2475522410
数据库服务邮箱：database@ssap.cn
图书销售热线：010-59367070/7028
图书服务QQ：1265056568
图书服务邮箱：duzhe@ssap.cn

卡号：962656798845
密码：

S 基本子库
SUB DATABASE

中国社会发展数据库（下设12个专题子库）

紧扣人口、政治、外交、法律、教育、医疗卫生、资源环境等12个社会发展领域的前沿和热点，全面整合专业著作、智库报告、学术资讯、调研数据等类型资源，帮助用户追踪中国社会发展动态、研究社会发展战略与政策、了解社会热点问题、分析社会发展趋势。

中国经济发展数据库（下设12专题子库）

内容涵盖宏观经济、产业经济、工业经济、农业经济、财政金融、房地产经济、城市经济、商业贸易等12个重点经济领域，为把握经济运行态势、洞察经济发展规律、研判经济发展趋势、进行经济调控决策提供参考和依据。

中国行业发展数据库（下设17个专题子库）

以中国国民经济行业分类为依据，覆盖金融业、旅游业、交通运输业、能源矿产业、制造业等100多个行业，跟踪分析国民经济相关行业市场运行状况和政策导向，汇集行业发展前沿资讯，为投资、从业及各种经济决策提供理论支撑和实践指导。

中国区域发展数据库（下设4个专题子库）

对中国特定区域内的经济、社会、文化等领域现状与发展情况进行深度分析和预测，涉及省级行政区、城市群、城市、农村等不同维度，研究层级至县及县以下行政区，为学者研究地方经济社会宏观态势、经验模式、发展案例提供支撑，为地方政府决策提供参考。

中国文化传媒数据库（下设18个专题子库）

内容覆盖文化产业、新闻传播、电影娱乐、文学艺术、群众文化、图书情报等18个重点研究领域，聚焦文化传媒领域发展前沿、热点话题、行业实践，服务用户的教学科研、文化投资、企业规划等需要。

世界经济与国际关系数据库（下设6个专题子库）

整合世界经济、国际政治、世界文化与科技、全球性问题、国际组织与国际法、区域研究6大领域研究成果，对世界经济形势、国际形势进行连续性深度分析，对年度热点问题进行专题解读，为研判全球发展趋势提供事实和数据支持。

法律声明

"皮书系列"(含蓝皮书、绿皮书、黄皮书)之品牌由社会科学文献出版社最早使用并持续至今,现已被中国图书行业所熟知。"皮书系列"的相关商标已在国家商标管理部门商标局注册,包括但不限于LOGO( )、皮书、Pishu、经济蓝皮书、社会蓝皮书等。"皮书系列"图书的注册商标专用权及封面设计、版式设计的著作权均为社会科学文献出版社所有。未经社会科学文献出版社书面授权许可,任何使用与"皮书系列"图书注册商标、封面设计、版式设计相同或者近似的文字、图形或其组合的行为均系侵权行为。

经作者授权,本书的专有出版权及信息网络传播权等为社会科学文献出版社享有。未经社会科学文献出版社书面授权许可,任何就本书内容的复制、发行或以数字形式进行网络传播的行为均系侵权行为。

社会科学文献出版社将通过法律途径追究上述侵权行为的法律责任,维护自身合法权益。

欢迎社会各界人士对侵犯社会科学文献出版社上述权利的侵权行为进行举报。电话:010-59367121,电子邮箱:fawubu@ssap.cn。

社会科学文献出版社